精进管理

如何成为
卓有成效的管理者

王荣增 ◎ 著

北京大学出版社
PEKING UNIVERSITY PRESS

内 容 提 要

"管理既是一门科学,也是一门艺术",其科学的一面体现在管理和很多学科一样,可以通过不断学习掌握规律,形成思维习惯,日渐精进。本书从管理精进的角度,总结出有效的管理需系统把握的六个关键要素,并进一步预判新时期管理转型升级的方向和趋势。

本书共分七章,每一章围绕一个主题探讨笔者在从事企业管理咨询工作中关于精进管理的思考与观察。企业管理重点要做好两点:一是做好事,二是管好人。做好事,要求管理者有良好的经营思维、前瞻性的战略眼光、优秀的领导力,以及高效的执行力。管好人,要求管理者一方面把人作为企业发展的第一要素,不断塑造"以人为本"的企业文化;另一方面通过不同的方式和方法选择、培养、使用和留住为企业发展做出贡献的人。

本书也许并不能为企业管理提供"包治百病"的良药,但是相信能够引起企业决策者、管理者对企业经营、管理、决策的思考,并使其在今后的工作与管理决策中更高效、更人性化。

图书在版编目(CIP)数据

精进管理:如何成为卓有成效的管理者 / 王荣增著. —北京:北京大学出版社, 2018.8
ISBN 978-7-301-29452-9

Ⅰ.①精… Ⅱ.①王… Ⅲ.①企业管理 Ⅳ.①F272

中国版本图书馆CIP数据核字(2018)第079095号

书　　　名	精进管理——如何成为卓有成效的管理者	
	JINGJIN GUANLI——RUHE CHENGWEI ZHUOYOU-CHENGXIAO DE GUANLIZHE	
著作责任者	王荣增　著	
责任编辑	尹　毅	
标准书号	ISBN 978-7-301-29452-9	
出版发行	北京大学出版社	
地　　　址	北京市海淀区成府路205号　100871	
网　　　址	http://www.pup.cn　　新浪微博:@北京大学出版社	
电子信箱	pup7@pup.cn	
电　　　话	邮购部 62752015　发行部 62750672　编辑部 62570390	
印刷者	北京大学印刷厂	
经销者	新华书店	
	720毫米×1020毫米　16开本　17印张　231千字	
	2018年8月第1版　2018年8月第1次印刷	
印　　　数	1—6000册	
定　　　价	49.00元	

未经许可,不得以任何方式复制或抄袭本书之部分或全部内容。
版权所有,侵权必究
举报电话:010-62752024　电子信箱:fd@pup.pku.edu.cn
图书如有印装质量问题,请与出版部联系,电话:010-62756370

前言

知行合一，知先行

德鲁克说："管理是一种实践，其本质在于行，而不在于知，其验证在于结果，而不在于逻辑。"这句话在很大程度上强调的是企业的执行力、行动力，对那些喜欢或者只会纸上谈兵的人很有"威慑力"，因此，我们看到很多企业管理人员特别强调行动，始终"兢兢业业、埋头苦干"，很多人在没有达到预期效果时，常常深刻反思自己的执行力不够。那么，现实中情况真是如此吗？非也。

当我仔细观察我所接触的企业及其管理者时，发现了一个共同现象：几乎所有的管理者都非常忙。且不说忙得对不对、在不在点上，可以肯定的是大家都没有闲着，所以对于绝大多数企业而言，缺乏的并不是行动力。很多情况下，行动结果不理想的根本原因是：知得太少，知得不彻底。换言之，也就是我们对一件事情的本质把握得不深刻、不透彻，却过早地采取了行动。

比如，零售业的经营者都知道服务非常重要，自始至终都在企业中强调服务的重要性！这几乎是共识，甚至当你到任意一家零售门店问任意一个收银员或者清洁工时，他都能够肯定地告诉你"我们店非常重视服务"之类的话。但真实的情况却是——他们并没有围绕"服务"做很多工作，更不知道如何去改善工作。究其原因，我认为主要是经营者对行业本质不够理解，不知道如何引导员工，员工便不知道如何一步一步改善服务。总得来说就是"知得太少"。

我发现，国内企业家，无论是国企领导还是民企老板，他们普遍十分钦佩华为的任正非。任何时候谈到任正非，大家都肃然起敬，他们几乎都是任正非文章（思想）的忠实读者。以前，我并不理解他们的这种行为，有一次，听一位民营企业家谈他的感想，我对上述行为有了更进一步的认识。该企业家在自己的领域做得非常成功，领导一家2000多人的企业，在当地非常有影响力，最近公司碰到了不少问题，促使他反思，他说："如果退回到5年前，我有现在的思想和觉悟，那么企业肯定不是这个样子，我们会少走很多弯路。我之前对这个行业的很多东西理解得都不够全面，甚至有些是错误的，遗憾的是我常常还很执拗、坚持己见。比如，我们经常谈要重视服务能力，但也只是谈谈，没有转化为具体的行为，不是不想，而是不懂，不知道如何转化。现在想来，我不得不佩服任正非、王石这些人，他们就是比我们看得远，想得透，所以他们从头至尾都很少走弯路，很少交学费。因此，我认为企业要做好的关键是我们（高管团队）自己要想明白、弄清楚，要对我们行业的本质有深刻的认识和透彻的理解，才能够下达清晰、明确的指示，否则就是'瞎指挥'。"

雷军在创办小米科技之前也一直在创业，虽然金山公司不错，但与小米相比，影响力却要小得多。雷军在接受记者采访时透露，他在创办小米公司前一直在读书，读各种商业书，包括企业家传记等，最后，他结合自己的经历总结出五点体会：一、人欲即天理，是更现实的人生观；二、顺势而为，不要做逆天的事情；三、颠覆创新，用真正的互联网精神重新思考；四、广结善缘，中国是人情社会；五、专注，少就是多。归纳起来，第一条是核心，第二条是战略，其他的是方法论。事实上，我们看到小米从诞生到创造奇迹，这五条理念功不可没。

所以，我认为，企业经营者应该花更多的精力在"知"上面，要能够清晰地明白自己行业的本质，多想、多悟、多琢磨，想明白了再来指导公司的"行"，往往能事半功倍，而且可以肯定的是，公司会少走许多弯路。

本书涵盖的主题较为宽泛，它耗费了我将近7年的时间。虽然每一章谈论的主题都不尽相同，但是从着手写作我就很明确——本书专门致力于解决管理者面临的某一方面问题，如经营、管理、文化、组织等，这些都是管理者在日常工作中常常遇到的具体问题。同时，每章从一开始就致力于实现两个目标：其一，向天天忙于工作的企业管理者解释，如何看待他们的工作及他们所处的这个瞬息万变的世界；其二，激励他们采取有效行动并为他们提供相应的解决思路及管理工具。

　　诚然，书中有很多章节未必能够直接应用到你的公司管理中，但是我希望而且相信它能够引导你去思考。此外，本书肯定也会激励你采取某些行动或停止某些自以为是的行为。

　　最后，本书关注的是企业的管理人员及其组织和具体工作。"演出必须继续下去"是本书的座右铭——管理者的"演出"就是能够取得成果的有效行动，以使其成为更有效的管理者。帮助管理者在混乱、危险、快速变化的经济、社会与科技环境中采取行动和创造成果，也是我撰写本书的目的和使命。

　　尽管我在写作过程中已经非常仔细、认真，但本书仍然可能存在不足之处，恳请广大读者不吝赐教！

　　本书在写作过程中，得到了许多前辈、同事及朋友的帮助，得益于未铭图书黄磊老师及北京大学出版社老师的热情帮助，在此一并表示感谢！

王荣增

> 阅读指南

"管理既是一门科学，也是一门艺术"，其科学的一面体现在管理和很多学科一样，可以通过不断学习掌握规律，形成思维习惯，日渐精进。本书从管理精进的角度，总结出有效的管理需系统把握的六个关键要素，并进一步预判新时期管理转型升级的方向和趋势。

本书共分七章，每章围绕一个主题探讨我在从事企业管理咨询工作中关于精进管理的思考与观察。企业管理重点要做好两点：一是做好事；二是管好人。做好事，要求管理者有良好的经营思维、前瞻性的战略眼光、优秀的领导力，以及高效的执行力。管好人，要求管理者一方面把人作为企业发展的第一要素，不断塑造"以人为本"的企业文化；另一方面需通过不同的方式和方法选择、培养、使用和留住为企业发展做出贡献的人。

值得注意的是，每个主题、每篇文章写作的时间点都不尽相同，都是由我某一段时期在咨询工作中看到的问题所引发的思考，均从实践中来。因此，每章的篇幅也不尽相同，有些主题思考得多，发现的问题多，从不同的角度谈得就多一些；反之，则谈得少一些。尽管每篇文章都有其独立性，但整体上都是围绕管理者如何"做好事""管好人"展开的。本书的内容框架如下图所示。

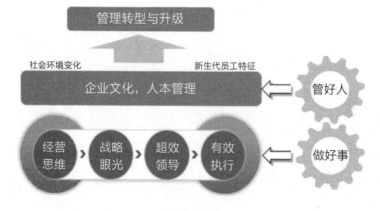

本书框架图

目录

第一章 稀缺的经营思维

1 管理还是经营？// 2
2 提高经营能力 // 4
3 企业经营的微笑曲线 // 7
4 人人参与公司经营 // 10
5 砍掉不赚钱的业务 // 12
6 擅用消费者的"心理账户" // 15
7 没有故事，就是"裸奔" // 17
8 只谈情感，不谈产品 // 20
9 别让消费者纠结 // 22
10 聚焦最平常的需求 // 24
11 聚焦超级客户 // 26
12 洞察消费者行为 // 28
13 远期定价 // 31

第二章 战略实践的本质

14 一句话讲清战略 // 35

15 少数人定战略 // 37

16 先发子弹，后发炮弹 // 39

17 窄门与宽门 // 43

18 信号与噪声 // 45

19 多数大象不能跳舞 // 47

20 不要过早关注细节 // 50

21 警惕看不见的"大陆" // 52

22 企业要构建什么样的核心能力？// 55

第三章 超效实用领导力

23 总经理应该做什么？// 59

24 学习，但不折腾 // 61

25 企业家的忧患意识 // 64

26 过度自信是一种病 // 67

27 不要公开批评管理者 // 69

28 把真话听进去 // 71

29 熟知非真知 // 73

30 坚持原则不妥协 // 76

31 他人眼中的你更真实 // 78

32 仆人眼里无英雄 // 80

33 决策，别过多依赖直觉 // 82

34 做一个谨小慎微的决策者 // 84

35 企业需要"守护者" // 87

36 找一个"黄金搭档" // 89

37 拜师学艺要真诚 // 91

第四章　高效运营落地观

38 企业管理常见问题 // 96

39 执行力＝意愿 × 技能 // 99

40 管理的基础——评价体系 // 102

41 管理不在"管" // 104

42 不要依靠突击管理 // 106

43 老板，别再做励志大师了 // 108

44 优秀企业的三个特征 // 110

45 制度的执行度 // 112

46 人性化的设计制度 // 115

47 对制度保持敬畏 // 116

48 好制度不应激发恐惧 // 118

49 有效解决组织内耗 // 120

50 移植的树是怎么死掉的？ // 123

51 如何管理"刺头"员工 // 126

52 为组织架构找一个中心 // 129

53 控制好过程，方有好结果 // 131

54 集权与分权 // 133

55 请讲"普通话" // 134

56 引入管理创新的几个原则 // 136

57 为什么需要管理人员？ // 139

58 改变会议风格 // 142

59 如何有效地开大会 // 144

60 "乔布斯"们如何开会？ // 147

61 跨领域多元化的几个原则 // 152

第五章　企业文化内生力

62 我理解的企业文化 // 156

63 企业文化的真谛 // 159

64 企业文化为谁所用？// 161

65 找准统一思想的"点" // 163

66 用制度保障文化 // 165

67 用行为捍卫文化 // 167

68 文化理念与建筑风格 // 169

69 要具体，不要抽象 // 171

70 塑造互助文化 // 173

71 缘何"事后诸葛亮"？// 175

72 经营人心 // 177

73 塑造"老实人"文化 // 178

74 制定个性化的经营理念 // 180

75 大公司企业文化建设思路 // 183

第六章 人是一切的根源

76 企业的以人为本 // 187

77 选择契合公司文化调性的人 // 190

78 "用人先育人"看华为 // 192

79 把员工变成"合伙人" // 195

80 让员工的工作变得更有趣 // 199

81 优秀的同事胜过一切 // 201

82 "空降兵"的使用 // 203

83 给人才施展的平台 // 206

84 绩效考核的本质 // 209

85 奖励须谨慎 // 210

86 激励要"激"到心坎上 // 212

87 好员工都是教育出来的 // 215

88 员工为什么不喜欢培训？// 217

89 培训的关键 // 219

90 培养人才从明确职责开始 // 221

91 核心员工培训什么？// 223

92 培养主人翁精神的两招 // 225

93 留住骨干员工 // 227

94 企业接班人的关键素质 // 228

第七章 管理转型与升级

95 企业为什么要转型？// 233

96 企业变革成功的关键 // 235

97 变革，着眼当下 // 237

98 自由选择下的企业变革 // 239

99 企业转型的三点思考 // 241

100 逐渐失效的"大棒" // 243

101 微信红包打开"新权力"时代 // 246

102 形式不"好玩"，员工不答应 // 248

103 企业竞争将回归基础能力 // 251

104 精简你的管理 // 253

105 未来的管理 // 255

后记 // 258

第一章

稀缺的经营思维

本章围绕企业经营及市场营销展开，旨在引导读者对企业经营进行思考，进一步提升经营思维能力。一直以来，经营和管理是企业内部谈论最多的话题，事实上，那些优秀的企业通常在经营和管理两个方面都很优秀，而蹩脚的企业尽管各有各的问题，但往往是经营出了问题。管理通常是可以复制的，而经营通常是个性化的，独具企业特色。

1 管理还是经营？

【核心观点】

要永远相信，决定企业成败的是经营能力，而非管理能力，管理应该为经营服务，一切不能促进经营改善、提升的管理行为及活动都是成本，应精简，甚至砍掉。

我们的市场环境，常常有一个异常现象，当实体经济不景气时，虚拟经济常常会在一段时间有相反的表现。比如，在经济不景气时，股市却常常会出现牛市，这一现象令许多专家感到迷惑。一位网友针对这个现象给出了"合理的解释"——当村里的年轻人都找不到活儿干时，他们就会聚在村头赌博。

类似地，我在咨询中留意到这样一个现象：很多企业领导者越是在形势不乐观时，越强调管理的重要性。比如，我知道的重庆某民企老板的故事。2014年起，由于所在行业受宏观政策影响较大，业务一落千丈，但这个老板却极其自信地告诉他的员工——越是在形势不好的时候，越要练内功（这话貌似得益于很多"管理大师"的指点）。所以，在过去很长一段时间里，这家规模不算大的企业天天在抓企业文化、抓现场管理、抓组织结构……目前，这家企业几乎快要解散了，这位老板对此的回应却是"原以为'冬天'会很短，没想到这么长！"

关于管理，其理论可以说不胜枚举，而且貌似但凡有点文化、有点阅历的人都可以谈论一番，还常常不乏道理。但是，真是所有的企业都需要管理吗？严格意义上来讲，肯定不是。实际上，有很多优秀的组织，根本没有什么管理，如逻辑思维团队。据我所知，最开始这个团队只有30多人，根本没有出勤、考核、绩效之类的管理，非常"松散"，事实上，逻辑思维却是自媒体品牌中的佼佼者。据说，有一次，团队中某个成员和"罗胖子"说想给女朋友买个名牌包，"罗胖子"问要多少钱，这个员工回答说15 000元，这个时候"罗胖子"二话不说从包里数了15 000元的现金给了这个员工。接下来的三个月里，这位员工几乎完成了他一年的工作量。当然，这个案例的真实性有待进一步考证，而且也不具参考性。但是，我想说明一个观点：人数少的公司其实不需要管理，用感情维系即可，那么企业到底有多少员工才需要管理呢？

很多管理学者针对这个问题提出了自己的看法，一个比较统一的意见是150人以内的组织，根本不需要管理，靠感情就能维系好公司的正常运营。同样地，如果一个组织超过了10万人，那也不需要管理，因为10万人的管理，绝不是靠"管理"就可以实现的，而是需要信仰、价值观、激情等，这大概也是为什么我们在很多场合看到任正非、马云等人在公开场合谈得最多的往往是企业文化、价值观、经营哲学等内容。

据我观察，绝大多数企业的普遍做法是，把优秀的员工提拔为管理者——普通员工干得好就提拔为主管，主管干得好就提拔为经理、总监乃至总裁。而这些人为了证明自己的优秀，就会不断地学习，学习各种各样的管理工具、管理方法等。优秀的员工来之不易，这大概就是很多企业注重管理胜于经营的重要原因。但是，只重视管理的企业并不算真正优秀的企业，因为真正的管理是要为经营服务的，脱离了经营，所有的管理都是多余的。用陈春花老师的话说大概是，当企业的管理能力远远超出其经营能力时，企业往往就会出现亏损，或者利润就会变得非常少。比如海尔，我们在很多情况下都只看到张瑞敏在大谈特谈海尔文化（创新）、组织结构调整（倒三角）等管理，却鲜见他谈客户价值、产品、技术等经营的东西，这也导致海尔的管理能力远大于其经营能力。

有不少创业型企业，创始人一开始就希望公司的一切都步入正轨，类似企业文化、绩效考核等都要一应俱全，殊不知，创业企业最大、最重要的任务是先要活下来。千万不要说"我们将企业内部管理都理顺了，达到高水平，十年后，企业做大了，就轻松了"之类的话，因为如果你的企业经营不善，何来"十年后"呢？

实际上，无论是诺基亚，还是索尼、松下，没落的重要原因之一是过分强调管理，而忽略了经营，忽略了消费者真实的需求是随着社会的变化而变化的，忽略了创造客户价值。所以，要永远相信，决定企业成败的是经营能力，而非管理能力。

2 提高经营能力

【核心观点】

经营能力是企业的灵魂，经营者应从骨子里认同这一理念，提高经营能力，便可使企业获得无限商机。然而现实中确实有不注重这一点的经营者。更要命的是，这类经营者还意识不到他们的公司会运营不下去。

经营能力是提升公司业绩的关键，其重要性毋庸赘言。提高经营能力，便可获得无限商机。巴菲特说："只有当潮水退去时，我们才知道谁没有穿底裤。"对于企业而言，这个"潮水"指的就是经营能力。在实际工作中，我们也发现，凡是经营得好的企业，其管理工具落地就很容易，对员工提出的要求也容易落到实处，如此便形成了良性循环。我们服务的一个客户，当时提供的服务是企业文化体系的构建及具体落地。文化落地自然会对员工提出一些要求，比如，最基本的要求是员工要熟记公司的文化理念，并且能结合自身的工作做一些分享。这个时候，很多员工就不理解：我在这里工作拿这些工资，除了正常的工作外，还要做这些"文化"方面的事，相比而言，到附近的小厂去上班，拿同样的工资，却轻松得多。于是有段时间员工离职率就比较高。

假设经营者有一批像样的设备，也聚集了一批具备相应能力的科研工作者，由此组建起来一家研究所，但未必能拿出丰硕的成果。换句话说，这家研究所的运作，需要很先进的科研设备，需要很优秀的科研工作者，还必须有先进的经营能力。只有三者俱备，科研人员才能顺畅地工作，其能力才能得到充分的发挥，才会有卓越的科研成果问世。企业也是如此，只有在具备了一定经营能力的前提之下，工人才能充满热情地工作，才能在其工作领域取得优异的成绩。

经营能力低下的企业，即便拥有优秀的人才，也很难有好的业绩。不仅如此，企业的管理者还会感到烦闷和困扰。据我观察，相较于民企，国企最不缺的就是人才。国企，尤其是大型的国企，用"人才济济"来形容也不为过，而很多民企，优秀的人才就相对少了很多。相对而言，在充分竞争的领域里，国企基本上都做不过民企，因为民企的机制更为灵活，随着市场应变的能力更强。

很长时间以来，企业在管理中投入了很多资源，也付出了十分的努力，但整体成效并不尽如人意。据我观察，中国的企业家、经理人乃至一般的管理者都是十分勤奋好学的群体，他们学习各种管理理论、方法以及工具。但多数情况下并没有在企业中取得良好的成效，甚至西方那些非常成熟、有效的管理工具，在我们的企业中都很难产生预期的效果，如六西格玛管理、平衡积分卡管理等。那么，是这些理论错了？不是。或者是我们仅学到了表面的东西？也不是。关键的问题在于，这些理论、方法及工具都是建立在正确的、被认同的经营理念之上的。韦尔奇到通用电气（GE）做得最有成效的一件事就是确定了GE

的经营理念：数一数二战略。然后通过组织结构调整、业务重组、扁平化管理等，不断提升 GE 的经营能力，才有了 GE 的神话，成就了韦尔奇的传奇人生。

经营能力是企业的灵魂。经营者若能从骨子里认同这一理念，那就再好不过了。然而现实中确实有不注重这一点的经营者。更要命的是，这类经营者还意识不到他们的公司或商店会运营不下去。随着国家经济增长速度的放缓，人口红利逐渐消失，人力成本不断上升，市场逐渐饱和，竞争不断加剧，追求机会、速度、规模，但忽视经营能力的管理模式已经逐渐受到挑战，甚至到了不得不终结的时候。中国企业的经营模式及管理理念必须升级换代，这就要求企业的领导者必须有意识地提升自己的经营能力，当然管理能力也不能忽视。值得注意的是，管理能力可以借助外力来解决，如请咨询公司，因为管理的道理基本相通，很多方法、工具也都适用，但是经营能力绝不是外界的帮助可以解决的，需要自身不断地积累、提升。

当然，纵观历史，我们会发现很少有帝王能清醒地认识到拥有强大治国能力的重要意义。而不懂这个道理的帝王统治的国家不一定就会灭亡，有的甚至还兴旺发达起来。这是因为帝王本人虽然没有管理国家的能力，却居于领导者的地位，任命一位有能力的宰相去实施具体的管理，因此才能保证国家的运作基本正常。如此看来，管理者的责任也十分重大。经营一家公司或商店也是同样的道理，如果老板本人的经营能力不强，可以把经营管理上的工作托付给能够胜任的总经理。只要把提高经营能力牢记于心，具体实施方法倒是可以不拘一格。

3 企业经营的微笑曲线

【核心观点】

企业经营者需善于抓住事物的主要矛盾，经营企业的两个主要矛盾是营销和技术产品或服务。

前面我们谈到总经理应该做的四件事：定战略、带队伍、构建公平的评价体系，最后是做分配。同时，在企业经营管理中，卓有成效的管理者更懂得抓住主要矛盾，在我看来，对于企业而言，其主要矛盾有以下两方面。

其一，营销

史玉柱在《我的营销心得》一书中详细讲述了他是如何让脑白金坐到全国保健品行业头把交椅的，并且持续很多年使用这一方法。后来他的团队又如法炮制了黄金搭档，销量排名也很靠前。史玉柱讲了他是如何做市场调研的，在江阴，他经常在乡下和老人们聊天，送脑白金给他们喝，然后听他们说效果好的时候，问他们愿不愿意买，老人说不买，太贵了。史玉柱表示不解："我算过你们的退休工资，这个完全消费得起的啊！"老人回答："我的钱要用来给后辈包红包、包压岁钱的，不舍得买这么贵的东西，当然，要是有人买给我，我就喝。"

于是，史玉柱设计了长期以来"最恶心"的广告语："今年过节不收礼，收礼还收脑白金。"很多人觉得这个广告很恶心，据说在无锡当地甚至有个企业的老板找到电视台，要他们停播这个广告，并且承诺史玉柱给电视台多少广告费，他们企业就补偿多少。

接下来，史玉柱和他的团队开始研究怎么打广告，他们选择了电视媒体。

当脑白金很成功时，有很多的"专家""学者"在计算脑白金每年的广告支出，得出的结论是脑白金每年的广告费是38亿元。事实上，史玉柱在自己的书中透露，他们的广告费用每年是3亿元。史玉柱和他的团队对电视媒体研究得非常细，比如，是连续播还是隔天播，在哪个电视台播，什么时段播，他们都算得清清楚楚。我觉得，这是抓营销的典型，而这也是脑白金、黄金搭档取胜的最重要原因。

脑白金宣传图

再如华为，说到它很多人有一个共识，华为是靠技术取胜的，甚至华为官方也一直这样宣称。事实上，我听到我的一个客户（与华为同行业，他们企业过去年销售额2亿元时，华为年销售额是1000万元，当时的华为基本上不入其"法眼"，现在他们还是2亿元左右的年销售额，而华为年销售额已超过2000亿元）的声音：华为完全是一个销售型公司。他们充分了解客户需求，完全按客户的需求提供产品、服务。在他们的行业有个传闻：思科从来不会派它的服务人员到客户现场去，因为他们自信产品品质过关，而华为是服务人员在客户处驻场，因为需要随时为客户解决问题，如产品问题、质量问题或技术问题。同样，华为也将这一方式使用在其最新涉足的领域：智能手机，并因此取得了很好的成效。

所以，我认为，对于任何一个企业来说，销售是重中之重，必须将重要的资源向销售倾斜。在我们服务过的一些企业中，发现有些企业生产车间怨声载道，其直接原因是工人太闲，没有订单，而根源是产品的销售做得不好，不能使生产饱和，成本就会居高不下。

其二，抓技术（产品或服务）

还是来说史玉柱，在保健品取得极大成功后，他开始研究网络游戏。不过，

游戏宣传图

我们很少看到他的网络游戏的广告,偶尔也能看到《征途2》的广告,但是据史玉柱说,那是试探性的,而且效果不好。从刚刚涉足网游起,史玉柱就将其主要资源放在产品的研发上。以前,玩网游主要靠购买点卡,你买多少点卡,就可以玩相应的时间,每个玩家都一样。史玉柱研究网游后有了两项新发现:第一,网游玩家基本都靠口碑传播,在玩家内传播信息的速度非常快,而且他们根本不关心电视,更不要说看电视上的广告;第二,网游最大的吸引力是"荣誉感"。结合这两点,他充分利用了网游的"荣誉感",让里面的国王(领导者)有至高无上的荣誉。获得荣誉的前提是你得花钱,不仅为你自己花钱,还要为你的臣民、"马仔们"埋单。有人说,如果一样产品或服务是免费提供给你的,那么你就是他的产品。这话在征途游戏里的那些免费玩家身上得到了极好的印证。正是凭借这两条思路,史玉柱的《征途》"打败"了陈天桥、丁磊等"游戏大腕"开发的游戏。

值得注意的是,企业抓技术容易犯一个错误:为技术而技术。某国企的董事长在咨询中说,他们公司有太多仰望星空,不食人间烟火,纯粹为技术而技术的专家、学者。我认为,这必须引起企业的重视,并且要尽可能避免。技术的改进、改良均应靠近市场,尤其应思考将技术转化为商业模式的方式、方法。

抓技术还容易走入的一个误区就是:凡事自己创新。事实上,很多时候对于企业而言都是"重新发明车轮"的行为。这样做没什么意义,反而浪费了企业有限的资源。某民企的董事长非常无奈地跟我说,他做了几十年技术后,发现自己所谓的"创新",很多时候都是在走别人的旧路,殊不知前人已经走出去了很远,而自己还在为此沾沾自喜。从这一点上来讲,我认为腾讯就是一个非常优秀的公司。从 QQ 空间、财富通、易迅到最近很流行的微信，无一不是"站在巨人的肩膀上"行事。

事实上，我慢慢发现，只有提供优质的产品和服务的企业才是能够长期发展的企业。乔布斯曾经"告诫"比尔·盖茨，让他换掉鲍尔默，自己担任 CEO，原因是像鲍尔默这样的职业经理人，把更多的心思都花在股票升值上，而忽略了如何打造一款最受消费者欢迎的系统或产品。

总结一下，我认为企业管理应该将资源、政策集中到销售、技术（产品或服务）两个方面。我们将其称为企业的微笑曲线。

4
人人参与公司经营

【核心观点】

管理的本质就在于提高员工的工作积极性，我们所做的一切管理工作，无非是想让员工工作时更积极、更自觉、有更强的责任感。实现以上目标的有效方式之一，便是将公司里的每个人都变成经营者，参与公司经营。

德鲁克讲："管理是一种实践，其本质不在于'知'而在于'行'；其验证不在于逻辑，而在于成果；其唯一权威就是成就。"我认为管理的本质就在于提高员工的工作积极性，我们所做的一切管理工作，无非是想让员工工作时更积极、更自觉、更有责任感。所以，我认为衡量一种管理工具、管理方法好坏的标准之一就是，它能不能对员工工作积极性的提升起正面作用。

稻盛和夫先生在京瓷集团做到很大规模时，有一天，他突然觉得力不从心，想到自己刚创业时，每天都精力充沛、激情四射，手下的员工也个个干劲十足。他认为导致这种情况的主要原因是，当时他管的人少。之后，有一天，他看《西游记》，看到一个片段——孙悟空和一群妖怪打架，因为妖怪太多，孙大圣拔出一根毫毛，吹一口气变出了无数个"孙大圣"，和妖怪们一对一打架……这时，稻盛和夫先生灵光一闪：为什么我不把自己复制无数个放到公司里呢？后来，就有了风靡日本、影响世界的"阿米巴"经营模型。

日本京瓷公司也有事业本部、事业部等部、课、系、班的阶层制，但内部还划分了数千个被称为"阿米巴小组"的单位，作为最基层的工作组织，多则数十人，少则三五人。"阿米巴小组"之间通过内部结算机制开展合作，各小组之间能够随意拆分与组合。每个"阿米巴小组"都是一个独立的利润中心，就像一个中小企业那样活动。它集生产、会计、经营于一体，自行制订计划，独立核算，持续自主成长，让每一位员工成为主角，"全员参与经营"。这样在横向上，稻盛和夫按市场驱动方式，以求得最快的市场反应速度。

"阿米巴"经营原理，最终目的就是把"小企业做大，大企业做小"，以激活整个企业。"阿米巴"经营体系在京瓷、KDDI都大获成功。目前，日本已有超过300家企业在京瓷关联公司的指导下引进了"阿米巴"经营模式，业绩得以大幅提升。2012年6月，我们在杭州一家制造型企业进行"阿米巴"试点，其中一条纸管生产线当月原材料损耗率就由原来的6%下降至1.5%。2013年，这家公司全面推进"阿米巴"管理方式，员工的积极性得到很好的提升，他们会自发地节约成本，因为无论是节约的成本还是创造的效益都与其个人收入息息相关，这是员工主人翁精神的进一步体现。

我们认为企业能够引进"阿米巴"的关键是要有详细的统计数据，便于拆分不同的独立核算单位，同时要将每个"阿米巴"所产生的效益与"阿米巴"成员的收入对等起来。据我们的经验，这是提升员工工作积极性的最有效的方式。

此外，海尔也一直在推进"创客"方式。随着海尔的不断成长壮大，海尔陷入了"大公司病"，张瑞敏深受困扰。几年前，海尔开始做内部组织变革，将企业内传统的"正三角"

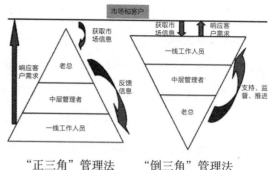

组织变革为"倒三角"组织，一线经理在"倒三角"的最上面直接面对顾客，管理者从"正三角"的顶端变成"倒三角"的底部，从发号施令者变为资源提供者。在此基础上，张瑞敏总结出"自主经营体"变革模式。依据"自主经营体"的部门和组织划定市场，按照"留足企业利润，挣足市场费用，超利分成"的原则进行经营，这种机制促使销售人员、开发人员共同了解市场用户需求。

"阿米巴"和自主经营体可谓大同小异。都是强调一线员工的重要性，培养全员"经营"意识，让员工参与到公司"经营"中来，分享"经营"业绩，提高员工工作积极性。

5 砍掉不赚钱的业务

【核心观点】

多元企业度过经济危机的一个有效方法就是砍掉不赚钱的业务，专注于优势领域，集中精力，专注精进，动荡时期，将鸡蛋置于一个篮子里更有利。

很多企业家都有一个梦想——把自己的企业做成"巨无霸""航空母舰""珠

穆朗玛峰",相对于做强而言,他们更倾向于做大,所以企业景气时,他们大肆扩张,多元发展,涉足很多领域、行业。结果很多新领域、新行业一直处于"缴学费"、赔本状态当中,长时间不见利润的贡献,反而消耗了优势业务的资源,包括利润、人力等。

杰克·韦尔奇管理思想

2015年起,中国经济全面进入新常态,已是不争的事实,经济增速越来越缓慢,很多企业的日子越来越不好过。据我观察,我们服务的很多企业,真是"王小二过年——一年不如一年"。事实上,经济危机这样的事情基本上是个周期性问题,我认为,它给企业带来的主要危害之一就是资金链紧张,这个时候,企业会发现以前很铁的关系(人脉、资源等)突然间像蒸发了一样,基本上消失得无影无踪。所以多数情况下还是要靠自己,我们看到很多优秀企业的做法就是当机立断砍掉那些不赚钱的业务,以获得一些资金巩固优势项目。例如,华为在某一年市场极不景气时,将华为电气出售给爱默生,获总资金约人民币66亿元,有效地帮助华为渡过了难关。同样,杰克·韦尔奇带领GE创造奇迹的最大"撒手锏"就是"数一数二战略"——只留下GE行业内前两名的企业,其他悉数卖掉或关闭。

1997年,苹果在接近破产之际把乔布斯请了回去。一回到苹果,乔布斯就传达了一个理念:决定不做什么跟决定做什么一样重要。乔布斯跟几十个产品团队开会,产品评估结果显示出苹果的产品线十分不集中。无数的产品,在乔布斯眼里大部分是"垃圾"。光是麦金塔就有N个版本,每个版本还有一堆让人困惑的编号,从1400到9600都有。

"我应该让我的朋友们买哪些？"乔布斯问了个简单的问题，却得不到简单的答案。他开始大刀阔斧地整顿，很快就砍掉了70%的产品。几周过后，乔布斯还是无法忍受剩余那些产品，在一次产品战略会上发飙了。他在白板上画了一根横线和一根竖线，画了一个方形四格图，在两列顶端写上"消费级""专业级"，在两行标题处写上"台式"和"便携"，"我们的工作就是做4个伟大的产品，每格一个"。说服董事会后，苹果高度集中研发了 Power Macintosh G3、Powerbook G3、iMac、iBook 四款产品。

	Consumer	Pro
Desktop	iMac	Power Macintosh G3
Portable	iBook	Powerbook G3

四方格图

当时苹果已经濒临破产，而乔布斯正是用了这一"撒手锏"——砍掉不赚钱的业务，专注精进业务，让苹果起死回生从 1997 年的亏损 10.4 亿美元状况，变成 1998 年的盈利 3.09 亿美元。

事实上，当我们把不赚钱的业务卖掉或关闭后，除了能够获得一定的资金外，还有一个更大的作用就是优化内部人才。当企业涉足一个新领域时，常常会派最得力的干将负责，这样就很自然地削弱了企业原来优势领域的人才力量。所以当这些得力干将得到"解放"后再回到原来的优势领域，自然多一份人才力量，使企业优势项目能够更占优势。比如，乔布斯那时还高调砍掉了苹果的"牛顿"项目——在当时很出色的一款手写设备，苹果在该项目上累计投入逾 10 亿美元。这个项目停止后，苹果解放了一批优秀的工程师去开发新的移动设备，也就是后来我们所熟知的 iPhone 和 iPad。

所以，在我看来，多元化企业度过经济危机的一种有效方法就是砍掉不赚钱的业务，专注优势领域，集中精力，专注精进业务。

6 擅用消费者的"心理账户"

【核心观点】

如果人们不愿意从某一个账户支出消费,只需要让他们把这笔花费划到另一个账户,就可以影响并改变他们的消费态度了。

1980 年,经济学家塞勒教授提出"心理账户"理论。他认为,人们不仅对物品有分门别类的习惯,对于钱和资产,一样会将它们各自归类、区别对待。在头脑中为它们建立各种各样的"账户",从而管理、控制自己的消费行为。这种做法经常是在不知不觉中完成的,因此,人们通常感觉不到"心理账户"对自己的影响。但人们如何将收入和支出"归类",却可以直接影响他们的消费决策。

比如,当我第二次或第三次、第四次去同一个客户那儿时,常常会给那边熟悉的朋友(包括经常接送我上下班的司机)带一点特产。有意思的是,我带去的这些特产,常常是我自己都没有吃过的,只是冲着"特产"二字便买了,而且对价格也不会很敏感。以前,我只是觉得这是人之常情。这种购物行为用"心理账户"理论来分析:我之所以不给自己买这些"特产",是因为我觉得它的价格不太合理,尤其是在机场这样的地方购买,如果是我自己消费,则算在我的"零食消费"账户,显然我会觉得它贵;而送给朋友,那它就会被划分在属于"礼物消费"账户,如果它太廉价了,我反而觉得不应该选。

再如,你提前买了一张价值 680 元的跨年演唱会门票,在准备出发时,发现门票丢了。如果你可以花 680 元再买一张门票,你会不会买?一般来说,大多数人的选择是不会。相反,如果你并没有提前买票,而是准备从家里出发去看演唱会时，发现钱包里有一张680元的商场购物卡丢了，你还会继续去看演唱会吗？大多数人都会选择去。这是因为，在我们心里，演唱会门票的680元和购物卡的680元的意义是不一样的。前者代表着娱乐预算，既然丢了，那再花钱就意味着超支，相当于花1360元购买一张演唱会的门票，这让我们很难接受。后者是购物卡，虽然它丢了，但并不影响我们的娱乐预算，我们仍可以继续花钱看演唱会。尽管二者实质上都是丢了680元，却导致了我们完全不同的消费决定。

所以，在我们心目中的确存在一个个隐形"账户"：该在什么地方花钱，花多少钱，如何分配预算，如何管理收支，大体上总要在心中作一番平衡规划。当人们把一个"账户"里的钱花光了的时候，他们就不太可能再去动用其他账户里的资金，因为这样就打破了账户之间的独立性和稳定性，会让人感到不安。

有趣的是，虽然说服人们增加对某项花费的预算很困难，但要改变人们对于某项花费所属"账户"的认识，却相对容易。换言之，如果人们不愿意从某一个账户支出消费，只需要让他们把这笔花费划到另一个账户上，就可以影响并改变他的消费态度了。

20世纪80年代，当雀巢咖啡进入中国时，曾遭遇很大的销售阻力。习惯喝茶的中国消费者没有购买咖啡的习惯，而一盒咖啡动辄几十元的价格也让很多消费者望而却步。如何解决这个问题呢？雀巢的营销团队认为，所谓价格的"高"和"低"只是相对的概念。他们在对中国市场的调查中发现，中国人热衷于送礼，而且在礼物上尤其舍得花钱。由此，一个营销雀巢咖啡的绝佳创意就这样诞生了：把雀巢咖啡作为礼品（而非日常饮品）来出售。

雀巢营销人员从两个方面解决了雀巢咖啡滞销的难题。第一，把雀巢咖啡作为"礼物"来营销，减少人们因对它不熟悉而产生的抵触心理。在20世纪80年代初的中国，咖啡是名副其实的"洋玩意儿"。把它包装成礼物，正符合咖啡给人带来的新奇感和趣味感。第二，把雀巢咖啡包装成礼物，改变的是人们对它所属的"心理账户"的认知。从"日常饮品"到"礼品"，人们不但不希望它太便宜，反而会希望它价高一些，这样才能显出送礼的面子和分量，这就让雀巢咖啡的"高价"变得合理化了。很明显，雀巢咖啡在"心理账户"归属上的变化将其原本的缺点变成了优点。

雀巢咖啡礼盒

那么，在众多的商品中，为什么人们会选择用雀巢咖啡做礼物呢？这从根本上取决于送礼的行为特点。在对送礼行为的研究中，塞勒教授提出，送礼物送奢侈品或享乐品，比送同等价值的实用品或者现金更受人欢迎。也就是说，如果花同样的钱，买奢侈品或享乐品来送人，比送实用品或现金效果要好得多。比如，任何一个恋爱中的小伙子都知道，送一束鲜花给女孩子，比拎一袋大米给对方，效果要好得多。

7
没有故事，就是"裸奔"

【核心观点】

不穿上故事的外衣，品牌就像个裸奔的孩子，消费者会把他堵截在记忆之外。

有一次做调研，我去了趟霍山县，这里虽然是个小县城，却有好几家大型企业，比如迎驾集团，在酒类企业中算得上赫赫有名，在安徽乃至全国都是有影响力的企业。虽然"迎驾贡酒"听起来比较拗口，却大有来头，而且在某种程度上正是因为这一名称，或者准确地说，正是这背后的故事成就了迎驾集团。据霍山县志记载：公元前106年，汉武帝南巡，渡过淮河，沿淠河逆流而上，进入衡山国（今霍山县），衡山王选用当地好酒敬献汉武帝，汉武帝饮后连声赞叹，迎驾贡酒因此得名。

还有一次，我在云南腾冲有个项目，去之前，我特意在网上搜了一下当地的特色美食，有一道菜特别令我难忘，菜名叫"大救驾"。到了那边后第一餐就吃到了这道菜，结果令我大失所望，因为那就是一道普通的炒饵块。这道菜之所以令我难忘，是因为它有一个美丽的故事。明末清初，吴三桂率清军打进昆明，明朝永历皇帝逃往滇西，清军紧追不舍。农民起义军大西军领袖李定国命大将靳统武护送永历皇帝至腾冲，当时天色已晚，一行人走了一天山路，疲惫不堪，饥饿难忍。找到一户农家，主人把家里认为最好的食材炒在一起，做成了由饵块、火腿、鸡蛋、青菜组成的一盘菜。永历皇帝吃后赞不绝口地说："炒饵块救了朕的大驾。"从此，腾冲炒饵块便有了一个别名——大救驾。

从某种角度上讲，品牌营销就是讲故事。王石讲了一个登山的故事，为万科节省了3亿元广告费。张瑞敏讲了一个砸冰箱的故事，从而让人们认识了海尔，相信了海尔产品的品质。老山姆讲了一个药剂师（沃尔玛员工）周末为糖尿病病人开胰岛素的故事，最后成了沃尔玛经营的主要原则之一：日落原则。冰冷的钻石讲了一个爱情故事，从而俘获了万千男女的心，"钻石恒久远，一颗永流传"。

我们的一些客户好像也深谙此道，比如某餐饮客户，他们有一道"青菜汤"，相对来说卖得很贵，原因是这道菜后面有一个很美丽的故事，并且因为这个故事，这道菜的做法和普通菜的做法也不一样。每次上菜时，服务员都会给客户讲这道菜的来历：小时候，家里很穷，感冒发烧了根本买不起药，妈妈便会用很土却很有效的方法为我们治病，其中一种方法就是用这种放进水里会散发热量的"石子"煮青菜。接着服务员会当着客户的面将这些"石子"放进盛有青菜和冷水的菜盆里，顾客会听到"滋滋"的响声，同时会看到水沸腾了，热气腾腾……服务员还会告诉客户吃了这种菜能预防一般的感冒及咽炎等疾病。在这个故事的包装下，这道菜既能卖个好价钱，而且很受顾客欢迎。

事实上，国际足联也是讲故事的高手。1974年，巴西人阿维兰热就任国际足联主席后，宣布从1982年开始举办世界杯，决赛阶段球队增加到24支。在即将卸任之际，他再次决定从1998年世界杯起将参赛球队增加到32支，将足球相对落后的亚洲、非洲、拉丁美洲吸引到世界杯的大舞台上。世界杯"扩招"之初曾经遭到了成员国的极力反对，有欧洲成员国认为"让亚非队伍进入世界杯会砸了世界杯的招牌"。而国际足联力排众议，坚定地推行了计划。正是这种长远的市场眼光，才使得世界杯有如此辉煌的成绩，成为世界第一大运动。

几乎每一个成功的品牌背后都有一个精彩的故事，它们懂得把品牌发展的历史脉络、内涵、精神等内容向消费者娓娓道来，并在潜移默化中向消费者输出品牌的理念。如果不穿上故事的外衣，品牌就像个裸奔的孩子，消费者会把他堵截在记忆之外。现在很多企业做广告，已经不再着重宣传自己产品的功能了，而是讲一段精彩的故事。比如，某品牌巧克力的广告很长一段时间实质上就像一部迷你浪漫偶像剧，在向消费者诉说着一段美丽的爱情故事。当你的品牌营销故事深入人心的时候，距离成功也就不远了。

8 只谈情感，不谈产品

【核心观点】

产品同质化越来越严重的今天，行业里绝大部分企业都很难在技术上有突破性创新。在这种情况下，与其继续突出产品功能，不如跟消费者进行情感上的沟通。

大学市场营销课上，老师曾说："我这个大学营销教授，越来越看不懂现在的广告了，有时候一条广告看完了，完全不知所云，也不知道广告内容和产品有什么关系，不知道是我落伍了，还是时代太超前了。"这话好像是在批判产品广告的"无知"。实际上，渐渐地，我们发现广告已经越来越少谈及产品功能、参数了，更多的是在谈企业倡导的生活方式、经营哲学和价值观等。

2008年，蒙牛因三聚氰胺事件陷入危机，业务一落千丈，最后被中粮收购。2012年，在新总裁孙伊萍的带领下，蒙牛提出了"只为点滴幸福"的品牌定位。在接受哈佛商业评论采访时，孙伊萍说出了蒙牛由原来的"好品质、绿生活"到"只为点滴幸福"转变的原因：蒙牛之前给人的印象就是草莽英雄，我希望新的品牌能传递更温暖的信息，不要总是显得那么强势、彪悍。点滴幸福，代表我们从小事做起，把产品做好，愿意从细微处融入消费者的生活。

实际上，据我观察，那些优秀的品牌总是能跟消费者建立情感联系。尤其是在产品同质化越来越严重的今天，行业里绝大部分企业都很难在技术上有突破性创新。这种情况下的广告策略，与其继续突出产品功能，不如跟消费者进行情感上的沟通，更何况，越是科技发展日新月异的时代，技术越容易让人感觉冰冷、没有人情味儿。手机行业对这一原则的体现似乎最为突出，如之前的诺基亚,在其广告语中从来强调的都是"科技以人为本"。不同的是,三星为配合其当年的旗舰手机 Note 4 的宣传,推出了"用心对话"系列广告——

闺密篇:文艺女青年感动于油菜花田的美景,拍下照片发给闺密,并附上手绘的小人——闺密因腿部骨折而无法前往。而在这一系列照片中,文艺女青年摆出特别的姿势,原来是为了方便 PS 闺密的形象。

家庭篇:"七年之痒"的家庭里,夫妻陷入感情危机。看着妻子拂袖而去,丈夫有心道歉,却说不出口。人小鬼大的儿子用手机发出精心制作的图片,让妻子回归家庭。

情侣篇:男孩仰慕女孩已久,却没勇气表白,只能悄悄跟在女孩的身后,或者在空荡荡的教室里排练告白。终于,当女孩在图书馆打工的时候,男孩在手机上绘出自己的心声,并最终打动了女孩。

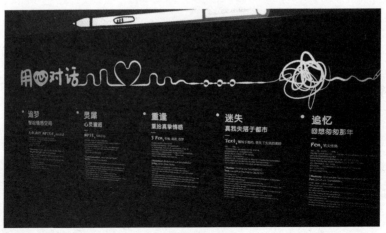

用心对话广告

这些都是"三星 Note 4"手机的微电影广告。不难发现,"用心对话"系列广告尽管全片打出了感情牌,但是贯穿情节始终并推动事件发展的关键,正是 Note 4 手机。整条广告中没有任何的手机参数,观众甚至连屏幕的大小也不得而知,但是能直观地看到手机的使用场景,想必顾客对 S pen 触控笔、画图等功能印象深刻,这些场景体验自然也能勾起顾客的购买兴趣和欲望。

9 别让消费者纠结

【核心观点】

有"选择障碍"是人性的一个基本特点,只要遇到多项择其一的情况,人们就会有顾虑,有所不同的只是顾虑的多少。

前几天,我的一个朋友很"纠结"地跟我说,她觉得她有"选择障碍",想换个牌子的牙膏,去超市转了一圈,硬是没能选好……事实上,据我观察,很多人都有这样的"选择障碍",选项越多的时候,越是不知所措、无从下手。当只有两种选择的时候,无论选择哪一个,都会对另一个很不舍,觉得自己好像吃亏了。这一特点也被不少的商家充分"利用",并且取得了极大的成功。这种方针叫"单独评估",即企业在生产产品时,采取"单一"策略,充分利用消费者的"选择障碍"。

韩寒开发了一款文艺生活阅读 APP,名叫"一个",口号是"ONE IS ALL"很受读者欢迎。韩寒在谈及开发这款 APP 的初衷时说,现在的社会,人们可选择的太多,他认为"一个"就好,每天推送一句话、一篇文章、一张照片。我留意到"一个"APP 很受欢迎,很快实现了盈利,并且利润丰厚,其成功的策略显然在于准确地抓住了很多人的心。

ONE APP

我们熟知的苹果,从硬件到软件基本上是封闭的,这一点在乔布斯时代尤为突出，乔布斯认为苹果的每个产品都是艺术与科技完美的结合。而这恰恰也是苹果制胜的关键因素，在 iPhone 5s 之前，苹果手机每个时期只发布一款新品，消费者想要购买苹果手机，几乎不用为选择而纠结：预算充足，选新款；反之，选旧款。实际上，后来的诸多用户和市场反馈证明这样的营销策略是正确的。

王雪红在总结 HTC 衰落的原因时，着重讲到一点：HTC 不像苹果、三星一样有某一款长盛不衰、经典的机型，HTC 更新换代太快，从消费者的角度来看，可选项太多、太乱了，导致消费者无从下手。

香奈儿 5 号香水举世闻名，究竟是因为它是世界上第一款人工混合的香水，还是因为它的气味很特别，抑或是因为玛丽莲·梦露那句经典的"我只穿'香奈儿 5 号'睡觉"？或许都不是。香奈儿 5 号之所以在人们心中无可比拟，是因为它独一无二。据说在研制香奈儿 5 号时，创始人可可·香奈儿女士对三款香水样品都感到很满意。然而，最后她却果断地决定只推出一款香水。事实证明她做对了，这款"神奇"的香水一经推出便在市场上大受欢迎，直到今天，还是很多女性钟情的对象。

香奈儿 5 号广告

可可·香奈儿的聪明之处在于她明白"少即是多"的道理。作为服装设计师，她曾经大胆地剪掉了传统礼服的下摆，设计出简洁的套裙和女式裤子。作为经营者，这种设计理念或许也可以触类旁通。在 20 世纪 20 年代的法国，使用香水是富裕阶层才有的标志和享受，小小一瓶香奈儿 5 号售价动辄在 100 美元以上，算得上是一笔很大的奢侈品消费。如果香奈儿推出三款同样优质的香水，那么顾客在购买的时候就免不了要权衡比较一番。而三款同样优质的香水，在相互比较中不免会将各自的不足暴露出来，顾客在注意到这些缺点之后，很有可能就决定都不买了。向顾客提供多种选择还有一个后果，那就是顾客在面对多种相似的选择时犹豫不决，最后因为难以取舍而选择不买。所以无论是哪种情况，三款香水都不如一款香水好卖。虽然顾客在香水的品位上众口难调，香奈儿公司"少即是多"的策略却是明智的。

香奈儿5号之所以畅销不衰，并不是说香水本身有多么优秀，而在于它的经营者掌握了人们认识和选择事物的规律。做生意关键的是要了解人性，任何一笔生意都是要跟人打交道的，谁了解并抓住了大多数人的心理，谁就取得了制胜的关键。从人性的角度来讲，有"选择障碍"是人性的一个基本特点，只要遇到多项择其一的情况，人们就会有顾虑，所不同的只是顾虑的多少。

10 聚焦最平常的需求

【核心观点】

如果你希望自己的产品成为一个时代中每个人都会用的东西，就要观察当下每一个人在最平常的生活中会用什么，以及多数人的消费能力。如果你希望自己的产品能够改变人们的生活，那你最好能够认认真真地观察人们的现实生活。

总有一些产品被吹嘘得天花乱坠，总有一些功能被设计得花里胡哨。商家总是试图创造一些需求出来。而事实上，在我看来，需求是不能被创造的，只能被发现和洞察。同时，我发现，人类的需求是基本不变的，只是行为会越来越高效。每一个时代，每种需求都会选择最便利的解决方案。对于企业来说，应该更多地关注人们最平常的需求。

成立于2007年的Dropbox公司，发展速度惊人，如今已坐拥5亿注册用户，在云存储企业中傲视群雄，其每个员工创造的平均收入，几乎四倍于业内最耀眼的明星——谷歌。这让众多的同行不解：同样是做云存储的公司，Dropbox是怎么做到的呢？实际上，Dropbox创造奇迹的主要秘诀就是关注每个人最平常的需求。

Dropbox在计算机桌面（或任何方便的地方）有一个文件夹，把需要同步的东西放进去，它就默默地、无缝地完成同步任务，就这么简单。而在它之前，大部分同行会在软件上增加如任务管理、日历、自定义面板、虚拟白板等99%的用户根本不需要的花哨功能。其实，一款产品简单好用就足够了，多余的功能只会变成累赘，让用户一头雾水。

凡事做加法容易，做减法难。做加法的关键在于满足客户的需求，而不是实现了多少没人用的功能；而做减法才是真正的考验，因为你必须了解产品的核心功能是什么，什么才是用户真正需要的。Dropbox真正做到了。

2014年，非洲成为全球第二大移动通信市场，仅次于亚太地区，在这里，最畅销的手机品牌是来自中国的传音（Tecno），它在非洲的出货量高达4500万台。尽管传音在中国国内市场的知名度并不高，但在非洲，尤其是撒哈拉以南的非洲地区，传音被认为是"中国最大的手机品牌"：它价格非常便宜，不但能把每一位黑人朋友拍得十分清楚，而且声音特别响，来电时铃声大到恨不得让全世界听到——非洲人民热爱音乐。正是这两个最平常的特点——拍照清晰和音量大，使得传音成为非洲人民认可的"中国最大的手机品牌"。2017年，传音在非洲的销售量已突破1亿台。

从Dropbox在激烈竞争领域中傲视群雄到传音在非洲成为"中国最大的手机品牌"的案例来看，获得成功的一个重要因素就是关注最平常的需求。

所以，如果你希望自己的产品成为一个时代中每个人都会用的东西，就要观察当下每个人在最平常的生活中会用到什么，以及多数人的消费能力。如果希望你的产品能够改变人们的生活，那你最好能认认真真地观察人们的现实生活。能改变世界的，是那些能够"看到"未来的生活，并弥补现在与未来之间差距的人。

11 聚焦超级客户

【核心观点】

超级顾客并不仅仅是购买很多商品的人，超级顾客需要从两个方面来界定：第一，他们对某类人群或某个品牌高度参与的部分产品购买量较大；第二，他们对产品的创新用法及产品的变化非常感兴趣。

通常而言，我们会认为增加产品销量最快捷、最简单的方法就是找出购买产品较少或者没有购买该产品的客户群，并针对他们的需求对产品作出调整，另一种说法叫挖掘客户的潜在需求或寻找潜在客户。许多公司在这方面的投入非常大，而效果却往往不尽如人意。事实上，根据帕累托法则（二八法则），当公司趋于相对稳定状态时，基本上是 20% 的客户贡献了 80% 的利润。为了保持这 20% 客户的忠诚度，很多公司会为他们提供 VIP、超级 VIP 服务，但极少会有公司将这群人纳入销售增长计划的核心。公司会认为这些客户已经达到了他们的消费极限，不会再贡献更多的利润了，或者公司对这部分客户的认识存在盲点。

2013年，卡夫食品公司的管理层对旗下Velveeta奶酪品牌销量的预估还是能维持小幅增长。然而，当消费者越来越青睐纯天然有机食品时，这种无须冷藏的Velveeta奶酪制品几乎被打入"冷宫"，管理层一度计划要将其退出市场。经过对过去购买者数据的分析，管理层发现Velveeta有一批忠实的消费者，这些消费者虽然仅占购买人群的10%，但却为该产品的年收益贡献了近50%的份额。产品团队将这10%的人称为超级客户，通过对他们进一步的调查研究，发现他们对Velveeta奶酪制品的评价非常高，而且他们很乐于创造和分享Velveeta奶酪的各种吃法。

Velveeta奶酪包装

在这一研究的基础上，卡夫食品公司将这些顾客定义为Velveeta奶酪的主要客户群，大约240万人。产品团队针对这240万人的特点重新设计了Velveeta奶酪，使之更符合这部分人群的喜好和消费习惯，同时重磅推出。一些与卡夫合作的零售商，也逐渐开始将该产品挪到出售率更高的冷藏乳制品货架上……接下来，奇迹发生了——该产品销售额大幅增长，新品创造的销售额逾1亿美元。不仅如此，对管理层来说，这是他们多年来第一次制定的可行的增长战略。

将超级客户和其他类型的顾客区别对待非常重要。当然，超级客户并不仅仅是购买很多商品的人，超级客户需要从两个方面来界定：第一，他们对某类产品或某个品牌高度参与的部分产品购买量较大；第二，他们对产品的创新用法及产品的变化非常感兴趣。同时，他们对价格并不敏感。超级客户可以想象出更多使用某种产品的方法及场合。比如，对很多消费者来说，热狗只是便利店、小卖部的一种简便食物，而对于超级客户来说，它们是理想的快餐或孩子放学后的零食。再如订书机，多数人只有一个或两个订书机——家里一个，办公室一个。但我们在统计办公用品商的数据时发现，那些订书机的超级客户，平均每人有 8 个订书机。事实上，这些客户需要做的装订工作并不比其他人多多少。他们对订书机的需求与他们对工作的条理要求息息相关：他们认为，纸张装订的呈现方式与内容同样重要，因此，需要为不同的装订任务配备合适的订书机。他们将这些大小、形状各异的订书机用于各处：办公室、厨房、手袋、汽车。直觉告诉我们，要说服他们购买更多的订书机，相对来说，一定比说服只有一个订书机的顾客更换或加购订书机更容易。以上分析也证明，这些超级客户对订书机的需求远大于那些需要更换或遗失订书机的"普通"客户。

所以，毋庸置疑，找到你的超级客户，聚焦于他们的需求，将是一个可行的销售增长战略。

12
洞察消费者行为

【核心观点】

当你试图理解陌生的社会或文化时，当传统的工具无效时，观察、总结消费者的行为就有了特别的价值。

较早以前，IBM 对全球 1500 名 CEO 进行研究时发现，他们面临的最大挑战是所谓的"复杂性鸿沟"：八成受访者认为商业环境将越来越复杂，但只有不到一半的人认为自己做好了应对复杂性的准备。研究还显示，CEO认为他们在处理复杂性问题时最欠缺的是对消费者的洞察。他们把洞察消费者摆在首位，其重要性远远高于其他的决策相关工作。此外，他们还把"重视客户"视为最重要的领导力特质。

在大多数情况下，营销人员和战略家都一窝蜂地致力于把消费者分解成一串串由0和1构成的二进制数据，但却忽略了对人性的洞察。消费者是真实的人，他们并不总是理性的，有些行为动机甚至连他们自己也无法解释。而组织文化、管理者的偏见，以及数量庞大但却不完善的数据流会让营销人员对消费者行为形成先入为主的看法。如今许多企业开始运用大数据进行客户研究分析，然而，虽然大数据可提供惊人的市场细节图，但这些细节图还极不完善，常常会误导决策。或许大数据可以预测消费者在网上买什么，但定量数据无法告诉你消费者为什么买这些商品。没有深入的洞察，企业便无法跨越复杂性鸿沟。

人文科学法则是了解消费者的"另类"手段。它从观察、研究消费者行为的深层动机入手，挖掘被传统商业工具忽略的内容。这种深层动机是消费者私人生活与外部社会、文化、实体世界之间相互作用的结果。它往往能揭示消费者行为背后微妙的潜在动机，对它的洞察适用于产品开发、组织文化建设，以及公司战略的制定，等等。

比如，人类学家就成功解决了一家公司的销售难题。2006年，某大型啤酒公司遇到了销售难题：其啤酒在酒吧的销量大幅度下滑。大量市场调研和竞争分析均未能找出问题根源。消费者非常喜欢其核心产品——标准储藏啤酒，店铺销量也持续增长，但酒吧销量就是莫名其妙地下滑，大规模促销活动也于事无补。

这家啤酒公司试遍传统调研方式都没能找出答案。无奈之下，该公司组建了一个社会人类学家团队。这群社会人类学家用调研婆罗洲偏远部落的思路研究酒吧销量。他们走访了十几家酒吧，对研究结果不作任何假设，深入酒吧生活，观察酒吧店主、酒吧员工、酒吧常客。他们拍摄了时长150小时的视频、数千张照片，形成了数百页的调研报告。几周后，啤酒公司的管理团队也加入进来，与社会人类学家一起研究数据、寻找问题的答案。

答案不久便浮出水面——啤酒公司一直以为酒吧店主很重视那些促销品，而事实上，那些小托盘、贴纸、T恤衫根本没被使用，有的甚至还被当作垃圾丢掉了（研究者在某个酒吧发现它们被堆在垃圾箱里）。他们还发现，"啤酒女郎"往往非常厌恶自己的工作，因为工作时她们必须要表现得很轻佻。对啤酒公司的产品，她们知之甚少，更没兴趣去了解。要知道，这些女服务员其实是销售啤酒的主要渠道。

于是，啤酒公司对酒吧销售方式进行了一次彻底的变革：将统一规格的促销物料，改为依据不同的酒吧类型按需定制；该公司还对销售员进行培训，增进他们对各个酒吧店主的了解，开发了工具帮助酒吧店主开展促销活动；在工作场所创建"学院"，让员工更了解其品牌；为下班晚的员工提供免费出租车服务，此举获得了"酒吧女郎"的青睐。两年后，啤酒公司的酒吧销量回升，其销量和市场份额的上涨势头延续至今。

当企业进入新市场、面对新一代消费者，或者此前有关潜在消费者的假设出现误导时——总之，当你试图理解陌生的社会或文化，而传统的工具无效时，观察、总结消费者的行为就有了特别的价值。

13 远期定价

【核心观点】

要拥有一个更大的市场空间,产品初期的定价策略显得至关重要,没有任何人说过产品的定价一定要高于成本,尤其是当它作为一种经营理念、一种战略时,需引起企业经营者的思考与重视——着眼远期。

王小胖很憨厚,有一手绝活:烙饼,他烙的饼在方圆百里无人能比,在这样的"绝技"下,他决定摆摊卖饼。经过简单的计算,即成本加上合理的利润,他将每张饼定价为2元。因为饼烙得好、味美,价格又实惠,所以王小胖的饼每天都供不应求,每天早上摊位前都会排着长长的队⋯⋯很快,在王小胖旁边不远处出现了另一个饼摊,生意也很好,王小胖的生意自然受到了一定的影响。那个摊主叫张三,王小胖发现张三的饼烙得也很有特色,很受消费者欢迎。左思右想后,王小胖决定降价,他将饼的价格调到1.8元/张,很快,他的生意又火了起来,但是好景不长,他的生意又不行了。原来,张三的饼也降价了,也降到1.8元/张,同时王小胖还注意到,附近除了张三,还有王二、郑一等好几个人支起了饼摊,而且都是1.8元/张⋯⋯

随着竞争越来越激烈,王小胖的生意越来越不好做,思来想去,他决定再次降价,将饼的价格调到1.6元/张。遗憾的是,这一招其他摊主学起来太快,于是,很快所有摊位上饼的价格都降到了1.6元/张。后来,王小胖又将价格调到了1.4元/张,其他摊主也纷纷效仿。再后来,王小胖一咬牙,将价格调到了1.2元/张,这回"追随者"没几个了,但是,王小胖的饼摊很快就倒闭了⋯⋯

这是我们在商业世界中最常见到的故事，也是多数人认为的"生意常态"。事实上，具备逆向思维的经营者往往建议，王小胖从一开始就将饼的价格定在1.2元/张，可以预见的是，这个定价，王小胖是不会有什么赚头的，甚至还会亏本。而这样做的好处就在于，别的进入者不敢再来摆摊与他竞争（设置了一个进入壁垒、门槛），因为他们是做不到饼卖1.2元/张还保证赚钱的，而且由于他们还没有进入这个行业，所以更加不敢贸然行动。而当王小胖把饼摊的规模做起来时，他就能够适度涨价，并且由于规模效应，他的成本会控制得更好，这个时候再有外人进入，其竞争成本就会更高，所以一般人就不会再进入这个领域，最后也就形成了王小胖的独家生意。按任正非的解释，这叫"远期定价"，即将现在的产品依据远期足够大的规模化生产后、竞争对手不多（甚至没有）的情况进行定价，从而有效地阻止现在的进入者，最后形成规模，甚至形成"垄断"的一种定价方式。

必须明确的是，这样的策略需要经营者有相当的经济实力、魄力和眼界。

一个典型的例子就是华为。现在的华为算得上是一艘"航空母舰"了，获得了非常多的赞誉、赢得了非常好的口碑，在行业内属于顶级的公司。很多人认为（包括华为也一直这么对外宣称）这一切源于华为领先的技术、杰出的客户服务。然而，在我看来，华为取得今天成绩的一个非常重要的原因是价格优势，与爱立信、贝尔等国际巨头相比，华为手机的价格具有极其明显的优势，而根据很多业界案例的说法，华为进驻一个新的市场时，前期的投入几乎是不计成本的，只等彻底占领市场后，才开始计算盈利……

无独有偶，SONY 在刚刚推出 Walkman 时，所使用的也是这种定价策略。Walkman 刚刚推出市场时，其定位销售对象主要是学生群体，所以盛田昭夫认为价格不能定得太高。同时，盛田昭夫认为产品的价格并不完全是按成本计算，而是由经营理念决定的。所以当时，他提出了一个让团队成员倒吸一口凉气的建议：3万日元（约人民币1750元）一台！这个价格从数字上看并不算低，但从当时的实际情况来看，这是一个亏本价格。也就是说，以这样的价格销售，卖得越多亏得越多。但是经过几次激烈的辩论和核算后，大家都妥协了，同意了盛田昭夫的提议，为了契合当时索尼成立33周年的时机，最终价格定为3.3万日元。这为Walkman日后风靡全世界打下了基础，事实也证明了盛田昭夫这一提议的正确性。

SONY 的 Walkman 广告

从我国的华为到国外的SONY，其执行的产品定价策略并不全由成本决定，而是由经营理念决定的。如果你想要拥有一个更大的市场空间，那么产品初期的定价策略则显得至关重要。没有任何人说过产品的定价一定要高于成本，尤其是当它作为一种经营理念、一种战略时。

第二章

战略实践的本质

本章围绕企业战略展开，旨在引导读者对企业战略有更进一步的认识，而不是一谈到战略，要么认为其"高高在上""云里雾里"，要么认为其"不知所云""所言尽虚"。关于企业战略，有很多的"定义"，流传较广的一个"定义"是：战略都是事后总结的好运气。诚然，运气是战略有效落地的因素之一，但绝非主要因素。本章从不同的角度探索企业战略规划，包括如何制定战略，企业中哪个层面的人员负责制定战略，用一句话讲清公司战略，战略制定过程中如何一步步推进、避免"大跃进"，以及企业应如何有效地做出战略选择；并且给出战略实践过程中的两个提醒等内容。

14 一句话讲清战略

【核心观点】

> 一个企业成熟与否，可以通过介绍时间的长短来判断，这有点类似女士的裙子效应，裙子越短，越引人注意。企业经营者最好能够用60秒的时间介绍完自己的公司。清晰明确的战略也应该在60秒之内，或用一句话讲清楚。

在很大程度上，多数企业存在的问题不是不重视战略，而是对战略重视过度，滥用了"战略"一词。我们注意到规模稍大一点的企业常常会设立一个"战略部"，负责起草公司战略文件、制定公司的战略规划等。事实上，据我观察，这个部门基本属于"没事找事"型部门，除了弄出一堆看上去很"高大上"、实际上却空洞无物的文件以外，基本上没起什么实质性作用。套用杰克·韦尔奇的看法：战略规划部门过于关注烦琐的数据和空洞的概念，不注重创建和维持公司业务的核心竞争优势。所以，他上任之初首先作出的决定就是大规模裁减通用电气战略规划部门的人员。事实上，我一直认为：战略是少数高管的事，甚至对大多数企业来说，战略实际上是企业"一把手"的事。

你能用一句话说清楚自己公司的战略吗？哈佛商学院科里斯教授研究发现，大多数企业高管无法用一句话讲清楚自己公司的战略。这往往意味着你的战略不够清晰明确，更糟糕的是，这很可能说明你的企业从未有过真正意义上的战略。如果公司没有明确的战略，你甚至连自己的公司都无法简明扼要地介绍清楚。王石在《道路与梦想》中分享过他曾经面临的一个挑战：在国外接受采访时总会被要求"请介绍一下万科"。在十几年前，他实在无法在

10分钟内把万科的业务讲清楚,因为当时万科的业务太杂乱。后来王石总结说:"一个企业成熟与否,可以通过介绍时间的长短来判断,这有点类似女士的裙子效应。裙子越短,越引人注意。"他给出的建议是,你最好能用60秒介绍完你的公司。事实上,清晰明确的战略也应该在60秒之内,或用一句话讲清楚。

这一点如何做到?很早以前,德鲁克大师就指明了方向,他提出了以下三个基本的战略命题。

我们的事业是什么?(我是谁?——业务领域)

我们的事业将是什么?(去哪里?——战略意图/目标)

我们的事业究竟应该是什么?(如何去?——战略地图/路径)

2012年,任正非在《一江春水向东流》一文中,回忆1997年前后的华为:"听听研发人员的发散思维,乱成一团的所谓研发,当时简直不可能有清晰的方向,像玻璃窗上的苍蝇,乱碰乱撞……1997年后,公司内部更是思想混乱,'主义'林立,各路诸侯都显示出他们的实力,但公司往何处去,却不得要领。"最后,华为经过上上下下多轮讨论,在任正非亲自把关的基础上,设立了《华为基本法》,才算明确了三个基本的战略问题。

《华为基本法》的第一条用一句话清晰地概括了华为的战略:"华为的追求是在电子信息领域实现顾客的梦想(我们的事业是什么?);为了使华为成为世界一流的设备供应商(我们的事业将是什么?),我们将永不进入信息服务业(用'我不是谁'来进一步明晰我们的事业)。""我们要以优异的产品、可靠的质量、优越的终生效能费用

华为基本法

比和有效的服务，满足顾客日益增长的需要。"

在我们接触的企业中，很多老板都希望有一套类似《华为基本法》的东西来管理企业。遗憾的是，很多企业都误解了《华为基本法》，将之归结到企业文化范畴（当然，从广义上来讲，企业的一切东西都可以归结为企业文化），这些企业模仿的仅仅是一本"册子"，不能从根本上解决公司的"战略清晰化和战略统一性"问题。2012年年底，任正非写了《力出一孔、利出一孔》一文，从中我们可以看出《华为基本法》的战略意义及其组织意义："水一旦在高压下从一个小孔中喷出来，就可以用来切割钢板，可见力出一孔的威力。"所谓"力出一孔"，是指华为要把所有资源聚焦在战略上，战略做到清晰化，并在内部形成战略统一，有了清晰的战略，才能有伟大的组织，战略决定组织，组织跟随战略。正如德鲁克所言，组织中所有人的意志、行为都必须指向一个战略结果。

15
少数人定战略

【核心观点】

> 战略就是在地图上作战，而地图上容不下太多的人，所以，战略决策一定是少数人的事，是有智慧的人的事，应该是精英决策。

很多人喜欢"民主"二字，似乎有"民主"的地方就有了表达自己权利、诉求的机会，许多企业也常常投大众之所好，时不时来一下"民主"，如决策的定夺通常采取全体人员投票制，遵循"少数服从多数"原则。不可否认，这样的做法，获得了大多数人的支持，在执行层面上也能够得到一个更好的结果（参与决策过程的人更愿意去执行决策）。但同时，我们发现，有些企业做得过了头——企业战略发展规划也采取民主决策制。

真理是掌握在少数人的手里的。一直以来，我都相信这句话（事实上，在我们的具体工作中也印证了这一点），对于企业而言，战略是少数骨干的事、高层领导的事，甚至是老板一个人的事（战略眼光独特就是那么多明星企业家受追捧的原因之一吧）。虽然我们需要听到基层的声音、了解基层的想法，但是战略就好比艺术——来源于现实，而高于现实，基层员工中能提出建设性意见的人实属凤毛麟角。

有一次，我和某客户聊他们的状况——进入他们公司大门，感觉到一股沉闷的气息，我就猜想形势肯定不容乐观。事实上，形势比我预期的还要糟糕。据客户透露，他们的同行，有四五家很大的企业或已倒闭，或已被兼并，主要原因无一例外是资金链断裂。我们当时服务的这位客户也正受此困扰，而且是其很长一段时间内的主要困扰。

前些年，这位客户所在的行业很景气。我们刚过来做咨询时，问老板企业的核心能力是什么，老板想了半天，半开玩笑半认真地说："啥核心能力，就是有钱呗！"也就是在那个时候，老板非常开明——广开言路。于是很多"有识之士"冒出来了，建议多元化、圈地、投资商业地产、投资LED等。结果几年下来，LED一分钱未赚，原本指望投资商业地产的，结果当年客户所处城市房价下跌严重。这位客户现在见了我们说："以前只以为搞房地产赚钱，是暴利行业，现在才发现是个无底洞，绝对的无底洞……"

张瑞敏是国内最受尊敬的企业家之一，有过很多经典言论和典型事件，很受人们欢迎。而如今回过头来看，我们认为海尔的战略并不是很成功，现在提及海尔，我们已经很难说清它到底是做什么的了，其中一个重要的原因就是海尔太注重内部管理。它希望通过内部管理来摸索出一个可行的战略，也就是希望靠多数人来寻找海尔的战略，事实上，这根本不可行。

有不少人在淘宝开店，赚了很多钱，非常开心，以为是自己是赢家，事实上阿里巴巴、马云才是真正的赢家，进一步来讲，我们发现孙正义才是最大的赢家。阿里上市后最大的赢家是孙正义，因为孙正义不仅投资了阿里巴巴，还有雅虎、盛大网络、PPTV、人人网以及全球第二大移动广告公司 InMobi。这一切，从我们看到的层面来讲——都是孙正义一个人的投资战略。

有人说："战略就是在地图上作战"，而地图上容不下太多的人，所以，战略决策一定是少数人的事，是有智慧的人的事，应该是精英决策。

16 先发子弹，后发炮弹

【核心观点】

遵循"先发子弹，后发炮弹"的原则需要开展一系列的活动。①发射"子弹"。②评估："子弹"击中目标了吗？③思考：在成功击中目标的"子弹"中，有值得转换为"重磅炮弹"的吗？④转换：集中资源，在校准目标后发射"炮弹"。⑤不要发射尚未校准目标的"炮弹"。⑥停止发射与最终成功无关的"子弹"。

相比"小心翼翼""谨小慎微"，人们似乎更喜欢"大刀阔斧""果断决策"，很多企业家也很享受"高端大气""系统全面""大手笔""全面铺开"等决策所带来的刺激、快感。事实上，这样的企业家还真不少（尤其是民营企业家）。

我曾经服务过的西南某企业，做矿产起家，发展得很好，其董事长基于"长远"战略思考，认为资源总有枯竭的一天，于是投资了很多其他领域，都是"大手笔"。我们帮他盘算了一下，他所涉及的矿产以外的行业有十多个，全部亏损。尤其是当时投资的旅游地产，一没经验，二没人才，却投入了很多，当时的情况是近70%的资产负债率，而且这还只是第一期的投入。在他的"战略"中，共有四期，投资总额超过100亿元……

同样，我们服务的西北某客户，属新能源行业，凭借老板个人的能力，获得了一项很先进，但是不算成熟的技术，于是便开始大举挖掘大客户。同样是凭借老板个人的资源、能力，获得了很多大项目、大客户。遗憾的是，由于技术不成熟，最后这些项目几乎全部做砸了。老板痛定思痛，加大对技术的投入，数年后，终于获得了成熟、稳定的技术，可是当他再去接洽这些大客户时，大客户已经完全对他们失去信心了。也就是说，他们失去了这些大客户的信任。所以，现在只得从一个个小客户做起。老板事后总结说，如果先拿这些小客户当试验品，等到技术成熟了，再找这些大客户，那么公司的现状就完全不一样了。

想象一下，你正在海上，一艘敌船向你冲撞过来。你只有数量有限的火药。你把所有的火药放在一起，发射出一颗巨大的炮弹。炮弹越过海面，但偏离了40°，没有击中目标。你寻找储备火药，但发现已经被全部用光了。结果，你死掉了。

再重新假设，在敌船向你冲来时，你只是用了一丁点儿火药，发射了一枚子弹。这枚子弹同样偏离了40°，未击中目标。你又将子弹重新上膛，并再次发射一颗子弹。这次偏离了30°。你上膛第三颗子弹并发射，这次偏离了10°。再次发射下一颗子弹，击中了正在向你驶来的敌船的船体。现在，你将所有剩余的火药放在一起，然后沿着刚才的瞄准线，向敌船发射这枚大的炮弹并致敌船沉没。结果，你活了下来。

乔布斯21世纪初决定进军苹果零售店时，由于缺乏经验，他无从下手。他问："谁是最优秀的零售高管？"答案是时任盖普公司首席执行官的米奇·德雷克斯勒。于是乔布斯"引诱"他加入苹果公司董事会，并从他身上学习所能学到的一切。德雷克斯勒对乔布斯说，不要一次就推出20家店或40家店。相反，先去考察一家大型零售商店，以此为原型进行设计并在设计中不断改进，直到满意为止（注意，这是"子弹"）。在进行充分的测试之后，再把它推向世界（"炮弹"）。而乔布斯也正是这样做的。事实上，第一个版本并未达到预期效果。"我们感觉就是，'哦，天哪，我们陷入了泥潭。'"乔布斯说。所以，乔布斯和零售部高管罗恩·约翰逊对零售店进行了重新设计，然后测试，测试后再重新修改，直到满意为止。最初两家零售店是在弗吉尼亚和洛杉矶开设的，而在这两家商店取得成功后，他们才开始进一步推进。路线就是"子弹"→校准"子弹"→再次校准→"炮弹"。

"子弹"有什么特点呢？吉姆·柯林斯在《选择卓越》中作了比较清晰的解释——"子弹"是指一种实证检验，旨在了解什么有效，以及什么符合以下三个标准。①"子弹"是低成本的。注意，"子弹"的尺寸会因企业的规模不同而不同，因企业的发展而变大；市值100万元的企业的"炮弹"在市值为10亿元的企业那里，或许只是一颗"子弹"。②"子弹"是低风险的。注意，低风险并不意味着高成功率。低风险意味着如果"子弹"出错或未击中目标，那么其对公司所产生的后果和影响是很小的。③"子弹"是低偏离率的，注意，这种低偏离率是就整个企业而言的。对于一个或多个人来讲，这可能是高偏离率。

遵循"先发子弹，后发炮弹"的原则需要开展一系列的活动。①发射"子弹"。②评估：你的"子弹"击中目标了吗？③思考：在成功击中目标的"子弹"中，有值得转换为"重磅炮弹"的吗？④转换：集中资源，在校准目标后发射"炮弹"。⑤不要发射尚未校准目标的"炮弹"。⑥停止发射与最终成功无关的

"子弹"。

1968年,太平洋西南航空公司发射了一枚勇气十足的新"炮弹"——"飞行—驾驶—睡眠"。从表面看,这个想法是不错的。作为一家航空公司,了解到飞行旅客需要租赁汽车,需要入住酒店等需求后,它开始进入酒店和租车业务领域。太平洋西南航空公司开始收购和租赁加利福尼亚州境内的酒店(租赁期为25年),其中就包括永久停靠码头的"玛丽皇后"号邮轮。此外,它还收购了一家汽车租赁公司,并迅速将租赁网点扩张到20个,而拥有的汽车数量也超过2000辆。太平洋西南航空公司原本可以发射一系列的"子弹",收购一家酒店,与一家汽车租赁公司建立合作关系,并划定区域,看看这种想法是否有效。但是它没有这样做;相反,它采取了更大的动作,而不幸的是,"飞行—驾驶—睡眠"这枚重磅"炮弹"最终射偏了方向,导致公司每年都出现亏损。"我们是极其糟糕的酒店运营者。"太平洋西南航空公司董事长J.弗洛伊德·安德鲁斯后来回忆说。

在20世纪70年代初期,太平洋西南航空公司又发射了一系列未较准的"炮弹"……最终,在1986年12月8日,太平洋西南航空公司被出售给全美航空公司。原公司的客机改头换面,成为另一家大型航空公司的飞行器。

太平洋西南航空公司的惨败表明,在充满不确定性的、动荡不安的世界里,发射未较准"炮弹"是非常危险的。如果一家公司所发射的未校准"炮弹"没有击中目标,而这时它恰好遭遇了一系列事件的冲击,那么最终的结果可能是灾难性的。

17 窄门与宽门

【核心观点】

无论是写作还是人生,正确的出发都是走进窄门。不要被宽阔的大门所迷惑,那里面的路没有多长。

余华在小说《兄弟》里面,讲了一个两兄弟的故事。一个选择了正确、善良的窄门,另一个选择了隐忍、狡猾的宽门。于是他们的生活在裂变中裂变,悲喜在爆发中爆发。在我看来,这个故事诠释了一个看似荒诞透顶,实则暗合阴阳转化的真理。小说后记里的点睛之笔让人印象深刻:"无论是写作还是人生,正确的出发都是走进窄门。不要被宽阔的大门所迷惑,那里面的路没有多长。"事实上,做企业也是如此。

盛田昭夫在其自传《日本制造》中讲过一个故事,创业之初,一个美国大经销商打算给SONY一张10万美元的订单,但是要求把"SONY"换成该经销商的牌子(就当时而言,该经销商的品牌影响力远在SONY之上)。当时,在艰难中挣扎的SONY迫切需要这个订单,但是思考再三后,盛田昭夫拒绝了——要创立自己的品牌,坚决不做代工。后来,他做到了,"SONY"这个品牌一度享誉全球,在很长时期内都成为日本国力的象征。

中国许多企业都喜欢走"宽门",借壳于国外品牌迅速崛起,然而从很大程度上来说,都只是为他人做"嫁衣",看似辉煌,却危机四伏。当它们发展起来以后,就会面临二次选择。当年柳传志与倪光南的贸易与技术之争,到最后柳传志还是选择"宽门",走贸工技术道路。但是时至今日,联想又开始重新选择，重视技术研发（很大程度上，联想 PC 业务事实上就是个组装工厂）。海尔借助国外驰名品牌迅速崛起，然而利润空间被压缩，甚至到现在连品牌定位都模糊了，一提到海尔，人们很难清晰地指出它是做什么的。与之相反的是格力，格力一直选择技术的"窄门"。2017 年青岛海尔年销售额在 1592 亿元左右，格力是 1482 亿元左右，表面上看，似乎海尔占优势，事实上，格力的利润总额要远远高于海尔，因为格力走的是"窄门"，掌握了核心技术。

1993 年，用任正非当时在年度总结大会上的话讲"我们终于活下来了"。当时，华为员工不到 200 人，年销售额过亿元。这个时候，华为下一步该怎么走，成为任正非需要思考的问题。有人提出大家辛苦了这么多年，该享受了，把挣来的钱给大伙儿多发点奖金。而就在这个时候，任正非做出了一个大胆、有挑战性的决定：开发局域交换机，进军公用电话电信领域。而在当时，华为面临两个挑战：一是技术难题，华为算是刚刚起步，基本上是从零开始；二是同世界级的对手竞争，包括美国 AT&T、日本的 NEC、法国的阿尔卡特、瑞典的爱立信等，这些公司在 1993 年时已在全球范围内拥有数十万名员工，年销售额达上百亿甚至数百亿美元。也就是说，华为当时面临着比自己强大数百倍的竞争对手。任正非当时说："如果研发成功，我们都有发展；如果研发失败，我只有从楼上跳下去。"今天回过头来看，华为选择的肯定是"窄门"，技术的"窄门"，然而它最终成为中国最具核心能力、最具国际竞争力的企业之一。

我们服务的很多企业，刚开始时，也选择把"窄门"作为切入点，后来觉得走得太辛苦，非要找一扇"宽门"来走，结果常常出问题。我们曾服务过一家零售超市，十几年前，创始人下岗后以 2 万元起家，租了个 30 平方米的门面，开了家便利店，也就是通常意义上的夫妻店。经过十多年的发展，做大了，这时，他们就总想着挣点"快钱"，于是想做"超级市场""百货商场"等。试来试去，交了很多学费，尤其是在电商的压迫下，这些新业务基本上处于"半死不活"的状态。折腾到最后，发现还是社区便利店盈利模式最强。事实上，我们认为做"超级市场""百货商场"等，一般的公司永远不能和沃尔玛、家乐福、大润发等大型超市正面叫板，而我们要想生存只有更好地去弥补它们之间的空档。事实上，大润发也正是钻了沃尔玛等国际巨头在国内三四线城市、城镇的空档而发展起来的。

18 信号与噪声

【核心观点】

区别"信号"和"噪声"的有效方法是分析行业的本质，明确什么是影响该行业、企业发展的关键因素，再来分析这些不同的声音。如果是围绕着使其本质的东西变得更强的，那么，它就是信号，应重视；否则就是噪音，应该屏蔽。

很长时间以来，人们都在谈论大数据，据专家透漏，"大数据"并不是指数据很大，而是说大数据可以分析、预测很多事件、趋势。例如，人们的生活习惯、潜在需求、倾向性行为等。而这恰恰也被很多的商家利用，尤其是电子商务网站、一些博客和搜索网站等，总会看到"猜你喜欢"的相关推荐，我想，大概这些都是基于大数据的分析而得来的吧！

当企业发展到一定阶段和规模时，自然而然地会产生非常庞大的数据，企业的领导者也会听到来自不同人、不同立场、不同角度的诸多声音。这些声音，到底是信号还是噪声，则是企业经营者、管理者随时随地都需要思考和面对的问题。如果错把噪声当作信号，那么很多企业每天都要从早忙到晚。事实上稍加分析，你会发现，忙的都是重复发生的事，都是没有实际意义的事。更糟糕的是，即便如此忙，企业的问题也得不到根本性解决，还会反反复复地出现。而如果错把信号当作噪声，那么显然，公司的经营管理方向就会跑偏，甚至最后会造成企业的倒闭、破产，往往成了比尔·盖茨所描述的CEO——最后一个知道公司倒闭的人。

过去，我们为某零售企业提供咨询服务时，在调研中发现，被调查者（尤其是普通员工）反馈最多的就是收入和福利问题（事实上，据我们了解，和当地同行业同岗位的收入相比，他们的收入并不算低，至少是持平的，福利也不算差），还有很多声音反馈说，人员不稳定、流失率非常高、商品品类不丰富、人员经验不足等。很多管理人员听到这些问题时，以为只要提高员工工资、增加福利、加强培训和教育，以及将商品品类丰富起来，公司就能发展得很好，事实是这样吗？答案是否定的。

我认为，更具实际意义的方法应该是先分析该行业的本质，也就是什么是影响这个行业的最关键因素，然后再来分析这些不同的声音。如果是围绕着使其本质的东西变得更强的，那么，它就是信号，应重视；否则就是噪声，应该屏蔽。比如，在零售行业，最关键的就是"价格和服务"，那么只有能使我们的产品变得更便宜、服务变得更好的声音，才是信号，所以类似"建物流配送基地（统一仓储）、简化管理、优化流程管理、核算单品的利润率"等，这些才是企业经营者应该重视的信号。

同样，当企业做到一定规模的时候，关键是做减法，而非做加法。还是以零售业为例，我们听到很多的声音，如"我们家超市商品品类不齐全、不够丰富"，这个时候，我们需要思考的就是要不要对每个单品的利润贡献率进行测算，然后决定留哪些商品，淘汰哪些商品，也就是优化商品的品类，而非盲目地增加商品的品类及数量。

坦白讲，很多企业经营者，基本上不具备这样的思维方式，时常提"向管理要效益"，总以为管理越多越好，事实上，很多企业有一种病叫"管理过度"。那么，衡量管理是否过度的标准是什么呢？其实，标准就是管理能不能强化我们的核心业务，提升企业的核心能力，如果答案是"是"，则管理是合理的、良性的，否则就是过度管理、空耗成本。

19 多数大象不能跳舞

【核心观点】

不要迷信"大象能跳舞"，更不要执着于大而不倒，做企业还需要懂得"小就是大、少就是多"的道理。全神贯注是亿万富翁与众不同的一个特征，长寿公司大多坚持做好自己的主业，追求竞争力、高利润而非臃肿庞大的规模。

长期以来，把鸡蛋置于多个篮子里，做大规模是国内企业最为流行的做法——多元化经营可以充分利用企业内部优势，同时，国有企业考核的关键指标也是规模的大小。然而，贪多求大最直接的结果是业务跨度大，协同性差——通常情况下，新业务长时间处于"鸡肋"状态，甚至成为"压死骆驼的最后一根稻草"。这源于很多企业家过于信奉"不要把鸡蛋放在同一个篮子里"，要分散投资、分散风险。而欧美企业多坚持"把鸡蛋放在同一个篮子里，然后精心去呵护"。如此一来，多数中国企业均大而不强，一旦面临不景气的市场行情，就摇摇欲坠、举步维艰。

对于规模效应，最执着的企业家莫过于比尔·盖茨。与那些注意力不断转移的人不同，比尔·盖茨长期将软件作为其核心领地，对硬件敬而远之。另一个典范是专注于搜索的谷歌。在谷歌诞生之前，市面上至少有100款搜索引擎产品，当几乎所有的搜索引擎转型为门户网站时，唯独谷歌获得了最终成功。《如何成为亿万富翁》的作者马丁·弗里德森认为，全神贯注是亿万富翁与众不同的一个特征，长寿公司大多坚持做好自己的主业，追求竞争力、高利润而非臃肿庞大的规模。

反观我们国内企业的情况，哪个行业挣钱，就往哪个行业奔。前几年，光伏、LED产品好，大家有钱就往里投，结果"死"了一大批；房地产增长快，很多企业一有钱就往里钻，结果"沉了底"。我服务过的某客户，前些年市场行情好，没少赚，其同学动员他去投资，他一看当时行情好，于是大笔一挥投了2亿元——与自己本行毫不相关的业务。几年下来，非但没赚到钱，最后还发生了火灾（管理的问题），直接损失数千万元……事实上，2012年开始，这家企业所处的行业（主业）就处于衰退状态，2013年第四季度差点没挺过去，还是一同行为其在银行作担保，贷了2亿元才挺过来了。当企业很臃肿时，一旦现金流出现问题，常常会是灭顶之灾。

杰克·韦尔奇任GE首席执行官期间，提倡"数一数二"原则——GE从事的所有业务，应该是在业内处于第一或者第二的优势竞争地位的。否则，就应该抛弃这项业务，要么出售，要么关闭。为此，韦尔奇曾将153个事业部砍到13个，共出售110亿美元的资产，解雇了17万名员工，同时为了巩固优势竞争力，他花费260亿美元用于并购，GE"王朝"由此开启。

安捷伦首席执行官比尔·苏利文堪称韦尔奇的超级跟随者。眼下，他正忙于将安捷伦一分为二：一家公司将专注于生命科学、诊断和应用领域；另一家公司则专注于电子测量业务。令人称奇的是，继续分拆的安捷伦正是惠普1999

年分拆的结果。1999年1月31日的第一财季，华尔街终于对惠普糟糕的表现失去了耐心——惠普每股收益仅为92美分，而对手正以超过30%的速度增长。迫于巨大的压力，时任惠普总裁的卡莉·费奥莉娜操刀将惠普测试与测量业务拆分，安捷伦就此诞生。而今天安捷伦取得了比惠普更大的成功。眼下，其研发所占营收的比例约为10%，这相当于惠普的3倍。安捷伦不仅在业务竞争上超越了母公司惠普，也为股东创造了更大的价值，而"规模至上"的惠普却一团糟，其市值已蒸发了超过30%。

一沉一浮皆是战略抉择的结果。安捷伦更偏爱聚焦战略，信奉"数一数二"原则，以创新优化竞争力，而惠普则热衷于做大规模，倚重规模效应及成本优势。与"做大"的惠普相反，安捷伦一反常态乐于"做小"公司，并由此赢得更强的竞争力。

曾经，郭士纳令IBM起死回生，于是得出一句豪言："大象也能跳舞"。的确，郭士纳在位期间的IBM"舞跳得很好"，令众人折服，但是人们并没有看到这头大象跳舞跳到最后。所以，不要迷信"大象能跳舞"，更不要执着于大而不倒。做企业还需要懂得"小就是大、少就是多"的道理。在这一点上，德国的企业做得最好。在世界500强中，我们很难看到德国企业的身影，然而在很多细分领域里，我们却看到许多尖端的技术都掌握在德国企业的手中，它们并不大，但是它们很强。

为了让公司更快地顺应市场与客户需求，变革和调整就要毫不妥协。所以，砍掉那些多余的业务、去除那些"鸡肋"的产品！企业内部的变革就像生孩子，在这种变革过程中，难免产生不适应和强烈的阵痛。而每次变革也必然会付出代价。但应该看到的是，变革之后企业将会获得更大的发展。

20 不要过早关注细节

【核心观点】

过早地关注细节，会迷失在不重要的环节中，浪费时间去作一些最后很可能会变的决定，所以请忽略细节——至少是在一段时间内，先把基础打牢，再去操心细节。只有在真正开始后，才能认清到底哪些细节才是最重要的。

多年前，一本叫《细节决定成败》的书非常畅销，大家不仅谈论这本书，而且在生活中更关注细节了，开始挑刺儿，这甚至也为很多吹毛求疵的人提供了理论依据。很多人甚至对关注细节的人刮目相看，觉得这样的人将来一定大有可为。

大概很多求职者都听过一个故事：招聘会现场，面试官故意在门口扔了张纸片，然后观察面试者的行为，只有最后一个人在经过那张纸片的时候，很自然地把它捡起来扔进垃圾篓……最后他获得了这个职位。一开始读这个故事，我觉得很励志，极其相信这个故事的真实性，而且特别希望自己就是那个捡起纸片的人，并且笃信如果自己经过那片纸，一定会捡起来。因为与回答面试官的问题相比，捡纸片明显容易得多。后来，我一直在想，要是那个最后面试的人，他第一个就上去了，其他人是否还有经过那片纸的机会？

工作中，我发现身边也有很多人关注我们意想不到的细节。比如，大型企业的领导居然会关注一篇文章某个标点符号的对错，这也无妨，或许是他文学素养高，语言底子厚。可是如果一个大企业的领导带着一群高管在修改某个方案，并且反反复复两三个小时，一直在纠结标点符号的规范使用或某个修饰语的准确性，那他们只是在浪费时间而已……大概他们最欣赏的莫过于类似"千里之堤,溃于蚁穴"之类的名言,挂在嘴边的大概就是"蝴蝶效应"之类的内容。

事实上,建筑师从来不会过早去操心浴室要铺什么样的瓷砖、厨房要安装什么牌子的洗碗机,这都是在平面图确定了以后才需要考虑的事。他们深知,这些细节应该放到之后再去考虑。作为管理者,也应该用同样的方式来处理你的问题。

诚然,细节会导致差异,但过早纠结于细节则会引来异议、多如牛毛的会议及延期。我们曾经服务过的一家企业,经常纠结于制订工作计划,每一个阶段的工作都需要我们制订一个非常完善、完美的计划。坦白地说,在我看来,这样的计划意义不大,但是从满足客户需求出发,我们一而再,再而三地修改计划。这个客户甚至还会提非常奇怪的要求,比如,因为国庆假期,所以原定的时间往后推了一周,他需要我们写个方案阐述为什么不能按预期完成工作……到了最后,完全是本末倒置了,以至于我和我的同事们时常怀疑,我们是在做项目,还是在写计划……所以,过多过早地关注细节,会使你迷失在不重要的环节中,浪费时间去作一些最后很可能会改变的决定。因此,请忽略细节——至少是在一段时间内,先把基础打牢,再去操心细节。

沃尔特·斯坦奇菲尔德,身为迪士尼工作室的著名绘画师,曾经鼓励他手下的漫画师要在开始时"忘掉细节"。理由是在初期,关注细节不会给你带来任何好处。

事实上,你只有在真正开始后,才能认清到底哪些细节才是最重要的。到那时你才能看清哪些方面需要多花些时间。缺什么补什么,不要操之过急。

我们有个餐饮业的客户,上个月去他新开的一家店"指导工作",顺便吃了一顿饭。吃饭的时候,有个员工拿了个玻璃器皿走到董事长面前,问这个样式、大小怎么样。董事长往桌上一摆,转了转说,挺好,就这个。然后他转过头和我们说,他注意到客户喜欢吃泡菜,打算每张桌上放一碟泡菜,不值几个钱,但是客户喜欢,尤其是在客户候餐的时候。事实上,每次我们和他接触都会发现他在琢磨一些小事，一些细节的事，使他的企业更接近完美。他刚创业的时候，主要抓的就是口味，然后是样式，要显得高端、大气、上档次。当这两个点抓准、抓到位后，就有了固定的客户群，接下来他才开始关注细节，一步一步地完善。而这时对细节的关注，使他的企业更加完善。

我有个同事，常常被第三方教育机构邀去给企业家讲课，就企业家工作的思维方式，他讲了三点。第一，透过现象看本质，任何时候一定要寻找到事物的本质。比如，海底捞公开说"海底捞你学不会"，很多餐饮的同行是去学了，确实是没有学会，因为看到、学到的都只是皮毛。很多人以为海底捞的独特无非就是排队的时候给你修修指甲、按按摩之类的，然后吃火锅时给你个塑料袋保护手机……其实这背后的核心是海底捞给予员工信任的企业文化，海底捞的员工权限很大，能够打折、送菜甚至免单。第二，凡事一分为二，不要钻牛角尖，过于追求完美。第三，马上行动，不要犹豫不决。我发现，企业的管理者，如果能做好这三点，则基本算得上是德鲁克提倡的卓有成效的管理者。

所以，对于管理者而言，不要过多、过早地纠结于细节，尤其是当根本不知道哪些细节重要、哪些不重要时。只要大方向是对的，细节在多数情况下是改变不了大方向的，而且随着时间的推移，有些细节的问题也会慢慢地消失。

21
警惕看不见的"大陆"

【核心观点】

有些事，你能做，别人做不来，这是你的天赋，也是你的优势，反之亦然。对于企业而言，在选择多元化的行业时，一定要多去了解冰山在水下的那一部分，警惕看不见的"大陆"。

1895年，弗洛伊德提出了著名的冰山理论。他认为人的人格有意识的层面只是这个冰山的尖角，其实人的心理行为当中的绝大部分是冰山下面那个看不见的巨大的三角形底部，但正是这看不见的部分决定着人类的行为，包括战争、"法西斯"、人与人之间的恶劣争斗，等等。后来，这一理论在很多领域得以广泛应用，包括商业决策、人力资源等领域。而人们在做决策的时候，常常看不到冰山水下的部分，以致很多看上去很美的决策，最后都深陷泥淖。

我有一个客户，前几年市场环境很好时，赚了不少钱，于是想要多元化发展。当时他看LED行业发展不错，于是投资LED行业，可是几年下来，一直在亏本与保本之间徘徊，几乎没盈利过。我的一个朋友，也在LED行业工作，但是她的公司利润却连年增长，据说2013年较前一年还翻了一倍。我就在想，同样的行业，同样的国内环境，为什么差距这么大？据了解，LED行业具有比较长的产业链，每一领域的技术特征和资本特征差异都很大，如果不能根据自己的实力和目标投资，很可能会"竹篮打水一场空"。也就是说，很多人只看到了LED行业的光明，却没有看到"冰山"下面的部分……

冰山理论

我们在云南还有一个客户，其企业在当地影响力很大，属于当地的龙头企业，做铁矿石起家。我们都知道，云南是个旅游宝地，很多大企业在这里做旅游地产。2011年，香港某地产商进驻了该客户所在地，开发旅游地产，一年下来，净赚好几亿元。这下，我们的这个客户眼红了，他思来想去，问自己：为什么我不做旅游地产呢？我有良好的人际关系，又是本地人，又有资金优势等。很快，他决定开展旅游地产业务，投了几十亿元进去。果然，不出他所料，他想到的优势都兑现了，他拿到的地比外地商人便宜得多，当地政府为了支持他，在他的楼盘前修了个人工湖，把当地最好的中学分校建到了他的房产周边……

好了，房子建起来了，但是，他的成本比专业地产公司的成本高出了近40%，因为他不懂，走了很多弯路，"交了很多学费"，所以他建的房子比同行要贵，而最关键的是，当地居民的消费能力有限，基本不会在本地消费旅游地产（别墅）……于是，项目完成一年多，出售率还不到30%，这主要还是老板自己和亲戚朋友购买的。最郁闷的是，他们做了一次测算，即使按现在的价格将所有的房子卖出去，也只能保本，完全赚不到钱……

喜欢网购的人都知道，顺丰在国内快递业的位置相当于联邦快递在美国的地位。在网店，"顺丰包邮"甚至已成为一个卖点。当然，和同行相比，顺丰的收费也是最高的。但是很多人还是愿意选择顺丰，因为它有保障——及时、安全、对货物保护得好。顺丰的监管是非常严格的，他们明确规定，投掷包裹的距离不得超过30cm，也就是说，30cm以外的距离，你得走过去轻轻放下……基于顺丰良好的管理，它的工作人员都做得到。我想，其他快递公司应该也都想学顺丰，但是，学不来！

冰山理论告诉我们，我们在观察一个事物的时候，常常只能看到冰山的一角，冰山下面的部分是看不到的。而事实上，下面的部分才是冰山的主体。同样，很多人跟风，认为行业热、自己有资金，就可以进去，而如果你不具备相应的管理能力、专业水平的话，肯定是要吃亏的。

再如，之前市面上有一本书特别火，叫《海底捞你学不会》。我们看到的东西觉得都很简单，具有可操作性，但是，这本书明确告诉你：你学不会。为什么？因为海底捞练了很久的"内功"。"内功"的部分，我们是看不到的，一时半会儿也学不会的，这也是冰山下面那部分，而这才是海底捞最本质的部分。

有些事，你能做，别人做不来，这是你的天赋，也是你的优势，反之亦然。对于企业而言，在选择多元化的行业时，一定要多去了解冰山在水里的那一部分，警惕看不见的"大陆"。

22
企业要构建什么样的核心能力？

【核心观点】

企业核心能力的构建，行之有效的方法之一是打造产业链，构建自身业务的生态链，构建自身的"全过程"生产、服务能力。一旦企业形成这样的产业链，在很长一段时间内都将成为同行业的佼佼者、领先者。

企业面临的问题无非是生存和发展。当企业走过生存期时，如何更好地发展则是企业家最应该思考的问题。这就涉及企业核心能力的构建。过去，我们的国情是人民日益增长的物质文化需要同落后的生产力之间的矛盾，所以产品特别好销。一位深圳企业家曾说："2010年前的深圳，只要有产品（服务），根本不愁销售"。可是，经过多年的高速发展，新常态、产能过剩、供给侧改革已成为宏观环境的新现实。

在这样的背景下，构建企业的核心能力显得至关重要，那么企业应该构建什么样的核心能力呢？从战略的角度来看，要致力于产业链的构建，形成一个良好的闭环。

史玉柱在《我的营销心得》中讲述了民生银行的具体做法。假设你想贷款去云南、希腊开采大理石创业，民生银行贷款给你，你的机器、设备，都是民生银行给你出钱购买，但是，要求你开采的大理石只能卖给民生银行的客户。同时，它又发展了一百家粗加工大理石的企业，粗加工大理石的企业作为它的客户，只能在民生银行结算，不能跟其他银行发生任何业务往来。存钱不能存在别的银行，也不能在其他银行贷款。

而买大理石的钱，民生银行贷给你 60% 或 70%，你很开心，因为你只出 30% 或 40% 的钱，剩下的由民生银行付给矿山。但实际上，这些钱都在民生银行一个计算机（系统）里转，民生银行并没有出钱。

粗加工过的大理石，也必须卖给指定的两百家精加工企业，这些精加工企业也是民生银行的客户，最后再卖给全国两千家大理石经销商——这条产业链全是民生银行的。其他银行想进大理石这个行业，进不来了，被民生银行垄断了，因为签了排他协议。

再来看谷歌。早在 2002 年，谷歌当时在寻找新的利润增长点，有一天谷歌创始人之一——拉里·佩奇收到一个叫安迪·鲁宾的人发来的邮件。这个叫安迪的人在这之前做过一件事，他注册了一家公司，公司叫安卓（Android），并研发了安卓产品的雏形。这封邮件对拉里·佩奇来说，无疑相当于正想睡觉的时候，恰好有人送来了枕头。很快谷歌就把安卓纳入麾下。

在接下来的几年里谷歌非常低调，直到 2007 年 11 月，谷歌才正式推出安卓系统。2008 年推出第一款安卓手机 G1，广受消费者青睐。到 2011 年，安卓手机在市场上的占有率已经高达 39%，牢牢坐稳了全球市场占有率第一的宝座。这件事让一个人非常气愤，经常在公众场合骂拉里·佩奇是个"骗子"，甚至放过狠话："如果有必要，我会用尽最后一口气，花尽公司存在银行的 400 亿美元，彻底毁掉安卓！因为那是偷来的产品。"这个人就是乔布斯，他一直认为谷歌暗地里偷了苹果的创意、设计。

同样在 2011 年，谷歌还做了一件大手笔的事：花 125 亿美元与摩托罗拉"闪婚"。表面上看，谷歌收购摩托罗拉是为了扩充安卓阵营的专利储备、保护和它站在同一阵营的手机生产商，深入研究后，我们会发现，凭借这次收购，谷歌最重要的目的还是进一步完善自己的生态链。

是的，构建生态链。要打造企业真正的核心能力，就是要打造一条产业链、生态链。你是餐饮行业，你要保证食材的正宗，那就得致力于打造自己的生态、养殖基地；你是化工行业，就要建 PX 项目；要做光纤，你就要投资预制棒；做电子商务，你就要有出色的物流配送系统……当然，这些事做起来非常辛苦，投入也很大，而且要交很多学费。但这是值得的。

实际上，社会发展到今天，很多行业里的企业致力于往产业链上下游延伸，构建自身的"全过程"产业链能力。一旦企业形成这样的产业链，在很长一段时间内都将成为同行业的佼佼者、领先者。

第三章

超效实用领导力

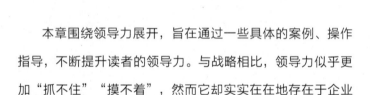

本章围绕领导力展开,旨在通过一些具体的案例、操作指导,不断提升读者的领导力。与战略相比,领导力似乎更加"抓不住""摸不着",然而它却实实在在地存在于企业管理,以及我们的生活中。

本章先着重介绍为管理者提升自身领导力的一些具体的方式、方法和工具,并指出管理者在具体工作中应避免的一些影响领导力的错误,领导者不要过度自信、不要公开批评管理者、不要过于信赖直觉做决策等。接着,从公司的角度提出提升领导水平的建议,包括建立企业"守护者"团队、领导者应努力找到自身的"黄金搭档"并始终秉持虚心学习的态度等。

23 总经理应该做什么？

【核心观点】

总经理的四项主要工作：一是定战略，二是带队伍，三是构建人员工作评价体系，四是收益分配。

首先，我想作两点说明。第一，对"总经理"的定义。我这里讲的总经理是企业里的一把手，有些公司称其为总裁或董事长。第二，总经理要把管理企业当成事业来做，而不是打工者的身份，他应该在自己的企业里有股份，或者就是企业的实际拥有者。

在企业中，总经理常常被称为"消防员"，他们总是忙得不可开交，要处理这样或那样的意外事件。他们往往觉得非常累，而且工作成效不明显。那么，总经理在一个企业里应该做什么事情呢？

一般来讲，总经理需要做的四件事。第一件事是制定战略。企业要给自己定一个目标，然后设定实现路径，即我做什么、不做什么，这是每位合格的总经理都要去思考的。但是只制定战略行不行呢？肯定不行，还得有人去具体实施战略。因此，要有一支好的队伍。第二件事情是带好队伍。同样，有一支好的队伍后，作为总经理，你还得让企业里的成员都有干劲，让他们工作有激情、有共同的事业心，能够形成合力。第三件事是构建评价体系。也就是说，能够公平、公正、客观地评价每个人或团队为企业的效益所做出的贡献。第四件事就是做好分配工作。这个比较简单，即依据企业盈利情况，结合评价体系，给每个成员提供与其付出对等的收入。

通常来说，企业战略的制定，总经理要从以下三个方面着手：一是了解国家宏观经济发展趋势，包括国家的政策、经济、技术、社会背景等；二是审视自身所处行业发展的变化趋势，尤其是消费者需求的变化；三是了解自身所处行业主要标杆企业、主要竞争对手的战略选择。在此基础上，结合企业内部资源能力、优劣势分析，提炼公司的使命、愿景，并对战略定位、战略目标及战略路径进行设置。

在确定了自身的发展战略后，接下来的关键就是组建班子。一个企业发展到拥有成千上万人的规模，只靠一个人的领导肯定是不行的。只靠一个人领导的话，领导出差了，原来制定的东西马上就会走样。好一点的结果是阳奉阴违，坏的结果就是完全不照做。因此，领导如果真的要树立威信，希望自己制定的东西能够顺利实现的话，就要有一个班子，群策群力。组建班子有一点需要注意，那就是要对班子中的"一把手"有制约，不受制约的总经理因傲慢、偏见做出失误决策的例子比比皆是。

企业的战略问题、班子问题解决后，接下来最关键的就是如何构建企业的评价体系及分配（激励机制）了。

首先，企业中非常常见的一个规律是企业强调什么，员工就会关注什么。例如，对于销售人员来说，若企业关注其业绩，那么销售员几乎会把全部的精力放到个人业绩的提升上；如果企业注重的是销售员的人际关系，则销售员就会花很大的精力在与人交往上。同样，对于从事生产的人员来说，如果考量的是产量，那么生产产品的质量很可能就会打折；若强调的是质量，以质量作为生产人员获得收入的重要依据，显然产品的品质就会更有保证。

我们服务过这样一家公司，其董事长社交广泛，人非常好说话。所以，当他的朋友介绍人到他公司上班时，他基本上都会安排，久而久之，他发现公司80%的人员均为"关系户"。而这直接产生的问题就是非"关系户"总是认为公司会不公平地对待员工，而"关系户"总觉得自己有关系而"不听话"……慢慢地，公司员工的执行力就变得很差，工作效率更是急剧下降。

评价体系的构建，其本质是要求公司（总经理）向全体员工传达一些思想：第一，公司会公平、公正地对待每一个员工，这里是你事业发展的舞台；第二，要让员工相信，在公司可以通过劳动、付出改变自己的命运，实现自己的梦想。比如，海底捞在员工入职培训时，一定会特别强调这两点，并且会举公司当时的副总、大区经理等成功的现实故事来激励大家。

评价体系的构建并不轻松，在建设评价体系时，尤其需注意几个要点：第一，一定要能够量化，否则就容易扯皮；第二，结合公司实际情况，如人员结构特点、公司盈利情况等制定"风向标"，才能有效落地；第三，评价制度的设计尽可能让全员参与或投票并且尽可能人性化，但是执行时一定要严格。

当评价体系构建好后，按照评价的结果进行分配即可。

总结一下，作为企业总经理，要做的四项主要工作：一是定战略，二是带队伍，三是构建人员工资评价体系，四是收益分配。

24
学习，但不折腾

【核心观点】

一家优秀的公司，总是简简单单的，没有什么激动人心的事件，因为凡是可能发生的危机都早已被预见，并已通过解决方案变成了例行工作。一个平静无波的公司，必是管理上了轨道的公司。如果一个公司常常高潮迭现，人人忙得不可开交，就很可能是管理不善的，是"瞎折腾"。

我做咨询工作以来，接触到许多的高层管理者，发现企业高管通常都有一个特点：爱学习。几乎所有高管在其员工眼里，都具备这一特征。当前许多企业做得比较成功的企业家，受制于少年时的成长环境，很多没上过大学，但是能够将企业做大、做好，很重要的原因就是他们善于学习，并且能够学以致用。但是，随着网络的发展、资讯的发达，许多的企业家的学习变成了优秀和被人恭维的一大资本。这个时候，管理者的学习就变得越来越没有意义了。

放眼望去，现在的商业培训市场真是形形色色、无奇不有，可谓"没有想不到，只有做不到"。网上甚至有人评价说，现在的商业培训越来越像明星演唱会，演讲者声音嘹亮，粉丝一群接着一群。当企业家有了钱又有时间的时候，就想要多学习。学到一些新观点，就应用到自己的公司里，事实上，这学来即用的做法不一定能得到好的结果。

我曾经服务过一家公司，老板是个非常爱学习的人，喜欢哲学，今天在这个城市上课、明天到那个城市听讲座，每听到一个新的理念、学到一个新的工具、想法，就拿到自己的公司来用。有一段时间，他觉得公司现有的薪酬分配体系不合理，想调整，听到有关"专家"指导说"按能力定价"是最好的薪酬方案，于是在公司全面推进"按能力定价"的考核方式。但"能力"是很难系统量化的，推进到最后也没执行下去。这位老板又觉得是"领导力模型"没有做好，要求人力资源中心先制定一个"领导力模型"，以配合"按能力定价"的方案。那么，最后具体应用情况是什么样的呢？我们访谈其公司的员工（包括管理者），他们普遍反映一开始他们就大概知道自己的收入是多少，但人力资源中心非要经过大量的时间"按领导力模型科学合理地评价"后给出结果……真是"瞎折腾"。

我们的另外一个客户参加了很多次学习、培训后，痛定思痛：培训公司一开始就想尽各种办法把你忽悠到他们的课堂上去，一旦你参加他们的培训，在整个培训过程中一定会穿插各种他们其他的培训课程的广告，他们设各种套让你参加其他培训课程，接下来几乎是恶性循环。他明白这一点后，基本就不参加什么商业培训了。如果在管理和经营中遇到企业解决不了的问题，他更愿意请管理咨询公司来帮忙。

据我观察，市面上的商业培训内容，大致分为两种：一种是讲经营的，另一种是讲管理的。讲经营的培训非常少，因为这个难度太大，要根据不同的难度制订个性化的方案。而管理方面的培训多如牛毛，因为管理方面的共性很多，基本上你掌握一些管理的知识或技能，在大部分的企业都能讲，也能同时面对并应用于大部分的企业。比如"管理者要懂得优先顺序处理问题"，这话用在哪家企业都可以吧？同时，管理不是一门科学，不需要多高的使用"门槛儿"。也就是说，你完全可以认为每个人都懂管理。也可以说，我们每天都在做管理，管理他人，或者管理自己。

很多的企业管理者在学习各种管理工具、方法后，凭个人的想法，想当然地应用到自己的公司，这样做的后果就是员工"苦不堪言"。氛围活跃一点的公司，还会有人指出来或反对；氛围死板的公司，员工就只能默默地忍受了。这就是管理者对员工的折腾，更是对企业的折腾。事实上，我发现，很多企业的问题，并不在于管理缺失，而在于管理过度。企业总是有多如牛毛的规章制度，许多管理者总是以为管得多比管得少好，管理总比不管理好……事实上，管理没有好坏之分，并非越多越好，合适即可。那么怎样的管理才是合适的呢？

我认为，能够为企业经营服务的管理才算得上合适的管理。我始终相信一点，对于一个企业来说：经营决定效益，管理决定效率。只有经营能够为企业带来效益，而管理本身就是成本，应该能少则少。那么，这个"能"的标准如何来定呢？这就需要企业的领导者能够准确把握公司经营的本质。举个例子，沃尔玛从创业之初就确定其经营的策略是"薄利多销"，这一经营理念，要求其必须控制成本，从而决定选择适合其发展的信息技术、物流体系等配套的管理。再如顺丰快递，其经营的理念就是要顺利、定时、安全地把快递送达客户手中。那么，顺丰管理的关键就是控制配送路线、工具、物流体系等。认清企业经营的理念和策略后，围绕其理念和策略执行相应的管理即可。

正如德鲁克所讲，一家优秀的公司，总是简简单单的，没有什么激动人心的事件，因为凡是可能发生的危机都早已预见，并已通过解决方案变成了例行工作。一个平静无波的公司，必是管理走上了轨道的公司。如果一个公司常常高潮迭现，人人忙得不可开交，就很可能是管理不善的，是"瞎折腾"。

25 企业家的忧患意识

【核心观点】

企业家应该时刻保持一种忧患意识，正所谓"生于忧患，死于安乐"。同时，还要训练、培养应对种种忧患问题的能力。此外，还要牢记：任何时候企业的生存都是第一位的，离开了生存谈发展，是纸上谈兵。

之前听某专家的讲座，有句话印象深刻：一个总是乐呵呵的人，要么是成佛了，要么就是个傻瓜，绝不适合做企业家，更加不可能成为杰出的企业家。刚开始，不甚理解，因为我听到的关于企业家评价最多的两个词：一是和蔼，二是沉淀。以前我觉得"乐呵呵"与"和蔼"是一个意思。直到最近几个月，我碰到很多"头大"的企业家，他们有的因为战略投资不理性，有的因为经济危机、市场环境，或行业整体业绩下滑，栽了大跟斗，成天"闷闷不乐"。我才明白，上文提到的"乐呵呵"是指盲目乐观，没有忧患意识，没有意识到生存是发展的前提。

例如，我服务过的某个客户，是一家非常优秀的企业，却同样抵挡不住某一次经济危机。经济危机之后，其企业基本上处于亏损状态，现在的状况更是举步维艰。只能在他人的帮助下，靠从银行贷款艰难度日。企业现在的情况用这位客户的话讲就是："现在100元买的东西，转个圈圈后，变成了90元。"也就是说，企业还一直处于亏损状态。听到这个信息时，我的第一反应就是为什么不停产？这位客户告诉我，如果停产，再恢复生产将面临两大难题：其一，招不到工人，现在招工越来越难，想要短期内招聘大量工人，不现实；其二，会流失很大一批客户，因为该企业是为客户提供原材料的，当该企业停产后，客户只得更换供应商，但是当该企业恢复生产时，更换供应商的客户不可能马上回来。基于这两个原因，公司既没有裁员，也没有减产，而是按原计划继续生产，继续这种亏损状态……

事实上，这家企业现在最关键的问题是生存，而不是发展。不要想着形势好了如何发展，而应该想着怎么熬过眼前这段亏损时期，活下去。马云说过，"今天很残酷，明天也很残酷，后天会很美好，但是许多企业死在了明天晚上。"如何挺过"明天晚上"，是当前残酷的经济环境下，传统制造型企业的老板最应该思考的问题。而这个过程一定会涉及裁员、减产甚至停产。

2004年联想在裁员时，一位被裁的员工在网上发了一篇题为《公司不是家》的文章，大致意思是奉劝大家不要把公司当家，因为公司要裁你的时候，是不会把你当家人的……时任联想董事长的柳传志在读过这篇文章后，也作出了回应。此处摘取一段，内容如下。

一个企业应该遵循的最根本原则就是发展，只有发展才能做到为股东、为员工、为社会几个方面负责。而从发展的角度出发，企业必须上进，内部就必须引进竞争机制。员工在联想既要有感到温馨的一面，更会有奋勇争先而感到压力的另一面。因此，不能把企业当成一个真正意义上的家是必然的。在家里，子女可以有各种缺点，犯各种错误，父母最终都是宽容的。企业则不可能是这样的。但是我，作为董事长，以企业发展为根本追求，我应该要求杨元庆他们怎样工作呢？一种做法是尽量小心谨慎，避免受损失；一种是要求突破、创新，就一定会犯错误。我们是在一种很困难的情况下"打仗"，在方方面面都和外国企业有相当大差距的情况下竞争的，但是我们必须去争，去抢，去拼！我们必须在毫无经验的情况下进入新的领域，投入人力、物力去尝试，由于我们看不清方向，由于我们没有掌握好方法，我们会被碰得头破血流，付出惨重代价。

柳传志的回复不长，主要解释联想裁员也是迫不得已的行为。因为联想要生存，在没有能力保全那么多员工时，就只能通过裁员来降低成本。许多的民企老板，在面临危机时，常常自己一个人扛着，一方面不会或者不敢告诉员工公司的实际情况；另一方面，他们往往显得特别"心软"，不愿裁员。事实上，在我看来，在适当的时机，以适当的方式告诉所有员工公司面临的困难，请大家一起努力挺过去，效果也许更好。国外的企业，像星巴克、HP在遇到危机时，第一时间会告诉员工，请员工和公司一起努力、一起面对。同时，当裁员决定着公司的存亡时，只有选择牺牲一部分人的利益，先确保公司生存下去，才能挺过"明天晚上"。

我听两位传奇企业家说过类似的话，大致意思是：我觉得我很孤独，没什么朋友，我每天都在思考经济环境不好时、公司技术落后时、公司人才匮乏时，等等。公司该怎么活下去。这就是企业家的忧患意识，这两位企业家，一位是任正非，另一位是李嘉诚。李嘉诚甚至说，金融危机、次贷危机、亚洲金融危机、欧债危机等都在他的预料之中。自然，他在这些危机来临之前就想到了应对之策，所以他的企业受到这些危机的影响都在其可控范围内。

所以，企业家应该时刻保持一种忧患意识，正所谓"生于忧患，死于安乐"。同时，还要训练、培养应对种种忧患问题的能力。此外，还要牢记：任何时候企业的生存都是第一位的，离开了生存谈发展，是纸上谈兵。

26
过度自信是一种病

【核心观点】

过度自信曾被列为美国企业主管最致命的弱点,而到今天,它已经成为一种世界范围内的"流行病"。在国内的很多企业老板身上也能看到这种病的影子。

奥斯卡·王尔德在他的小说《道林·格雷的画像》中讲述了一个令人回味的故事。故事的主人公道林·格雷是个风度翩翩的富家公子,一个偶然的机会,他得到了一幅神奇的画像。这幅画像上的自己会随着时间的流逝变得越来越沧桑,他所犯下的罪恶也由画像承担。道林迷恋于这幅画像,把自己关在屋子里,一遍又一遍地欣赏着自己的翩翩美貌。终于有一天,他看到了画像上的丑陋不堪的自己,才发现自己已经犯下太多恶行,最后举刀向画像刺去。王尔德以这样一种夸张且带有黑色幽默的方式,警醒人们不要因为过度自信而盲目自大,脱离现实。

《道林·格雷的画像》

有一次,我给某城市高新区年轻的创业者做培训。该城市为了吸引人才,给创业人员提供了非常多的优惠政策。这些创业人员中有很多是海归,有着很高的学历,丰富的做项目的经历,他们看上去信心满满,好像看到了未来几年自己的产品、技术、服务风靡全国的景象。有一项调查显示,在被问及对自己创业成功概率的看法时,80%以上的创业者认为自己的企业有70%的成功率,其中有33%的人认为自己的企业一定会成功。但事实是什么呢?数据调查显示，60%的企业会在创立5年之内倒闭，80%的企业会在创立10年之内倒闭。

美国的管理学者对美国企业高管的过度自信做过长期的跟踪研究，研究发现，过度自信的现象在企业领袖中是一种通病。对公司现金流的依赖和信心，会让CEO在现金流充沛的时候过度投资，又会让他们在现金不足的时候轻易放弃良好的投资机会。在我们服务过的客户中，也有这样的现象。前几年行业景气、赚钱容易的时候，有些客户大笔一挥，几亿元的投资就投下去了，结果这个项目运行好几年一直处于亏损状态。比如，因为地产热、来钱快，于是稍有规模的企业，想要多元化发展时，便投入地产行业。而据实际考察发现，很多中途多元化发展时涉及房地产的企业，做得都不够理想：一方面他们本身缺乏专业度和相关的人才，导致建出来的房子成本高于同行；另一方面市场化运作不够成熟，房子卖不出去，最后资金被套牢，多半不赚钱，甚至还亏损。这种现象源于这些企业的领导者过度自信，他们往往认为自己无所不能，能驾驭所有行业。

前通用汽车CEO罗杰·史密斯在任期间，为通用设计了一个完全自动化的未来。他认为用机器人代替人工是大势所趋，同时也能解决长期困扰通用的劳资矛盾问题。为此，史密斯花了400亿美元来更新厂房和设备，并辞退了大批的工人。尽管史密斯本人对这个决定充满信心，事实却证明，当时的机器人技术还不够成熟，不能满足通用的自动化需要。在通用的车间里，机器人拿着电焊枪互相肢解、乱砸汽车、到处喷油漆，或者修补一些正常的汽车部件。史密斯的宏伟计划就以这种滑稽而惨淡的方式收场了。在史密斯执掌通用的10年间，通用汽车在美国的市场份额从46%下跌至35%。

前通用电气的杰克·韦尔奇，被誉为20世纪最伟大的CEO，受到明星般的待遇，在中国更是被奉为传奇。事实上，他的表现也算得上传奇，他在任期间，通用电气的市值从130亿美元上升到4840亿美元，韦尔奇的功劳最大。然而，也是出于同样的"自信"，他从20世纪90年代开始，试图将通用电气从一家制造业公司转型为一家金融业务公司。这一做法让通用电气在2008年的金融危机中损失惨重，2009年的市值跌到了750亿美元。

过度自信的"英雄"还有谁呢？惠普公司的"女强人"卡莉·费奥瑞娜因不顾股东反对强势收购康柏而名噪一时，最后却将惠普这个曾被誉为硅谷最优秀企业的公司带入不归之路。安然公司的肯尼斯·雷过度醉心于公司的快速膨胀而持续多年让公司进行财务造假，最终导致这家拥有上千亿美元资产的公司破产，并使安然公司成为企业欺诈及堕落的代名词。迪士尼公司的"暴君"迈克尔·埃斯纳一意孤行耗巨资投拍《珍珠港》，夸下海口要打破《泰坦尼克号》的票房纪录，结果血本无归……

过度自信的企业领袖名单比我们想象的还要长，从丰田汽车的召回、英国石油公司的原油泄漏，以及近年来一些国内企业的案例，我们都能看到过度自信的影子。2006年，过度自信被列为美国企业主管最致命的弱点，而今天，它已经成为一种世界范围内的"流行病"。

27
不要公开批评管理者

【核心观点】

企业高管有一项非常重要的工作：帮助企业的管理者（尤其是年轻的管理者）树立权威，以便让他们更好地施展才华。在这个过程中，最易犯的一个错误就是当众批评管理者。

很多企业老板或高管有一个特点：非常严厉。他们常常在公开场合"劈头盖脸"对别人一顿批评，甚至"不分青红皂白"。只要下属出了差错，他们迎头就是一顿骂，一点情面都不留；他们极少表扬人，绝大多数情况下都在指责人、埋怨人。不可思议的是，当员工"咬牙切齿"地谈论他们这一特点并传到他们那里时，他们常常会不以为然，觉得这正是"追求完美""与众不同"的优点，甚至站在"骂你都是为你好"的道德制高点，认为这也是自己成功的一个关键因素，完全没有要改变的想法。

虽然在新生代（80后、90后）员工身上有"损友"这一说，甚至说话越"刻薄"越能体现双方关系的"铁"。但事实上，在社会和企业中，他们常常需要得到老板或高管的认可。当他们刚刚走向管理岗位，囿于年龄、经验，他们在员工当中其实没有太多的威信。在这样的环境下，他们通常是不够自信的。而作为企业老板或高管的你在公开场合指责他们、批评他们，那么他们作为新生代管理者，威信肯定树立不起来，他们的下属就不会太把他的话当回事：你在老板那里像个"孙子"一样，凭什么来管我们？！工作自然就难以展开。

因此，在我看来，企业老板或高管有一项非常重要的工作：帮助你的管理者（尤其是年轻的管理者）树立威信，以便他们更好地施展才华。而企业老板或高管最易犯的一个错误就是当众批评管理者。

莎士比亚说过："假定有一种美德，对方没有，而你却希望他具有，那么你最好公开地说，对方有你要他发展的美德。"当你想要在某方面使一个人有所改进时，就要寻找一种合适的方式去公开赞美他。比如，"戴高帽"这种行为，在通常情况下人们认为这是一种谄媚，事实上，时至今日，它已经渐渐演化成人与人交往的重要手段之一，是人际关系的润滑剂。从心理学上分析，大多数人都存在顺承心理和斥异心理。人们对那些适合自己心意的话更容易接受，对那些反对或者批评自己的言论会比较排斥。

一个成功的人对一个后来者进行的"恭维"和赞赏，甚至能够影响他的一生。相反，对管理者过多地指责和批评，则很可能终止他在一家公司成为一位合格、甚至优秀管理者的道路。当管理者的威信树立不起来时，最辛苦的其实是老板或者高管,因为一切工作还需要老板或者高管亲自抓(其他人的话大家不信服)。这就形成了一个恶性循环——中层或基层管理者常常成了摆设。所以,在现实的工作中,老板或者高管一定要提醒自己不要公开批评、斥责你的管理者。

28 把真话听进去

【核心观点】

"偏听则暗,兼听则明。"管理者只有认真听取各方面的意见,才能正确认识事物的本质。只相信单方面的话,必然会犯片面性的错误。弱小和无知从来不是生存的障碍,傲慢才是。

有一个词叫"春风得意",形容人处境顺利时洋洋得意的样子。这本身也是我们很多人追求的一种状态,或者说境界。而当我们真正处于这样一种状态时,常常也意味着潜藏着很多的隐患。对于企业高管而言,其隐患之一就是,他们会很自然地变得骄傲自大,自以为无所不能,似乎公司一切成就的取得都离不开他们的聪明才智、高瞻远瞩及英明决策。也是在这个时候,他们往往变得听不进真话,甚至不允许下属说真话。

史玉柱在《我的营销心得》里总结他的经验时讲到,当他做巨人口服液很轻松就能赚到很多钱时,他就觉得没有什么事是他做不到的。刚开始那几年,全国各地经销商排队要货,他就拼命生产、铺货,这一招效果非常理想,公司销售额也一年比一年高。这时,有人告诉他这种铺货(先铺货后结款)方式风险很大,而且当时的很多经销商都有囤货的嫌疑。史玉柱当时根本就没把这些意见当回事，直到有一天他发现货都铺出去了，款却迟迟回不来……他才知道，货根本没有卖出去，而是囤积在经销商那里。于是，不久之后，史玉柱便破产了，巨人大厦也成了烂尾楼。史玉柱总结说，发生这件事的根源在于自己不愿听真话，也听不进真话。

实际上，在事业巅峰期高管面临的一大挑战是，不但要允许下属说真话，而且能把真话听进去。莎士比亚的剧作《恺撒大帝》提供了一个关于失败领导的案例。恺撒在 3 月 15 日执意要去元老院，却没想到自己会葬身于此。其实在他动身前，早就有预言家警告他"小心 3 月 15 日"。作为信奉鬼神之说的罗马人，恺撒也能从种种凶兆中预知危险：猫头鹰在白天哀鸣；狮子跑过街头；他的爱妻卡布妮亚做了关于他的噩梦，恳求他不要出门。卡布尼亚梦见他的雕像上有 100 个泉眼，血流如注。对于恺撒这样善于收集和分析情报的军事天才而言，难道这一切还不能说明问题吗？如果还不够明显，那他的支持者，罗马教师阿特米德斯将谋反者的名字记录下来，曾三次试图将警讯递到恺撒手中，这一点足够让他警醒了吧！但恺撒就是不信。在阿特米德斯最后一次发出警告之后，谋反者布鲁塔斯和他的同伙一拥而上，杀死了恺撒。

工作中，我们常能遇到恺撒这样的领导，他们经常会在会议上大声说："等我说完了你再说'是'！"可见，这样的领导拒绝了不少的异见。

正所谓"偏听则暗，兼听则明"。领导者只有听取各方面的意见，才能正确认识事物的本质。只相信单方面的话，必然会犯片面性的错误。而如若"把耳朵闭上"，听不进真话，那么迟早会摔跟头。实际上，真正的领导者不会有中东谚语中所谓的"厌倦的耳朵"，他们内心足够强大，不管事实多么残酷，他们都能接受。不是因为他们是圣人，而是因为只有坦然面对真相，才能成功和生存。

29
熟知非真知

【核心观点】

对于企业管理者、决策者而言，如果仔细反省，会发现我们的经验不但质量低、可靠性差，而且数量也不够。更要命的是，管理者会基于自己的经验、知识，有意识地寻找和提取符合自己看法与假设的经验和案例，隐瞒或忽视与其相悖的信息。

多数人在学生时代有一个较普遍的认识：要多读书，学历越高，未来获得理想工作的概率就会越高，因为有很多工作把学历作为一个硬性条件。同样，当我们工作后，很自然地把"工作经验"当作一块有力的敲门砖。因为稍微有一点分量的工作，似乎都要求有相关的工作经验，绝大多数招聘的岗位在岗位说明里也会注明"有相关工作经验者优先"。于是，对于工作中的人而言，"积累经验"成了工作的重要任务之一。

因此，一直以来，人们总是认为"经验"是一笔无可替代的财富，而且人们普遍认为，经验越丰富，做事成功的可能性越大。之所以会有这样的认知，是因为人们一直以来都深信过去和未来之间存在着联系，基于经验预见未来说明我们坚信未来是过去的重现。西班牙学者罗宾·霍格思曾做了大量研究来评估人类直觉能否准确预见未来，结果发现，即使是经验丰富的专家也不能精准预见未来经济、社会和技术的发展走向。

我们在具体的工作中，也常常听到很多决策者感慨：过去一直基于经验做决策，总是能够取得一定程度的成效。而这一两年来，经常跑偏。比如，娃哈哈基于其强大的渠道推广能力，决策者一直以来都认为渠道是万能的，因此不断通过渠道推广其并不占明显优势的产品，结果导致业绩一路下滑。而娃哈哈儿童饮料爽歪歪正是一个印证——80后父母早已习惯于全球采购，购物渠道也是百花齐放，怎么会只钟情于一直没有变化和创新的爽歪歪呢？而娃哈哈呢？依旧是基于过去的经验铺货……

事实上，对于企业管理者、决策者而言，如果仔细反省，会发现我们的经验不但质量低、可靠性差，而且数量也不够。一个常见的现象是，很多管理者的个人经验都是基于几个小事件总结得出的，不太可能代表整个市场的完整真相。而且，现实中任何一位管理者都不可能体验某个事件的全部可能性。而小事件之间的差异也许是由未知因素随机造成的，如果管理者总是琢磨这些差异，他们很可能被一些根本不存在的模式和不相关变量间的虚假关联蒙蔽。

在管理决策中，管理者通常会基于自己的经验、知识，有意识地寻找和提取符合自己看法与假设的经验和案例，隐瞒或忽视与其相悖的信息。这种有选择地虚构和解析经验的做法被称为证实性偏差。人们很容易支持自己偏好的结论、错误地对应关系和虚假联系。这个时候，有人会认为，信息丰富的外部"大数据"能够作为补救方案，但数据也受制于同样的偏差。如果分析师刻意挑选符合管理者预期（投管理者所好）的信息，管理者还是会对自己的决策倍感心安，认为无须再作任何修改。而且一旦错误的结论得到数据支持，要推翻它就更加困难。

管理者应该明白，某个趋势不能因事后变得明晰就意味着它能被提前预知。决策者往往迷信"事后诸葛亮"。这一认知偏差让他们过度自信，对自己的洞察力抱有幻想。而要有效制定决策，可参考以下方法。

一是明确侥幸不等于成功。如果说过去四十年里，国内绝大多数企业的成功都是"侥幸"，好像有点绝对。但可以肯定的是，绝大多数企业决策成功的重要原因是得益于国内经济高速发展的大环境。管理学上将这种侥幸的成功归结为另一种失败，它仅仅是因为没有造成重大损害而被伪装成成功。

例如，在某钢铁公司生产现场，因为发生故障，机器突然喷射出高温气体。幸运的是，当时没有工人在附近。但随后的调查显示，有些工人在事发时没有按要求穿戴保护装备。若没有安全装备的保护，直接接触高温气体会对身体造成严重伤害。但因为当时没有造成人员伤亡，企业会认为这种情况无关紧要，也就不会去深究此类事件。

二是虚心听取反对意见。德鲁克说过："除非有不同的见解，否则就不可能有决策。"若高管想制定行之有效的战略，需要倾听多方意见，包括批评他们行动的反馈。应尽量保证身边的人有不同的生活、学习背景，避免出现"盲区"，并提拔团队中能够独立思考的人。

三是千万注意假设不一定成立。在这个信息爆炸的世界里，找到一堆和你直觉一致的线索，是易如反掌的事。一个有效的检验直觉是否准确的办法是，假设自己穿越到了未来，发现事情并没有像你希望的那样发展，在这一前提下，倒推是哪里出了错。同时，如果你选择使用大数据技术，有一点千万要注意：绝对不能把你的希望和梦想透露给你聘请的数据专家或咨询公司。要保证你提的问题不会透露你希望他们找到什么信息，而是促使他们去寻找那些能够警示你失败的数据。

虽然说知易行难，但如果管理者在决策之前，能够努力去思考上面提到的几点，或许会对自己要作的决策及所处的环境有更清晰的认识。实际上，在如今的大环境中，无数的事例证明：熟知非真知。

30 坚持原则不妥协

【核心观点】

经营者太懂得变通和妥协会不断偏离自己最初的原则，与最初的目标渐行渐远。

大多数"聪明人"的一个主要特征就是懂得变通，灵活多变，遇到问题总有很多解决办法，懂得折中。也有人说，懂得妥协是一个人成熟的标志之一。我们看到，很多企业领导者在这方面的确是"应用自如"。比如，很多领导者在任何场合都强调要生产质量最好的产品，但是当生产出来的产品质量不过关时，他们常常有很多折中的处理办法：或将其降级为次优品，或想方设法遮盖瑕疵。我知道的化纤产品分为一等品、二等品，企业明确表示要确保生产的产品都是一等品、客户也表示要购买一等品，但是当（主要是客户）检测出产品质量不合格时，企业通常的做法就是将"一等品"降级为"二等品"，再折价销售。在这一"原则"下，"二等品"源源不断。

张瑞敏砸海尔冰箱的故事几乎家喻户晓，当时很多人表示可惜了这些冰箱，认为只有一点点瑕疵，为什么要销毁？"便宜一点，我们自己掏钱消化。"而今天我们回过头来看，正是张瑞敏的这一举动，"砸"出了海尔的质量，"砸"出了海尔的品牌、影响力。无独有偶，韩国三星电子也经历过类似的事件。

1993年，时任三星集团会长的李健熙率高管在欧美市场进行考察，发现三星的产品在电器行被摆放在展柜角落，布满灰尘，无人问津。于是，李健熙召集副总经理以上的管理者立即在洛杉矶四季酒店召开了"电子部门出口商品现场比较与评价会议"，将全世界78种电器产品与三星电子的产品放在一起，差距显而易见。1993 年 6 月，在德国的法兰克福，李健熙发表了对三星后来发展具有决定性意义的《法兰克福宣言》。该宣言宣布了新的战略目标：成为世界级超一流企业。"新经营运动"的首要课题就是产品质量。1995 年，在李健熙的主导下，公司一把火烧掉了价值 1.5 亿美元的产品。李健熙说："3 万人搞生产，6 千人搞售后，这样的企业拿什么和人家竞争？一旦出现质量问题，就要立刻找到原因，要让我们的产品达到一流水平，哪怕生产线停下来，哪怕会影响我们的市场份额。"这就是后来三星电子著名的"停线纠错"原则：一个产品出现问题，全线停产。

也是在 1993 年，三星电子提出了"新经营运动"的核心是"成为世界超一流企业"。保障这一战略的基础是"研发第一""人才第一"——这是三星的根基和经营哲学。引用李健熙会长的原话："在成为超一流企业之前，三星要把所有的资本都投到研发上。不管这个人才有多贵，只要需要就一定要招进三星；不管一个技术要多大的投入，只要需要就一定要拿到；不管一个产品需要多少投入，只要需要就要保证这个组织的稳定性。"所以，三星电子在研发上的资源配置原则是没有上限。也正是对这一原则的坚持，奠定了之后三星电器在全球发展中的地位。

反观我们国内很多企业的做法，很多企业经营者也将"人才"挂在嘴边，一副"求贤若渴"的样子。真实的表现却是很少相信"你是人才"，是不是人才由经营者说了算，除非你进公司前就为公司带来了巨大的效益。

实际上，很多人往往是太懂得变通、妥协而离自己当初的原则越来越远，也与自己的目标渐行渐远。

31 他人眼中的你更真实

【核心观点】

从领导力的角度来讲，人们只有清晰地了解自己在他人眼中的样子，才有可能知道如何让别人接受你的领导，进而接受你的价值原则。这不仅仅是靠"权威"就能获得的，还需要我们站在他人的角度思考问题。

我曾经在朋友圈里发起一个"调查"——请我的朋友告诉我，我在他们眼里是什么样子。或者说我给他们留下了怎样的印象。尽管当时我做了充足的心理准备，以为很多人会指出我这样的缺点、那样的毛病，但实际上一方面小伙伴们参与的积极性并不高，另一方面大概大家也不愿和我"结仇"，所以都挑好的说，而且还美化了一下……

成长的经历告诉我们：清晰的自我认知有助于个人的发展。长辈们也常常告诫年轻人既要知道自己的"能"，亦要知道自己的"不能"。那些真正有智慧的人，往往更清楚自己的"不能"。然而，尽管我们花了不少的精力去了解自己，但是要完全地认识自己却并非易事，而且很多研究表明，我们的自我认识并没有他人的认识来得准确、真实。

美国领导力发展机构 Zenger Folkman 曾经做过一次大规模的数据调研，发现人们自我认知的准确率大约只有他人认知准确率的一半。例如，在人们"预测整体工作成效的准确性"调查中，"自我认知的工作成就"准确率为36%，而"他人对你的工作成效的印象准确率"为70%。也就是说，人们往往不能准确、清晰地认知自己。在大多数情况下，人们会认为自己比想象中的更好。比如，人们常常会花更多的时间和精力去做一件原以为很容易做成的事。

所以，不要太过于相信自己，他人眼中的你才是更接近本真的你。听到这一观点，很多人肯定会觉得困惑：难道是要让我们活成别人期待的样子？抑或是为别人而活？难道不应该遵循"走自己的路，让别人说去吧"的丛林法则吗？

事实上，从领导力的角度来讲，人们只有清晰地了解自己在他人眼中的样子，才有可能知道如何让别人接受你的领导，进而接受你的价值原则。这不仅仅是靠"权威"就能获得的，还需要我们站在他人的角度思考问题。在准备让别人接受自己的观点之前，先要知道别人是怎么看待你的，别人在意什么，别人的需求是什么，怎样表达才能让他人理解、接受和认可。因此，来自他人的任何反馈，哪怕是误会或负面评价，实质上都是一种馈赠，都为我们了解自我提供了一种可能。我们要相信，这些信息的存在是有原因的。了解自己在别人眼中的样子需要勇气和心胸，这也是自我修炼最重要的手段之一。

作为一个领导者，需要在发现和坚持自我本真的同时，根据外部环境的变化调整自身的行为，也就是我在很多场合提到的做一个"变色龙"式的管理者。而他人的反馈是帮助自己看清行为和结果之间关联的有效手段。先反馈、再反思，在不断的磨炼中强化自己的本真。本真越清晰，就越不会为世间万物所蒙蔽，才会越有机会提炼出正确的价值原则，形成自己的领导力。

此外，有人可能会好奇，我为什么要做（文章开头提到的）这样一个调查呢？因为有一段时间我在身边的朋友、同事及客户，甚至是路人身上看到了各种各样的缺点，更为关键的是，我隐隐约约地感到自己也有这些缺点、毛病。当我不断反思时，我发现自己渐渐地变得更宽容了，不再过多地和他人计较，也不再苛责他人，抑或动辄与他人争个面红耳赤。

32 仆人眼里无英雄

【核心观点】

领导者要牢记"仆人眼里无英雄"这句谚语,和他人,尤其是下属保持适度的距离,有意识地塑造自己的"神秘感"和"深不可测"的"假象"。

我在上海时,接触到一位做培训的大师。虽然至今我没太看懂他的课程对企业有什么实质性的帮助,但是我从心底很佩服他。我认为他很有力、极富才华,甚至具备了一种偶像的形象,粉丝无数,能够把自己摆在一个"神"的位置。据我观察,他有一个特点——"见首不见尾"。每次讲课前,他会讲一个"规则"——出于个人健康考虑,他从来不吃晚餐。我开始不明白,认为他真是自律啊!后来,经旁人指点,我才明白,他这么说是"害怕"学员请他吃饭。是要有意识地和学员保持距离!

我们也会时常和客户公司的管理人员、员工聊起他们的老板(高管)。从员工的角度来看,这些老板(高管)大都平易近人、和蔼可亲,最受欢迎的往往是那种"老好人"式的老板。而从企业管理的角度来看,这类老板常常不能很好地管理企业,比较突出的表现就是企业的执行力不够强。我们服务过的一家企业的老板始终秉持"与人为善"的原则,以致公司成立十几年来,从来没辞退过一个人。当然,我并不是说这样不好,但是给人很强烈的感觉是,他的企业整体执行力都非常糟糕(如果不是属于高精尖行业,可能早被淘汰了)。比如,我们常常和他讨论管理中的一些思路、方向,他也极为认可,可轮到他的团队做具体方案时,却迟迟不见动静……

西方有句谚语说"仆人眼里无英雄",我也接触过不少专家、学者,乃至名人,他们当中有很多人都是我学生时代只能在书本和电视上才能见到的,都是我的前辈和学习的对象。因此,我常常觉得他们非同一般,遥不可及,崇拜之情油然而生。可是当我在工作中接触后(有些甚至经常接触),我发现他们也是"普通人",佩服之情顿减。所以,企业的领导者,请你不要和下属走得太近,要保持适当的距离。

我们有一句古话,叫"天威莫测",就是说天子的想法一定不是常人可以猜测得到的。相传,古时候皇帝吃饭时,桌上有好几十道菜,但是每道菜他只能夹一次,而他吃所有菜时,表情都是一样的,以免旁边有"奸人"看出皇帝的喜好。企业也是一样,当企业做到一定规模的时候,吸引高级别、重量型人才的一个原因是志同道合,有共同的志向,另一个原因是作为老板的你,要能够征服别人,你必须要有让别人很佩服的地方。让人信服的办法之一就是与下属保持距离。很简单,距离产生"魅力"。在企业管理中,距离常常也是产生良好执行力的重要因素。

通用电气的前总裁斯隆在工作中就很注意与下属保持距离,对待公司中高层管理者更是如此。斯隆在工作场合和待遇问题上,从不吝啬对下属的关爱,但在其他时间,他既不邀请下属到家中做客,也从不接受他们的邀请。这样做的一个好处就是,既不会使管理者在下属眼中显得"高高在上",也不会使管理者与部下间的身份相互混淆。这种状态是管理的最佳状态。我想,这也是斯隆能在通用取得良好业绩的重要原因之一吧。

所以,领导者要牢记"仆人眼里无英雄"这句谚语,和他人,尤其是下属保持适度的距离,有意识地塑造自己的"神秘感"和"深不可测"的"假象"。

33 决策，别过多依赖直觉

【核心观点】

直觉思维是源自储藏于记忆中的各种关联、自动生成的判断，而非基于当前所掌握的信息进行的逻辑判断。在很多情况下，这种直觉对于我们的生存而言意义重大，但心理学家的研究却表明，这种直觉也是导致决策失败的一大原因。

传统经济学认为，我们都是理性的"经济人"，所做出的一切决策都是明智和最优的。然而现实中，我们的种种匪夷所思的行为却远非传统经济学家所说的那样完美。人们甚至会迫于工作的压力而拒绝理性思考、科学决策。

前段时间，我们的项目总监在评估一位新招聘的区域公司求职者。从求职者的个人简历上看，这个人大概是迄今所有参加面试的人选中最合适的。她现场对答如流，有良好的海外留学经验，也有国内大公司的工作背景，同时尽管年轻，但各种社交技巧也并不稚嫩。我们综合评估：她智商、情商都很高，但最后总监却还是放弃了她。总监的理由是，总感觉哪里不对，尽管说不上来到底错在哪儿……显然，最后总监遵从了自己的直觉，他觉得自己的直觉一直以来都很准。

实际上，类似的经历在很多HR或高层管理者身上时有发生。很多管理者在碰到类似的事情时，都会这么做，并且多数时候，他们会认为这正是他们的"高明"之处。可问题是，这些管理者却很少真正验证过自己直觉的对错。

据专家解释，直觉思维是源自储藏于记忆中的各种关联、自动生成的判断，而非基于当前所掌握的信息进行的逻辑判断。在很多情况下，这种直觉对于我们的生存而言意义重大，但心理学家丹尼尔·卡尼曼的研究却表明，这种直觉也是导致决策失败的一大原因。

以前面提到的面试为例，在我看来，总监的疑虑（感觉哪里不对）可能并非因这位求职者而起，这位求职者各方面都符合职位要求（至少从硬性条件上而言），而是来自总监自己都无法说清的一些更宏观的事务。比如，区域公司未来的业务到底怎么样？公司的品牌、服务在当地能不能被客户接受？随着未来情况的不断变化，类似问题的答案将帮助公司决定是否需要调整区域公司规模，以及如何管理持续增长等。所以，总监认为他在做出聘用决定时，应该考虑到多种可能性。而又由于各种不确定性，他相信了自己的直觉。

实际上，根据直觉迅速决策，这往往成为决策者茶余酒后忆当年勇的谈资——当他们成为领导之后，他们当年如何明智决策的故事几乎成为传奇。但现实从来没有这么浪漫，无数的案例告诉决策者：过多依赖直觉和情绪，忽视逻辑和理性，往往会导致决策失误。

那么，思考决策的正确方式究竟是什么？这里有几个简单的答案。对于需投入大量成本、有合理可靠数据参考的重大抉择，如是否修建炼油厂、是否攻读昂贵的MBA、是否接受某项治疗等，决策分析法能发挥巨大作用。在谈判和群体决策中，决策分析法也很有用。哈佛经济学教授理查德·泽克豪泽在决定要往哈佛广场的停车计费表里投多少钱之前，迅速在头脑中"过"了一遍决策树："有时候是挺烦的，"他承认，"不过你会越来越熟练"。

潜入海底救人的潜水员根本没有时间"过"决策树，但如果经验足够丰富，就往往能依靠直觉做出最佳判断。与之类似，其他许多领域亦可经多年实践培养直觉——至少1万小时的刻意训练才能成就真正的专业技能，这是心理学家安德斯·埃里克松的著名预测。适用于这条规划的领域通常较为稳定，如网球、小提琴乃至火灾防范等，都不会突然让过往经验统统失效。

而在管理领域却不尽然。管理中既有重复的、适于结合经验直觉来应对的老局面，也有用不上直觉的新局面。管理既涉及可以计算风险和潜在收益的项目，又涉及可能被计算误导的开创性举措。管理领域最需要的也许是对多种决策策略的综合运用。

34 做一个谨小慎微的决策者

【核心观点】

越是成熟的企业，越不采用投机的做法来发展企业；越是规范的企业，越懂得通过科学规范的流程来提高讨论的效率。偶尔的成功可能靠"投机""运气"，持续的成功，靠的一定是稳扎稳打。

我们曾经服务的一家企业，从表面上看非常大气，做事极有格局，绝对算得上高端、大气、上档次。其老板白手起家，由中学时贩卖木材到工作后开大卡车，之后开始经营铁矿石，到目前涉及物流、旅游、房地产、高尔夫、发电站、小额信贷等十多个领域，成为当地公认的成功企业家。然而，当我们深入了解这些子公司、领域后，发现一个很值得思考的问题：整个集团到目前为止只有铁矿石及物流公司（铁矿石的配套公司）盈利，其他8家子公司均为投入阶段，而且已经投入了很多年，还没有盈利。尤其是房地产公司，有大约3/4的别墅没有卖出去，我们大致估算了一下，就算剩下的别墅全部卖掉，也最多回本，谈不上赚钱。

通过和该企业中诸多管理人员的沟通，我大致得出一个结论：这位老板刚创业时很有魄力，做事果断、干脆，雷厉风行……基于铁矿石卖方市场的特点，只要有矿石，完全不愁买家。公司很快就发展起来了。而采矿利润是很高的，有家全国性的房地产公司进入当地矿石开采后，感慨道："以前大家都说房地产暴利，采矿后才发现那些都是小儿科"。在这样的大环境下，这位老板的公司取得了巨大的成功，简单来讲就是赚了很多钱。这位老板将其成功归结为自己的作风：快速决策、雷厉风行、大手笔等。所以，当公司计划进军其他领域、行业时，老板常常还是依照以前的做事风格和经营哲学行事。

我们常讲，改革开放初期是卖方市场，产品基本上都处于供不应求的状态，所以那个时候的业态是做什么都能挣钱。常常听很多民营企业老板讲，当年他们不知道自己怎么突然就发了财，糊里糊涂就赚了钱。而到了现在，完全是买方市场，产品都是供过于求。我们在去那里的路上看到到处都是别墅，就断定其定位与小城居民的消费水平肯定脱节。所以，在这样的环境下，作任何决策、投资都一定要谨小慎微、理性分析，绝不能盲目、靠运气。

20世纪90年代，一批曾经辉煌的企业大厦由于决策上的失误而轰然倒塌，一些激情式企业家如瀛海威的张树新、巨人的史玉柱、亚细亚的王遂舟等，也成为失败的英雄。沈阳飞龙的姜伟在总结自己的"二十条失误"时，首先反思的是自己决策上的失误：决策的浪漫化、模糊性、急躁化导致了最终的失败。曾经在保健行业被称为"长跑健将"的哈慈集团，最终由于盲目扩张而难逃覆灭的命运，老总郭立文也开始深刻反思自己的经营决策。一时间，人们除了为"失败英雄"惋惜之外，也都把失败的原因归结为"盲目多元化"。

事实上，在我看来，"多元化"并不是导致哈慈死亡的真正原因，管理者"盲目"地决策才是原因所在。我们也经常会听到企业的管理者这样为自己开脱："这是个决策上的失误，可是当时时间太紧迫，我也是不得已而为之。"

是什么原因导致了决策上的失误呢？简单来说，有内因和外因两个方面。

决策的内因来自决策者自身的决策能力及所采取的决策方式。比如，在绝大多数民营企业中，仍然是"老板一个人说了算"。这在企业成长阶段，凭借老板对市场的敏感加上个人的魄力，往往能够赢得意料之外的成功。然而，随着企业的发展，经营越来越复杂，也越来越成为限制企业发展的"瓶颈"，如果企业老板意识不到个人能力已经暴露出"短板"，仍然沉醉在自我意识膨胀的状态中，那对企业的发展甚至生存都是十分危险的。首先，管理者可能在做决策时更加"大胆而富有激情"。其次，管理者一人"独裁"，听不进不同的声音，所以，企业里没有人敢或者愿意表达对决策中存在的问题的看法。决策失误的外因往往是由于竞争压力而引起的。有些人不得已用尽可能快的速度做出决策，因为如果做出决策的速度不够快，就会丧失机会。同样是这些人，他们对自己的决策都持有90%的把握，但事实上是他们做的决策一半都失败了。一个人做决策总比一群人做决策快得多，也容易得多，再加上外面竞争的压力，老板深有不做决定就会被吃掉的危机感。所以，民营企业常常出现的问题就是，无论是企业还是个人，他们往往为获取速度而牺牲理性的决策。正如未来学家阿尔文·托夫勒所总结的："做出决策的速度，同正确决策所需要的速度如果不相匹配，是非常危险的。"

新希望集团的董事长刘永好自创的"项目批判论证"制度为解决这个问题提供了新思路。同时，新希望之所以能够成功进入多元化经营领域，也得益于此。总部在接到公司内部发现的项目机会之后，会先请内部人员进行"批判"。如果项目在内部"批"不倒，就拿给外部人员继续"批判"。如果还是"批"不倒，就由内、外部的人员联合起来重新"批"。"批"完之后，再请环保人士、经济专家、律师和会计师进行"批判"。最后屹立不倒的项目，才提交给刘永好研究。所谓"批判"，是最大限度地发现项目中存在的问题和风险。这样在经过广泛的"批判"之后，人们就能更加真实地预见未来发展该项目时可能发生的情况，这首先解决了决策不理性的问题。

有些人可能会质疑这种方法：这样讨论下去，太浪费时间，而且可能错失很多稍纵即逝的好机会。其实不然，据我的观察，越是成熟的企业，越不采用投机的做法来发展企业；越是规范的企业，越懂得通过科学规范的流程来提高讨论的效率。听一个很成功的民营企业老板说过，当他的企业发展到一定规模的时候，他每作一个决策都要仔仔细细、反反复复地论证，从来都是小步小步地往前迈进，别说跑了，连大步子都不敢走。

事实上，与决策失误对企业造成的后果相比，花一定时间对项目进行"批判"后再作的决策是非常有价值的。企业的决策者，如果一不小心踏入"决策失误"的陷阱，轻则伤及企业之身，重则伤及企业之命。所以，我认为，一个杰出的领导者，应该是一个"谨小慎微"的决策者。

35 企业需要"守护者"

【核心观点】

一个企业能走多远、走多久，在很大程度上取决于企业领导人、掌舵人的胸怀和格局。企业领导人要致力于寻找能力超群、爱岗敬业、正直善良，以及愿意把年富力强的人生奉献给企业的"守护者"。

《李光耀论中国与世界》一书中有一些内容非常精彩，虽然李光耀是从治国的角度来谈新加坡的发展和治理，但依我的理解，这些论述对于一个企业来讲，具有一定的借鉴意义。

对于新加坡而言，基本的挑战依然未变：如果我们无法源源不断地培养高素质人才担任总理和部长，那么新加坡这个世界地图上的小红点终将变成一个小黑点……要想找到能力超群、敬业奉献、正直廉洁以及愿意把年富力强的人生阶段奉献给国家的人，并且让他们参与风险系数很高的选举过程，那么给我们的部长提供的待遇就不能太低。我们总不能告诉他们：他们唯一的回报就是社会对他们所做的贡献赋予的荣誉。新加坡从第三世界跻身第一世界国家之列，靠的不是物色那些愿意在担任公职期间牺牲子女未来的部长。我们的方法很务实，不需要高素质人才为了公共利益放弃太多个人利益。新加坡的部长待遇很高，我们要敢于直面这一点，不能为了回避外界对高薪的质疑而降低人才的待遇，那样做只会让新加坡重返第三世界。

《李光耀论中国与世界》

在与许多企业的接触中，我发现，缺乏高端人才和行业领军人才是绝大多数企业共同的病症。许多企业在人才引进上也常常舍得投入，但是很多的企业对人才却没有足够的尊重。在中国民营企业，一个比较普遍的现象是，很多管理者的头衔不低，动辄这个"总"，那个"总监"，但是待遇和头衔却并不匹配，甚至相去甚远。与此同时，这些民企老板还希望这些管理者不要有什么私生活，最好一天24小时，除了睡觉都应该待在公司。什么接小孩上下学、周末、假期最好统统"充公"。这使得很多的管理者工作得没有"尊严"。

企业间的竞争归根结底是人力和团队的竞争，正如某风投公司在选择项目时所遵循的一个重要原则：看团队，而不是看个人。该风投公司决策者秉持"一流的战略，如果交给二流的团队来运作，一定会失败，因为能力不足；相反，如果是二流的战略，交给一流的团队来运作，其成功概率是非常高的，因为战略可以在执行过程中修改、完善，归根到底是取决于团队人员的能力。"

对于企业来讲，一个企业能走多远、走多久，在极大程度上取决于企业领导人、掌舵人的胸怀和格局。那么，对于企业而言，什么样的人属于人才、算得上是企业的"守护者"呢？我认为，衡量一个人是否优秀，两大基本标准就是智商和情商。一个优秀的领导者或管理者是必须同时具备高智商和高情商的，两者缺一不可。比尔·盖茨曾经这样来描述他眼中的聪明人：

聪明人一定反应敏捷，善于接受新事物。他能迅速进入一个新领域，给你一个头头是道的解释。他提出的问题往往一针见血、直击要害。他能及时掌握所学知识，并且博闻强识，他能把本来被认为互不相干的领域联系在一起使问题得到解决。他富有创新精神与合作精神……

李光耀最后强调说，要治理好一个国家，最佳方法就是让最优秀的人做难度最大的工作。管理企业也是如此。日常工作中，我注意到，很多企业会聘请职业经理人来管理企业。但是真正有难度的工作，企业还是更愿意交给自己一手培养的人员，因为他们更具执行力，更能得到广大普通员工的支持与配合。

36 找一个"黄金搭档"

【核心观点】

寻找事业上的搭档，并不是挑选你喜欢的人，而是挑选适合你的人。适合的标准之一就是性格的互补，选好搭档，发挥各自所长，互相弥补"短板"，决策效率才能提高。

谈判学上有一种方法叫"红白脸策略"，意思是在处理一件事的过程中，通常有两个人，其中一个做"好人"（唱红脸），以笼络对方的感情；另一个做"坏人"（唱白脸）以达到处理的目的。这是指某些人处事的手段和方法，有软硬兼施的意思。而据我的观察，企业管理中也需要有这样的人，一般来说是董事长唱红脸、做"好人"，总经理唱黑脸、做"坏人"（或者说一把手做"好人"，二把手做"坏人"）。

中国绝大多数企业的现状是，董事长一个人在思考企业的命运与未来，其他人基本上都是跟着董事长的步伐。在民企中，这种现象尤为显著。因为在民企，经营者（老板）的水平往往要高出其他员工一大截，这样的状态就导致老板非常累。他们既要干董事长的事，也要干总经理的事。

事实上，当企业发展到一定规模后，董事长一般作战略决策比较多，更关注企业的顶层设计，但是战术决策和规划可能就相对欠缺，或者没有精力深度规划战术。有些企业中，董事长和总经理搭档不和谐，要么是总经理没有发挥决策作用，要么是董事长感觉总经理越权，这些都是搭档搭配的问题。同样一个人，和不同的人搭档，发挥的效率和价值是完全不同的，工作的顺畅度也不一样。这与彼此的性格、思维、习惯密切相关。柳传志和杨元庆、张瑞敏和杨绵绵、任正非和孙亚芳，以及王石和郁亮等，他们的成功除了因为能力很强外，还因为性格上的匹配度很高。选择好搭档，发挥各自所长，互相弥补"短板"，决策效率才能提高。

有专家将企业家的性格归纳为6种：①完美型；②和谐型；③活跃型；④思辨型；⑤力量型；⑥感召型。不同性格类型的人，在遇到同一问题时，往往会有不同的表现。比如，两个人意见不一致，正闹得不可开交时，完美型的人走过来，会说："有事说事，骂人就不对了。"活跃型的人则往往会站在"弱势""流泪""煽情"的那一方。和谐型的人会说："算了算了，都是哥们儿，抬头不见低头见的，何必呢？"如果是思辨型的人，他会想："为什么要吵架呢？"力量型的人会大喝一声："都给我闭嘴，听我的！"但感召型的人则会和风细雨地说："相信我，问题会解决的。"

通常而言，人们都认为小企业有活力、有激情、灵活性高。事实情况却是小企业往往容易走"极端"，要么都是一群很有激情的人，要么就是一群"死气沉沉"的人。这和企业者（老板）个人的性格有非常大的关系。如果你是企业的当家人，你的性格会影响企业的命运。如果你是高级经理人，你的性格会对企业有很大的影响。如果企业家和经理人的性格是绝配，企业就可以做得顺风顺水。但是绝佳的搭配往往可遇不可求，很不容易找到。

我认为一个很好的解决办法就是性格互补。寻找事业上的搭档，并不是挑选你喜欢的人，而是挑选适合你的人。比如，我们之前服务过的某企业，其董事长是完美型性格，对人、对事要求非常严格，大家都不"喜欢"。而他的企业之所以能够办得非常成功，我们认为其最大的聪明之处就是找了一个感召型的总经理，该总经理年龄比董事长大十几岁，最大的效用就是让员工都信服他，愿意把心中真实的想法都说出来。而这位总经理也常常能平衡好公司与员工之间的利益，同时还能够有效地将公司战略、管理工具等落到实处。

37
拜师学艺要真诚

【核心观点】

社会上的"老师"鱼龙混杂，其中不乏江湖骗子。但是企业在聘请"外脑"时，必须要给予足够的尊重，并且在合作之前就应该建立充分的信任，而不是在合作中进行验证。因为如果没有虔诚的拜师心态，神仙也没办法让企业改变。杯中不空，如何倒进水呢？

尊师重教，重视人才是中华民族古已有之的传统美德，如刘备的"三顾茅庐",还有小学课本上"程门立雪"的故事——杨时和游酢向程颐老师请教学问,却不巧赶上老师正在屋中打盹。杨时便劝告游酢不要惊醒老师,于是两人静立门口,等老师醒来……一会儿,飘起了鹅毛大雪,雪越下越急,杨时和游酢却还立在雪中。游酢实在冻得受不了,几次想叫醒程颐,都被杨时阻拦了。直到程颐一觉醒来,才赫然发现门外站着两个雪人!因此,程颐深受感动,便更加尽心尽力地教杨时。杨时也不负众望,最终学到了老师的全部学问。

程门立雪

实际上,当企业发展到一定阶段后,要继续往前发展,需要在不同程度上借助"外脑"。这些"外脑"有顾问、咨询师、专家、培训师等。尽管很多企业发展的经验表明,他们借助"外脑"取得了跳跃性的发展。但是,还有更多的企业领导者认为自己在投资"外脑"方面是极其失败的,这些所谓的老师并没有给企业带来实质性的改变。很多企业领导者往往将原因归结为这些"外脑"能力不足、专业知识欠缺……实际上,在我看来,还有一个重要的原因是,他们没有给这些"老师"足够的信任和尊重,甚至常常抱着怀疑的态度,挑战的姿态。

一些企业请顾问,好像请戏班子似的。进门三盘,上堂四考,然后一众七大姑、八大姨似的斜着眼看你"出招"。这样一来,导致顾问也没有专业心态了。大家都是"斗鸡"心态,动不动就是"PK"挑战。因为客户持怀疑心态,所以顾问想的也就不是如何更客观、更专业，而是如何迷惑客户，如何蒙混过关，越简单越好，钱收回来就行了，有时甚至会言过其实。

实际上，顾问来到你的企业，中规中矩地做事是完成合同要求，尽心尽力、尽善尽美则要看他愿不愿意。而顾问身份的特殊性决定了他们不是一般的供应商或服务员。顾问，应该是启智者。所以，高明的老板懂得，在"老师"进门之后，绝不允许企业里任何人玩"顽童戏师"的游戏，因为那是在浪费公司的资源。

同时，企业找顾问谈项目时，常常是要求产出多多益善，而付出时却锱铢必较。以我的经验，稍微正规一点的咨询公司都会对项目有严格的规定，依据其收费情况配备相应的人员，并且会严格控制项目的投入产出比。和其他很多工作一样，项目质量的根本保障就是投入项目的时间和资金。如果预算足够，顾问为了解决项目问题，额外请投资方或"外脑"心里也是有底的。预算紧巴巴的，自己过生活还捉襟见肘呢，不减少自己的时间和投入已是万幸了，如何加大对优质资源的投入呢？

这里有一个例子，当年华为决定请 IBM 做咨询时，IBM 给出的报价是 4800 万美元（事实上，整个项目实施下来，华为大概花了人民币 20 亿元）。华为负责财务的总裁说，报价相当于企业一年的利润了，商量着要砍价。老板任正非问他，他能负责砍价，他能负责承担项目风险吗？于是，面对 IBM 的一口价，任老板只问了一句话，他们有没有信心把项目做好？IBM 代表沉思片刻说，有。任正非立即拍板。

不少企业，请顾问像寻找一般供应商一样——拦腰一刀砍价之后，指望通过合同的约束来保证价值。但要注意一点，顾问项目是由人来做的，人的一个特点是，如果不能得到应有的理解和尊重，是无法贡献出思想的精华的。华为和 IBM 合作的 IPD 项目，虽然付出了天价报酬，但在其项目实施了十年之际的 2008 年，我们看到，华为的利润增长了近二十倍，研发周期缩短近一半的时间，研发成本降至三成。通过与 IBM 的合作，华为真正地做到了把竞争力建立在对流程的依赖上，而不是像国内很多企业那样，把竞争力建立在对人才的依赖上。

所以，尽管社会上的"老师"鱼龙混杂，不乏江湖骗子。但是企业在聘请这些"外脑"时，必须要给予足够的尊重，并且在合作之前就应该建立信任，而不应该是在合作中进行验证。因为如果没有虔诚的拜师心态，神仙也没办法让企业改变。杯中不空，如何倒进水呢？

第四章

高效运营落地观

本章是本书着墨最多的章节,其中的一个主要的原因是,在我过去参与的咨询项目中,多以方案落地实施为主。实际上,也只有在方案落地的时候,才最能洞察企业的问题,引发最多的思考。本章旨在为前文提到的企业经营、战略及领导力落地提供更有效的工具、方法,致力于"手把手"帮助管理者解决或预防管理中的实际问题。

本章首先从企业管理中常见的问题入手,梳理了企业管理常见的四种主要问题(我相信这些问题在你的企业中也或多或少地存在,或者正在滋生);其次从战略实践、文化落地、制度建设、组织结构设置,以及会议风格等方面提出了具体的解决建议;最后进一步介绍了跨领域、多元化发展时应遵循的几个原则。

38
企业管理常见问题

【核心观点】

没有问题的企业是不存在的,然而对问题视而不见的企业,终有一天会消失。再优秀的企业,也常常存在这样或那样的问题,与一般企业不同的是,它们会正视问题、直面问题,积极寻求解决方案。

从通常意义上来讲,只有企业足够大,才会出现各种各样的问题,就好像人一样,年纪大了才容易生病。然而当我仔细去观察身边的企业时,发现越来越多的中小企业常常也问题重重。据我的观察和总结,以下几种问题在越来越多国内企业中可以看到,所不同的是,有的企业表现明显,而有些企业正在滋生。

1. 会议多如牛毛,形式大于内容

很多企业常常开会,但效率很低。有位民营企业高管告诉我,如果按每天8小时工作时间算的话,开会时间绝对占一半以上,甚至达到2/3。很多民营企业为了不影响正常的工作进度,常常利用休息时间(晚上、周末)开会,而且不限时地讨论一些并不是很重要的问题。更有少数管理者,官僚主义作风明显(千万不要以为"官僚主义"只在官场上才有),认为领导的"存在感"要通过召开会议来体现。

德鲁克讲:"凡是会议过多,一定是管理出了问题。凡是会议,必有结果;凡是结果,必有责任;凡是责任,必有奖罚。会议文化能体现一家公司的管理水平。"

在我看来,一个有效的会议起码应该做到以下几点:①凡是会议,必有准备。永远不开没有准备的会议,会议最大的成本是时间成本,会议没有结果就

是施加于公司和员工的"犯罪",没有准备的会议就等于一场集体"谋杀"。所以重大会议应该有事先检查制度,没有准备好的会议必须取消。在会议前,必须把会议材料发给与会人员,与会人员要提前看材料并做好准备,不要进了会议室才开始思考。②凡是会议,必有主题。没有主题和流程的会议,就好比大家来喝茶聊闲天,只是浪费大家的时间。更不要泛泛而谈,天马行空。③凡是会议,必有结果。开会的目的就是解决问题,会议如果没有达成结果,将是对大家时间的浪费。会议时间最好控制在1.5~2小时,太长的时间会突破人体的疲劳限度。④凡是散会,必有事后追踪。所谓"散会不追踪,开会一场空"。建立会后追踪程序,让会议每项决议都有跟踪、稽核检查。这样如果有意外可及时发现、适时调整,确保各项会议任务都能完成。

2. 不善于抓住问题的本质,总在外围绕

很多员工,尤其是一些管理人员,思维不清晰、混乱、复杂。常常将简单的事情复杂化、复杂的事情模糊化,最后是"脑袋一片糨糊"。因此,常常是折腾、重复、无效的工作多,产生实效的成果少。这既让管理者丧失了自己的威信,也使下属苦不堪言、怨声载道。

对于一个国家而言,政府领导如果没有正确的思路,就会危及政治、经济和整个国家的未来;就商业人士而言,如果没有正确的思路,就无法带领企业接受新时代的考验。解决问题的根本在于逻辑思考能力,就是指一针见血、直指核心地找到问题本质的能力。这种能力不但能够让问题迎刃而解,而且能在问题爆发前就防微杜渐、未雨绸缪。

2001年,日产汽车请来卡洛斯·戈恩担任总裁,让奄奄一息的日产起死回生。在2003年度结算时,更是创下了史上最高收益的佳绩。戈恩先生因此被奉为"经营之神",并获得日本政府所颁发的蓝绶勋章。其实在我看来,戈恩先生只做了两件事:①利润不够是因为生产成本太高,那么就降低生产成本;②人力成本太高,要精减人事费用,那么就裁员。

所以，我们应该有意识地去培养透过现象看本质、一针见血、直指核心、抓问题主要矛盾的逻辑思维方式。这就要求我们跳出原来的条条框框，摒弃老思维、老经验，去粗取精，要抓住要害和根本，挥动"奥卡姆剃刀"，剔除那些无效的、可有可无的、非本质的东西，融合成少而精的东西。所谓"为学日增，为道日损"就是这个道理。这种思维方式带给大家的既是思维的革命，也是管理的革命，可以让我们从烦琐和复杂的工作中、生活中解脱出来。

3. 部门间协调沟通不畅

很多企业，尤其是国有企业，横向各部门间的配合、沟通效率很低，甚至存在多头决策、多头领导现象。同一件事，要向不同的领导汇报，最后，还会存在不同领导的指示不一样的情况。这就导致下属"左右为难"无法执行。最后结果是，做事往往显得没那么重要了，重要的是去平衡关系。

我们来看看企业内部存在问题的两种沟通方式。一种是"U形管"现象。例如，产品出现问题时，销售部门主管下达指示："去告诉生产部的人，产品有问题，全部是他们的问题，让他们负责。"于是，这道指示就从部门主管传达到一般职员。接着，产品部门的一般职员再和生产部门的一般职员说："我们的主管请你向你们的部门主管说⋯⋯"接着由生产部门的一般职员，再自下而上把话传给生产部门的主管。最后，生产部门主管在没有和销售部门主管直接对话的情况下，就对部下说："简直是胡说八道！这样的销售方式怎么会有胜算！"信息沿着"U形管道"传达的结果，是什么问题都没有解决，甚至还会引发新的问题。即使领导、总经理每周都开会，惨状依然如故。另一种是更糟糕的"J形管道"现象，一句"这种事情不必报告我们的部门主管"，让问题在向上传达之前就被扼杀了。工作组织中之所以会产生这样的现象，就是因为部门领导者及不同部门的人，未跨部门进行沟通，当然也就没有机会为了寻求共识而进行调查。

4. 做事重形式、重场面、重过程，不重实效

有一次，华为创始人任正非参加一次调研座谈会，第一位发言的专家开头说了一大段客套话，这位专家话还没说完，就被任正非打断了。任正非当即请在场的专家少说客套话，言简意赅……事实上，企业管理就该具备这种思想和态度。据观察，很多企业表面上崇尚务实、提倡实干，可是其具体行为却过多地表现在形式、场面等方面。

事实上，没有问题的企业是不存在的，然而对问题视而不见的企业，终有一天会消失。再优秀的企业，也常常存在这样或那样的问题，跟一般企业不同的是，它们会正视问题、直面问题，积极寻求解决方案。

$$39 \\ 执行力 = 意愿 \times 技能$$

【核心观点】

最有效的管理不是强制性的，而是激发员工个人内在的自律意识，促进被管理者的自我管理。员工自我管理的增强，可以大大提高管理的效率。

最近我们在西安某企业做咨询时发现，之前我们提的很多建议得到了管理层的一致认同，经过很长时间以后，还是停留在想法阶段，没能落到实处。自然，之前存在的问题依然存在。所以我一直在想，到底是什么因素限制了一家企业的执行力？同样在这家公司，一名高管问我的一位同事，为什么现在许多同行都倒闭了，他们招人还是那么难，甚至比以前更困难了？我的同事说，一个最主要的原因就是现在年轻人，尤其是90后，工作的意愿越来越低。

这使我突然想到，企业执行力差的一个关键原因是员工没有做好某项工作的意愿，没有意愿就没有责任心，最后的执行效果自然就会差。所以，我觉得执行力由员工工作的意愿和执行技能的乘积决定。最重要的是意愿，没有意愿，什么事都做不好，而技能也重要，技能和意愿相关，有好的意愿，自然愿意提高技能。而且，很多技能并不复杂，不需要具有爱因斯坦般的智慧，基本上靠重复的练习、勤奋的学习都可以掌握。就好比很多成功人士所说的，一个人要获得成功最重要的特质就是有强烈的成功欲望，甚至可以理解为野心，说好听一点就是事业心。

日本有位社会学家叫横山宁夫，他提出一条著名的管理法则，叫横山法则：最有效并能持续不断的控制不是强制，而是触发员工内在的自发控制，也就是员工的自我管理，或者叫意愿性。在企业管理的过程中，我们常常过多地强调"约束"和"压制"，事实上这样的管理往往收效甚微。如果人的积极性未被充分调动起来，规矩越多，管理成本就越高。

华先生是一位以"铁腕"闻名于当地药店行业的职业经理人。在他执掌的门店中，店员的执行力非常强。可实际上，当初华先生来这家药店之前，这里完全是另外一副样子——店员大局意识薄弱、工作作风自由散漫、违反纪律的现象时有发生。他来了之后，便着手开展轰轰烈烈的"大整顿"，严格明确店训店规，对店员进行严格的管理。

强有力的管理举措，令门店焕然一新。店员从此无不以华先生"马首是瞻"，他指到哪里，店员就"打"到哪里。正当华先生为此感到无限欣慰的时候，一种不良征兆隐隐约约被他捕捉到了：原来，在他过于严格的管理之下，店员虽然克服了散漫的缺点，执行力大大增强，但工作的积极性也受到了严重打击。比如，在开例会的时候，通常都是华先生在"唱独角戏"，很少有店员提出自己的意见与他探讨；再如，在工作的时候，对于华先生安排部署的工作，店员都会按要求完成，可那些没安排的工作，即便有人看到了也不会主动去做。下属这种"大事小事全请示"的工作方式让华先生渐渐有点应接不暇……华先生开始困惑了:"是我的要求过于严格吗?"

事实上,管理者应该懂得在"尊重"和"激励"双重方面下功夫,了解员工的需求,然后满足他们。员工无非有三个需要:一是收入,二是成长,三是工作氛围。企业只有朝着这个方向努力,才能激起员工对企业和工作的认同,激发他们的自律意识、自觉性、自愿性,进而实现公司的轻松管理。在上面的案例中,华先生虽然以强有力的手腕实现了对店员言行的规范,可是却因为过于严格和程序化打消了员工的工作积极性和创造性,造成了人人"唯令是从"的被动局面,工作氛围自然死气沉沉。

我一直认为,最有效的管理不是强制性的,而是靠激发员个人内在的自律意识,进而促进被管理者的自我管理。员工自我管理的增强,可以大大提高管理的效率。

在我看来,企业无论提多么伟大的使命、社会愿景,如果不能和员工切身的利益、需求结合起来,就会显得很空泛。它只适合给社会上的其他人看,不适合给员工自己看,员工会觉得和自己完全无关。而类似这样的不能得到员工认同、支持的理念,很难激起员工的积极性,自然无法激起员工强烈的做事愿望,导致的最终结果就是员工工作执行效率会很低。

所谓提升员工做事意愿的方法,就是处处从员工利益出发,为他们解决实际问题,给他们提供发展自己的机会,给他们以尊重,并营造愉快的工作氛围。做到了这些,员工自然就和公司融为一体了,也就达到了使员工实现自我管理的目的,增强了员工的责任感,提升了其做好工作的意愿,执行力不强的问题也就迎刃而解了。

40 管理的基础——评价体系

【核心观点】

给员工的回报不应该由其背景、关系、苦劳与疲劳程度来决定，而应该取决于他对企业的贡献大小。企业应该建立完善的体系鼓励员工对企业做出最大的贡献，并给予员工应有的回报。

一直以来，人们总在试图解释管理的本质，见仁见智，解释各异。在我看来，管理的本质就是充分提升员工工作的积极性，使之为公司做出最大的贡献。糟糕的团队各有各的糟糕，但是优秀的团队却有一个共同的特点：团队成员的积极性非常高。

在我看来，公平合理的分配是保证员工较高积极性最关键的因素。显而易见的是，如果你把勤奋者、能力强者创造的价值过多地配置给其他人，会打击他们力争上游、努力工作的积极性，可能会因此失去很多优秀的人。同样，如果每个人得到的报酬都一样，就是我们常说的"吃大锅饭"制度，那么久而久之，谁也不会努力工作，"磨洋工"的现象将成为常态。

因此，一个企业尤其是有一定规模的企业，若想要取得成功，要长久发展，必须要有一套系统、完善、合理、相对公平的评价体系，必须在扶持先进与鼓励后进之间实现平衡，企业内部员工之间应该是合作又竞争的关系。

华为的老总任正非在谈到创业经验时讲道：刚创业时，公司注重销售，他就抓营销，不过他发现请来的营销人员营销能力比他强；于是他转去做技术，后来又发现，请来的技术人员技术能力也比他强。这时，他就只好去做分配了，而且一做就是"一辈子"。

1995年以后，任正非全力在做的事，就是努力建立、完善规则，而且是成体系地建立、完善规则。最令他头疼的问题是，怎么去判定一个人干得好不好；在这么大的一个分工体系当中，怎么去正确评价一个人的贡献和价值。

华为选择了绩效管理循环，这是华为专门邀请一批教授帮他们建立的工作评价体系。事实上，它并不是一个严格的评价体系，而是一个"传帮带"体系。整个流程是：帮助你制订计划→监督执行情况→在这个过程中提供帮助→检验结果→查找问题原因→制订更完善的计划……依此循环往复。

这里我想强调的，不是这套体系的形式，而是他们是怎么实现的。这才是我们应该向华为学习的！要知道，工具和方法到处都是，但是只有华为实现了这套绩效管理体系的良性循环。

华为之所以能做到这一点，很重要的一个原因就是专门设立司级人力资源管理委员会。该委员会负责垂直管理和任务检查，从集团管理层一直到基层，把人力贡献的价值评估出来。而且该评估分长期的和短期的，以便制订不同的管理方案。员工做得对还是不对，好还是不好，只要有人在检查，而且还是专职人员负责，就没有人不重视。

该委员会的管理和监督是华为自己发展出来的所谓价值观、立场、思想评价系统。且华为的价值观评价体系不是抽象的，你的做法对不对，你有没有公司立场、有没有遵守组织原则，大家可以公开展开评论。

要知道，在我们的企业中，企业靠什么评价员工，员工就一定会关注什么。如果企业老板喜欢阿谀奉承的人，那身边一定会是一群溜须拍马的人；如果他喜欢正直的人，那身边一定是一批务实、正直的人。所以，评价体系就是要解决企业到底关注什么的问题。

关于企业评价体系的构建，我认为有三个关键点需要注意。

一是只评价几个关键点即可。评价的点不能太多，3~5个即可，太多则会分散被评价者的精力，容易造成员工一点都做不好的结果。

二是评价的点要跟被评价者的主观能动性相关。许多企业的做法是把员工的奖金同企业的整体效益挂钩，事实上这是极不科学的。因为员工个人的努力和企业的整体效益中间隔着太多的环节，员工个人无法直接施力，从而导致这种"挂钩"起不到实质性的激励作用。举个例子，海底捞对各店店长的考核，并不考核其整体业绩，因为海底捞认为整体业绩是由公司的战略、市场环境决定的，并不由店长决定。海底捞主要考核店长两个方面：①客户满意度（回头率）；②员工积极性。

三是评价人员要对被评价者定期监督、实时提醒，保证在正常的运作轨道上运行，而不能"秋后算账"。

就企业而言，给员工的回报不应该由其背景、关系、苦劳与疲劳程度来决定，而应该取决于他对企业的贡献大小。换言之，企业应该建立完善的体系鼓励员工对企业做出最大的贡献，并建立制度让员工得到的回报与付出成正比。因为每个人都想要获得平等的机会和待遇，都想通过公平竞争显示自己能力优于他人……

41 管理不在"管"

【核心观点】

管理不应该只是权力，更应该是责任；不应该指手画脚，而应该分工协作。更重要的是，管理应尊重人性，重视激发人的优点、正能量，而非盯着缺点不放，更不应该耗费大量资源去纠正被管理者的缺点。

自从德鲁克开创管理学科以来，管理学已经成为一门比较成熟的学科，各类管理理论、工具层出不穷。实际上，由于管理的门槛并不高，好像谁都可以对管理"品头论足"一番。例如，我朋友圈里有一位文学类撰稿人，前些天她在朋友圈发了这样一条信息：当我被编辑催稿催得实在找不到选题的时候，我就写管理类文章……

事实上，从另一个角度来看，容易的东西实际上也常常是最难的。比如，学外语，只要肯学，总能记住几个单词，讲上几句，但要真正熟练地掌握一门语言，对于绝大多数人而言并非易事。同样，尽管我们都可以谈论管理，但很多管理者对管理的理解几乎是错误的。比如，国内的很多管理者在具体的管理工作中，普遍对"管"字看得很重，他们往往认为凡事都要管一管，否则就要出乱子。很多管理者看中的根本不是管理工作本身，而是"管理者"身份所附带的权力。他们常常只关心权力和利益，甚至只关心"谁说了算"，也就是话语权、决策权。一旦管理者认为自己说了不算，那么就不再对组织的责任和目标负责。而实际上，从管理学的角度来说，组织的目的是通过分工、协作来完成一个人不能完成的任务。

很多企业管理者一直认为，管理就是用制度去管人。但为什么过去我们花了那么大力气去管理，技术却一直落后，产品也没有管好？问题就出在制度安排上，这个制度总是假设"被管理者需要被管，而且可以被管好"，但是真的能管好吗？

沈阳机床董事长关锡友在接受《哈佛商业评论》专访时，谈到他的管理理念。他以亲身经历举例，他1988年入厂，当时员工中午都是排队走正步去食堂吃饭的。但即便管理这般严格，工厂还是没管好，工厂的秩序还是有些混乱。他当车间主任时，也曾经严格管理工人，结果矛盾不断，甚至发生过肢体冲突。后来他转变管理理念，基本上不压制，而是激励工人去创造，效果反而很好。

据我在很多工厂里看到的现象，绝大多数车间主任组织、管理人员的管理理念大致都是严、罚、管、骂之类的。尽管在"高压"之下，乱子出得少了，但员工们从来都严重缺乏归属感，往往容易跳槽。

很多管理者都听说过"要用人之长"的理念，而在具体的管理工作中，很多管理者的做法却是始终盯着员工的"短处"，还常常美其名曰"追求完美，帮助员工成长"，其本质就是不懂管理。俗话说"江山易改，本性难移"。无数的事实也证明，人的很多缺点常常是一生都不能彻底改变的。与其花费很多时间、精力去纠正一个人的缺点，不如用同样的时间精力去激励他把那70%的优点发挥出来。

我们经常讲，现在是移动互联网时代，是"新权力"时代，在这个大背景之下，年轻的工作者并不太在意权力和权威，产品的迭代也非常快，稍一打盹，可能就被淘汰了。互联网经济唯一相信的就是结果，因为它是在合作与平等的基础上形成的。

也就是说，管理不应该只是权力，更应该是责任；不应该指手画脚，而应该分工协作。更重要的是，管理应尊重人性，重视激发人的优点、正能量，而非盯着缺点不放，更不应该耗费大量资源去纠正被管理者的缺点。

42
不要依靠突击管理

【核心观点】

正确的日常管理要求均衡地强调各项目标，特别要避免突击管理。

突击管理、专项治理的方式，我们在企业里见得很多：今天管理者发现公司的库存管理水平不行，于是突击库存管理；明天又发现公司的现场5S管理做得不到位，于是又狠抓一个月 5S 现场管理……周而复始，几乎所有的管理方法、工具都试过了一遍。按理说，在这样的管理下，企业应该秩序井然了。但真实情况却是公司的运行秩序并无太大起色，甚至较以往问题更多了。在我们以往服务过的企业中，很多企业都犯过甚至还在继续犯类似的错误，我们将这种现象称为"突击管理"。当企业领导者看到公司的某个问题并希望尽快解决时，常常采取突击管理的方式。这个时候，管理者似乎觉得自己找到了解决问题的真谛，但员工的真实想法却并非如此：大部分员工都知道并显然在期待着，当一阵突击过去了以后，又恢复老样子了。

在企业的日常管理中，靠突击管理不仅没有效果，而且会把工作引向错误的方向。它把全部注意力集中在某件事上，而忽视所有其他的事。一位被突击管理"打击"过的管理老手有一次总结说，"我们用四个星期来削减存货，然后又用四个星期来降低成本，接着又用四个星期来突击人际关系……我们刚刚花了一个月时间来突击顾客服务和礼貌；然后存货又恢复了原来的水平。我们甚至没有打算要去做自己的本职工作。全体高层管理人员所讲、所想的都是上周的存货数字或本周的顾客意见。至于如何去做其他工作，我们甚至都不想知道"。

在一个靠突击来管理的组织中，人们或丢开本职工作而投入当前的突击工作，或沉默地对突击工作集体怠工，以便完成自己的本职工作，抑或"阳奉阴违"。在这些情况下，他们都对"狼来了"这种呼声充耳不闻。而当危机真的发生了，所有人都应该放下手头的一切投入解决危机时，他们却认为这又是管理者制造的一次突然袭击。靠突击来管理，是管理混乱的一种明确标志，也是管理者无能的体现。它表明管理者不知道管理人员应该做的是什么，也不知道如何正确指引、管理人员，而结果是把员工引向错误的方向。

正确的日常管理要求均衡地强调各项目标，特别要避免突击管理。

43
老板，别再做励志大师了

【核心观点】

老板可以倡导员工拥有积极的心态、主动工作，却不应该将管理的有效性建立在员工的"自觉性""内生动力"等基础之上。而应该建立一套制度、流程或体系来确保管理目标的达成。

"内生动力"是很多老板对员工（尤其是普通员工）的最高期望，他们通常认为，如果手下员工人人充满干劲、满怀激情、积极主动，那么管理将是一件非常简单轻松的事。但是，怎样让员工达到这样一种状态，很多老板却走了"偏路"——总是试图通过对员工进行说教使之改变。于是，很多老板成了"励志大师"——随时随地不忘"教育"员工：要有主人翁精神、把公司的事当自己的事。但是，除了个别员工突然"开窍"外，收效甚微。于是，我们又看到很多老板常常一副恨铁不成钢的样子——为什么员工总是不听话呢，这么浅显的道理都没法理解，我这都是为你们好啊！

很多老板信奉的一个理念是"我是一切的根源"，认为任何员工如果工作没做好或工作出了问题，都不应该找借口，员工自己才是真正的根源。尽管这样的道理很多人都懂，但是在日常管理中基本无法落实。在我看来，老板可以倡导员工拥有积极的心态、主动工作，却不应该将管理的有效性建立在员工的"自觉性""内生动力"等基础之上。

举个例子，很多大型企业发展到一定阶段后，会遇到诸多"瓶颈"，于是要寻求战略转型或管理转型，简单来说就是变革。毫无疑问，变革成功的关键取决于企业高层领导，而变革的最大阻力也来自高层领导。这个时候，变革推动人不能天天给企业高层领导"上课"，要求他们转变思维、有危机意识、与时俱进、放弃过去的老经验。更有效的做法是，通过一系列制度、措施、手段来"逼迫"这些高层领导"就范"——去落实新政策。比如，公司的新战略，一开始肯定有很多人不理解、不支持，那么就要组织大家讨论、学习，不断"灌输"。当然方法可以多样，可以分享一些同行成功的案例，或请行业专家一起讨论，让大家对转型后的企业有一个直观的预期。几次分享活动之后，就会有更多的领导认同新战略。不要期望全部人都认同，那是小概率事件。得到绝大多数人的支持、认同即可，其他人会在具体执行过程中转变过来。

同理，稍有一点管理常识的人都知道，管理中沟通非常重要：同事之间、部门之间、上下级之间都要多沟通。但是，落实到实际工作中，极少有人在听了上级的一番豪言壮语之后，就改变自己不擅沟通的行为，而积极主动去找上级、同事沟通。优秀的公司则懂得从不同方面为员工建立沟通机制，搭建沟通平台。

比如，有家企业希望提高销售人员和其他部门员工的沟通频率，采用的一个办法是调整办公室咖啡机的布局。原来该公司大约每6人共享一台咖啡机，每天都是同样的人在使用同样的咖啡机。销售人员之间互诉衷肠，营销人员彼此交谈。随后，公司斥资十几万元拆掉了多余的咖啡机，将其改造成体积更大的咖啡台，每个咖啡台可供120人使用，取代了仅供几人使用的咖啡机，同时还打造了一个可容纳几百人的超大咖啡厅，增强了部门之间的沟通。在由小咖啡机向大咖啡厅转变的这个季度里，公司的销售额增长了20%。

同样，前文提到华为公司的员工充满激情，有拼劲，一个最重要的原因是华为的很多员工都持有公司"股份"。即便一些员工暂时没有，也有很大的持股机会，这就促使他们非常努力地工作。所以，公司并不需要在"励志"上给员工灌很多鸡汤，只需要给员工指明方向、方法，员工就会拼了命地干。

总而言之，虽然管理的目的之一是希望提升员工的内生动力，使员工变得更加积极主动,但是管理者不能将管理的有效性建立在此基础之上。而应该建立一套制度、流程或体系来确保管理目标的达成。

44 优秀企业的三个特征

【核心观点】

优秀企业有三个共同的特征:一是对市场反应敏捷、高效;二是对外以客户为中心,有良好的客户服务能力;三是对内以员工为本,关注员工成长。

关于"优秀企业",见仁见智,没有统一标准的定义。据我的观察与思考,优秀企业应该有以下一些特点:能为消费者提供满意甚至超出消费者预期的产品和服务;在行业内知名度较高、企业形象好;员工福利、待遇在行业内、地区内居于较高水平;员工自豪感强……总结起来,我认为优秀企业有三个比较突出的共同特征。

1. 对市场反应敏捷、高效

这一点分为两个层次:其一,指企业对市场反应敏捷、快速,能通过系统的市场调查、研究,发现消费者需求,并能够呈现产品或提供服务,满足消费者需求。比如,诺基亚公司设计了诺基亚1100,这款手机允许存储多套通讯录、允许用户为某次通话设置话费限额,还内置手电筒、收音机、闹钟功能,屏幕可以显示80多种语言,还有帮助不识字用户进行辨识的图形标志……这一切

NOKIA 手机

功能对于欧美甚至对于中国用户来讲，显然是不可思议的。但是，这切实抓住并满足了诸如亚洲、美洲、非洲等落后地区多人共用一部手机、用户识字程度不高等因素所造成的独特需求。所以，这部手机销售了 2.35 亿部！其二，企业能够洞察人们未来的需求，并且予以满足。比较有代表性的例子是乔布斯发明的 iPod、iPhone、iPad。当有记者问乔布斯能发明出这么优秀的产品，有没有做过市场调研时，乔布斯回答，消费者不知道自己需要什么东西，只有他知道。还有一个典型的例子，1914 年，老福特洞察到市场迫切需求能够替代马车的交通工具，从而发明了黑色 T 型轿车。当有记者采访老福特，问他有没有做过系统的市场调研时，他回答，如果去问消费者的话，他们只会说自己需要一辆更快的马车。

2. 对外以客户为中心，有良好的客户服务能力

优秀的企业始终不曾远离客户，需要不断提供优质的、超出客户期望的产品或服务。在中国，关于优秀服务我们听到最多的企业是海底捞，其排队等号时的服务尤为贴心。事实上，仔细想想，我们很少听谁说海底捞某道菜特别有特色，特别好吃，几乎所有的人都是冲着它的服务去的。甚至当有人爆料海底捞火锅底料汤是勾兑的，都没能给海底捞带来多大的负面影响，其至今依然大受消费者欢迎。以前卖方市场占主导的时候，产品质量一般，也能销售出去；现在是买方市场占主导，基本可以说是产能过剩的年代，产品同质化比较严重，服务就显得尤为重要：谁的服务好，谁的产品就能占领市场。

3. 对内以员工为本，关注员工成长

很多企业有清晰的组织目标和梦想，而要使其愿景、目标得以实现，必须能够充分调动员工的积极性，即培养员工的狼性。企业目标的实现需要员工共同努力才能达到，这就要求企业必须能够做到关爱员工、关注员工成长。员工对一个企业，大致有三方面的需求。一是收入。企业不应该回避这个问题，绝大多数的员工也是理性的，知道自己的"价格"，不至于"漫天要价"。对于

企业而言，关键是要做到公平、合理，所谓"不患寡而患不均"就是这个道理。二是成长。大多数的员工尤其是年轻员工，不仅希望在公司获得一份收入，更看重个人在公司的成长，以及工作的经历能不能匹配自己的职业发展预期、方向。作为管理者或高层人员，要关心员工自我价值的实现。像谷歌、华为、腾讯等优秀的企业，无一不在员工关爱、员工待遇、员工福利方面做了很多功课。三是工作氛围、环境。我们做过调查，不管是国企还是民企，员工最厌烦的就是在职场钩心斗角、每天尔虞我诈。

此外，良好的信誉、较高的执行力、坚定的价值取向等亦是优秀企业的共同特征。

45
制度的执行度

【核心观点】

管理制度要真正有效，关键在于执行时必须严格。要让员工对制度重视起来，而不是时常将其视为"纸老虎"。

每进入一个企业，我们常常会问一个问题：你认为公司的制度应该是设计得人性化然后严格地按制度执行，还是设计很严格然后执行时注重人性化？调查结果显示：受访时超过 80% 的受访者都选择前者，但在实际执行、操作中几乎所有的公司都采用了后者。我们发现，绝大多数的公司在设计制度、章程的时候，总是力求完美、滴水不漏，而在具体执行过程中常常有偏差，甚至会出现制度与执行"两张皮"。结果就是完美的制度被束之高阁,员工该干什么还干什么。而我们的很多管理者还总觉得是制度出了问题:制度不好、不够完善,需要进一步完善,重新建立各项制度……

事实上,制定一种新规则或制度很不容易,而新规则出台后能让员工接受,更不容易。通常来说,一种规则能够执行、落地,有两种方法:一种是通过强势地位或者手中掌握的权力迫使对方接受,俗称"外强迫",这种方法短期内见效快,一旦领导不抓了,极易反弹;另一种就是制定新规时考虑双方的利益,被对方主动接受,这种方法前期进展慢,但持续效果好。

我们服务的西北某智力密集型企业,其技术型员工经常长期出差海外。企业为了体现对这部分员工的关爱,特意制定一项"补偿制度"——凡在海外出差半年以上的员工,回国后,公司将安排其到休养胜地度假半个月(如夏天到避暑山庄,冬天到海南、三亚等),公司承担全部费用。企业原以为这么好的福利,员工应该特别满意,但长时间以来,几乎没有员工会享受这一福利。经调查,员工普遍反映——我们在海外出差半年多了,不能陪家人,好不容易回国了,还让独自外出度假,谁乐意呢?了解到这个情况后,公司进一步设计了"补偿制度"——将原来的半个月时间调整为一周,但是多了一条福利:可以带上家人……这样一来,不仅制度执行得好,很多员工还由过去的抵触出差转变为很乐意去出差。

严格执行制度,并不是必须舍弃人性化。比如,格力的董明珠升任格力经营部部长的时候,一上任就对经营部进行改革,其中有一项要求是不允许在办公室吃零食。有一次,董明珠走进办公室,看见不知谁带了一堆土特产来,大家正在抢着吃。董明珠一下子火了,她厉声责问:"谁让你们上班吃东西的?"董明珠的话音刚落,下班的铃声就响了。那些忐忑不安的员工都松了一口气,以为躲过了一劫。没想到,董明珠是个认死理的人,她宣布:刚才吃零食的人每人罚100元!这件事让大家认识到董明珠对工作制度的严格要求。当然,也有不少人认为董明珠太不近人情。可董明珠明白，她要是和别人一样太"近人情"，那经营部的工作又要回到以前的懒散状态了。只有严格的制度和纪律才能产生高效的工作作风。

还有一次，一个女员工因违反其他制度规定被罚了100元。这个女员工的丈夫常年在外跑售后服务，她一个人带着孩子过日子。夫妻俩收入都不高，100元对她来说是个不小的数字。可是制度不能破，这是原则。第二天晚上，董明珠悄悄找到这位女员工，塞给她100元钱，"这是我私人的钱，给你补上。记住，明天一定要把罚款交上去，以后工作不要再马马虎虎了。"这一番语重心长的话，令这位女员工感动不已。

事实上，公司的制度能不能够严格地执行、落地，还有一个非常重要的影响因素，那就是领导者和管理者是不是能够一身正气、公平公正地待人处事。曾经有一位经销商拿着600万元现金找到格力的董明珠，请她给点优惠，当场被董明珠拒绝。董明珠的理由很简单：今天你拿着600万元的现金来提货，如果我给你"开后门"，那么明天再有人提着1000万元的现金来提货，我就要给他更大的好处。如此一来，对你又显得不公平了。这番话不仅让经销商心服口服，还让他认识到，和格力合作，绝对令人放心。

事实上，我认为董明珠的"霸道"也是需要底气的，如果没有一身正气，即使地位再高，权势再大，怕也是色厉内荏，底气不足。

因此，制度要真正有效，执行时必须严格，要让员工对制度重视起来，而不是将其视为"纸老虎"。此外，领导者和管理者的以身作则显得尤其重要。

46
人性化的设计制度

【核心观点】

没有完美的制度,也没有找不到漏洞的制度,而制度的执行关键还是靠员工自觉。这就要求每制定一个制度时,一定要反复考量制度的人性化,设身处地为员工着想。

有一则笑话:有个穿着时髦的女孩来到了某大城市,随地吐了一口痰,旁边的工作人员立马递上一张罚单,罚款50元。女孩二话没说,从包里拿了张100元大钞给他,工作人员在包里找了找,发现找不开,于是说:"不好意思,找不开,要不你再吐一口痰?"结果女孩真的又吐了一口,很不屑地看了一眼工作人员,然后大摇大摆地走了……工作人员在后面还说了声"谢谢"。笑话有几分真实,我们不去追究,但是如果我们稍作思考,就会发现这个女孩不会有任何负罪感或者内疚感(如果她不差钱),更不会对"严禁随地吐痰"制度产生敬畏。

事实上,我们很多企业也在做类似的事。比如,很多企业对员工迟到执行罚款制,大概是每迟到一次罚款多少钱。结果就是员工迟到被罚款后,就会觉得这事"扯平"了,反正我也"埋单"了,基本上不会觉得内疚。反而觉得公司太不人性,因为迟到总是有理由的。而且常常会有"反正都迟到了,索性就多迟到一会儿"的想法。也就是说,罚款成了员工为自己的错误埋的单,埋了单心里自然也就一笔勾销了。

久而久之,制度就如同摆设,大家都对它视而不见了。我认为,更好的做法应该是人性化地设计制度,然后严格地执行。事实上,天下没有完美的制度，也没有找不到漏洞的制度，所以制度的执行，关键还是靠员工自觉。这就要求每制定一个制度时，一定要反复考量制度的人性化，设身处地为员工着想。

比如，知名厨具企业方太曾经用列举的方法，把员工可能犯的错误归纳成ABC三类。A类是最严重的，是可能要被开除的；B类属于中档，是要受处分的；C类是比较轻的，如迟到、早退、乱扔垃圾、衣着不规范等。对C类错误，方太原来的做法是罚款20元。罚款的方式很直接，但方太审视这个制度的时候觉得不对，于是做了修改。方太把C类错误的罚款取消了，不给员工为错误"埋单"的机会，而改为直属的主管领导要找员工谈一次话。谈话内容很简单，如为什么迟到，家里是不是有事，等等。这也体现出对员工的关心。一开始有管理人员担心犯C类错误的人会比以前多，但是新制度实施第一年，C类错误的总量比前一年下降了一半。

很多企业都信奉"因为信任，所以简单"的理念，我们发现，真正遵循这个理念的企业，常常很优秀。我们经常说要给予员工充分的信任，管理不是单纯的控制，更多的是思量而非违背人之本性。

47 对制度保持敬畏

【核心观点】

制度可以少一些，人性化一些，但是既然形成了制度，那么就一定要贯彻执行。让所有人形成对制度的敬畏，从而遵循，杜绝一切绕过制度办事的行为。

很多企业有明确的制度、章程、流程、要求等，但员工在实际工作中就是不按这些规定来，依然"我行我素"。换言之，这些制度都形同虚设。即便我们制定再多的制度，往往也达不到用制度管理企业的目的。一个很重要的原因就是总有人绕过制度办事，"开绿灯""搞特权"。长此以往，很多人就会认为，在企业里遵守制度是其次的，关键是要跟对人，也就形成了"先谋人，后谋事"的文化，严重缺乏对制度的敬畏感。

在培养自己的职业经理人方面，国内企业万科一直走在前面。在其培养人才的制度中，有这样一条：经理人之间的调动是公司培养职业经理人的一种方式，职员提升到主管一级后，需要在集团系统内进行调动。因为只有这样，才能让管理人积累各种环境下的工作经验。而做到一线公司的总经理后，接受外派调动则是很正常的工作之一。

2000年，万科集团再次进行中高层人员调整，对北京、上海、深圳等地方公司的"一把手"进行调动。总部拟将北京公司总经理与上海公司总经理进行对调。两个分公司的总经理分别是北京的林少洲，上海的林汉彬，两人都是万科自己培养的职业经理人，非常优秀。但当总部对调的决定传达到北京和上海时，遭到了两位总经理的一致抵触：林汉彬不想离开上海，理由是小孩已经安排在上海上学，希望家庭稳定，只要能不离开上海，情愿降职当副总；林少洲

万科集团

则表示，只要调离北京，就考虑辞职。当时正是万科快速发展的时期，很缺人才……最后，总部人事部门进行了调查论证，论证结果是如果坚持对调，估计两人中至少会有一人离职。面对制度安排和一线总经理抵触的选择题，王石（董事长）明确表示：宁可"流失"总经理，也不能让形成的制度流于形式。在这样的决心下，总部发出了调令，结果两个总经理都提出了辞职。

这件事被关注者称为"二林"事件，很多人都为有经验、有能力的"二林"

的离开感到惋惜。更有媒体认为，万科在用人之际因此失去两员"大将"得不偿失，质疑其制度安排有问题，不够人性化，太过死板。人才走了，投靠了竞争对手，对公司来说并不划算。事实上，据王石的回忆——公司岂止损失两员"大将"，因"二林"出走，从财务到市场营销、工程技术、物业管理等部门，不可避免地流失了一批专业人员。但同时，公司毫不含糊的人力资源调配，以及对制度的遵守，给企业带来了新气象，也给员工树立了极强的信心，使万科的发展越来越正规、越来越透明。

所以，我还是那个观点：制度可以少一些，人性化一些，但是既然形成了制度，就一定要贯彻执行。让所有人形成对制度的敬畏，从而遵循，杜绝一切绕过制度办事的行为。

48
好制度不应激发恐惧

【核心观点】

一个让参与者人人自危的制度，一定只会源源不断地催生假象和荒诞，最终欺骗的一定是设计这个制度并为此自鸣得意的人。一个优秀的制度，激发的应该是价值认同，而不是恐惧。

一直以来，企业总是在设计各种各样的制度，防止员工犯错，以确保企业良好、有序地运行。比如，企业发现某段时间员工迟到现象比较严重，于是设计一个制度：迟到一次罚多少钱。后来又发现，很多员工上班期间爱玩手机，于是企业又设计出一项制度：上班期间玩手机，发现一次罚多少钱……慢慢地，企业的制度就"完善"起来。总结起来，我们会发现这些制度一般有两个特点：第一，以罚为主，本意就是希望使员工恐惧（大棒），不敢再犯；第二，这些制度基本上起不到长期的作用，一般都是"新制度"只在一段时间内有效，不久后，又恢复原样。

制度有效执行的第一个基本前提是符合人性，一项制度如果是违背人性的，不管它多么严苛，一定不会得到很好的执行。当人们畏惧一项制度，碍于环境又不能立即、直接反抗时，往往就会采取隐瞒、欺骗的方式去执行。逐渐地，这会成为一种普遍的行为，并且会被"传承"下去。我遇到过一些老板，不管员工向他汇报什么工作，他都会挑出一大堆毛病来，然后大加批评、指责，后来员工基本上不主动向他汇报工作了，"被迫"汇报时，要么尽可能简短地说，要么只挑好的说。渐渐地，这样的领导者就听不到、看不到公司的真实情况了。

辛亥革命之后的某一天，大清朝的末代镇国公之一——爱新觉罗·恒熙早晨起来感到肚子饿了，决定自己到街上买点吃的。此前，他从来不需要自己做这样的事，什么事情都是下人给他安排好的。但辛亥革命之后，他的社会地位大不如前，再不自己"动手"，就只有饿肚子的份儿了。

于是，恒熙拿着钱到了街上。街头小贩当然认得他，都热情地跟他打招呼。他来到一个烧饼摊前，买了两个烧饼。当小贩用纸把烧饼包好放在他手里时，恒熙愣了，他吃了几十年的烧饼，头一次发现烧饼竟然是热的！他咬了一口，热烧饼的味道简直好极了，比他之前（冰凉）的烧饼好吃百倍。

原来，以前在王府里规矩太多、责罚太严，正常生活逐步变得畸形。下人们为了不给自己添麻烦，从小就欺瞒主子：买烧饼一定要买凉的，因为如果买的是热的，万一哪一次有点凉了，主子怪罪下来就难以交差。恒熙是乾隆皇帝的后代，虽然享尽了荣华富贵，但其实连一个热烧饼都很难吃到。这的确令人唏嘘。

实际上，这样的事情不只发生在古代的皇宫王府里。现今，很多大企业的领导人总是抱怨听不到真实的声音，其根源之一就是他们自己设计的制度。一个让参与者人人自危的制度，一定只会源源不断地催生假象和荒诞，最终欺骗的一定是设计这个制度并为此自鸣得意的人。一个优秀的制度，激发的应该是价值认同，而不是恐惧。

49 有效解决组织内耗

【核心观点】

组织内耗产生的两个关键原因：一是旁观者效应，二是社会惰化作用。解决的有效办法：一是明确组织成员分工，落实成员责任；二是，构建企业评价体系，完善激励机制，实行目标管理。

我们在西安有个客户，主要为大型的钢厂提供切割能源解决方案，实际上就是提供一套设备，然后安排专业人员上门安装、调试、演示及培训等。由于这套设备很"娇贵"，所以，专业人员要经常上门服务。在与这些专业人员的沟通过程中，他们向我们反映了一个有趣的现象。某个钢厂如果只派遣一个专业人员过去，问题往往能够得到很好的解决；一旦派了两个或两个以上专业人员过去，往往是费尽周折，问题还解决不了……深入了解后我发现，原来去两个人的话，这两个人谁也瞧不上谁，都认为自己的技术是最好的，常常是一个不服另一个，这就产生了很大的内耗。正应了那句话"一个人认真做事，两个人互相推诿，三个人则永无宁日"。类似于小时候长辈们经常讲给我们听的"一个和尚挑水喝,两个和尚抬水喝,三个和尚没水喝"的故事。

组织存在的目的之一,就是发动一群人朝着共同的目标去完成一件单凭个人之力完不成的事,所以需要相互合作。然而,无数的事实告诉我们,人与人之间的合作绝不是能量的简单相加,而是要微妙和复杂得多。在人与人的合作中,假定每个人的能量都为 1,那么 10 个人的能量可能比 10 大得多,也可能比 1 还小,因为人与人之间的合作不是静止的:互相协助、推动时自然事半功倍,相互抵触、拆台时则会适得其反。

而组织成员之间的合作之所以常常会产生内耗、降低效率,甚至造成能量抵消,主要有两个原因。

其一,旁观者效应。组织成员在合作中,共同工作或面对一项任务时,因为有其他成员共同承担责任,成员之间可能更多的是在看其他人的反应,结果是每位成员常常都没有采取行动。心理学上,将这种现象称为"旁观者介入紧急事态的社会抵制"。曾经发生在美国纽约市克尤公园的一起谋杀案,就能很好地说明这一点。

1964 年 3 月的一天,凌晨 3 点多,一位年轻的酒吧女经理遭到凶手追杀。在长达半个小时的作案过程中,受害者不停地呼救奔跑,有 38 户居民听到或看到了,但没有一个人出来制止,甚至没有一个人拨打报警电话。事后,美国媒体同声谴责纽约人的无情与冷漠。然而,有两位心理学家则认为,对于旁观者的无动于衷,还有更好的解释:众多的旁观者分散了每个人应该承担的责任,最后谁都不负责,于是合作不成功。为了证明自己的假设,他们专门进行了一项实验。在实验中,他们邀请 72 名不明真相的参与者,另外安排一个人假扮成癫痫病患者,让他们以一对一或四对一两种方式进行交流,相互之间使用对话机通话,保持远距离联系。结果表明,在交谈过程中,当假病人大呼救命时,一对一通话的那组有 85% 的人冲出工作间,报告有人发病;而在四个人同时听到假病人呼救的那一组,只有 31% 的人采取了报告行动。

想起我小时候听过的一个故事，说是有个村选村长，有个大家都很不喜欢但又不敢明确表示反对的人参加竞选，这个人竞争前一家一家去拉票。并且恳请大家投他一票，大家都当面答应了，然而到投票的时候，大家都觉得其他人会投这个人，不差自己那一票。最后的结果是，基本上没有人投他。具体来说，当一个人从事某项工作时，由于不存在旁观者，自然由他一个人承担全部责任，虽然有可能敷衍了事，但勉强还能完成，所以"一个和尚挑水喝"。如果有两个人，虽然两个人都有责任，但是因为有另外一个"旁观者"在场，两个人都会犹豫不决，相互推诿，最后只好"两个和尚抬水喝"。如果有三个或三个以上的人，"旁观者"更多，情况就更加复杂，关系也更加微妙，彼此间相互"踢皮球"，结果"永无成事之日"，最后"三个和尚没水喝"。

所以，在组织中，当许多人共同从事某项工作时，虽然群体成员都有责任，但是群体的每一个成员都成了旁观者，彼此之间相互推诿，最后谁都不愿意承担责任，结果合作不成功。

其二，社会惰化作用。当一群人在一起完成一项工作时，群体中的成员每个人所付出的努力，会比个体在单独情况下完成任务时明显减少。

德国心理学家森格尔曼做过一项"拔河"实验，对不同规模群体的人在拔河时所施加的力量进行比较。结果表明，参加拔河的人数越多，平均每个人出的力就越小。当一个人拖拽绳子时，会施加63千克的力量；然而，在3个人的群体中，平均每个人所施加的力量会降到53.5千克；而在8个人的群体中，平均每个人施加的力量会降到31千克——这比一个人单独工作时付出努力的一半还要少。

所以可以说，在有他人参与的情况下，个人的努力程度会降低。但是，当组织里的成员知道他自己的努力程度可以被企业测出来的时候，便不会发生这个效应。换句话说，当企业的评价体系公平、公正的时候，组织成员间的合作就不会有惰化现象。

事实上，与管理者相比，员工更不愿意看到组织内耗。只是因为很多时候自己付出了，却没有得到回报，所以就"被迫"不担责、偷懒，自然就会产生内耗。鉴于此，我认为可以从以下三个方面着手降低内耗的不利影响。

其一，必须明确组织成员分工，落实成员责任，能量化的尽可能量化，不能量化的予以明确。只有把责任落实到个人，才算真正有人负责，否则都会出现"旁观者"效应。其二，构建企业评价体系，完善激励机制，实行目标管理，要让组织成员看到自己的付出与收获是对等的。事实上，但凡优秀的企业，都有一套完善的激励方案，能够充分调动大家的工作欲望、积极性。而当员工通过努力取得了成果后，也会获得相应的收入，即企业常讲的"责权利挂钩"。这样，就不会或很少会发生员工惰化现象。

50
移植的树是怎么死掉的？

【核心观点】

真正让西式管理在国内遭遇失败的，不是员工的不合作，而是老板的不配合。"中国本土式"管理恰恰在很大程度上迎合了这些企业老板的心态，因为中式管理比较强调灵活，因人而治……

国内规模稍大一点的企业，几乎都引进过西方管理工具或模式，诸如 KPI 管理、360°考评体系、5S 现场管理、六西格玛等。而无一例外的是，这些西方管理工具在中国本土化过程中都遭遇过"滑铁卢"。在这样的背景下，"中国式管理"大行其道。到底哪种方式更适合中国企业的发展,成为管理专家、学者争论不休的话题。

争论的焦点主要在于为什么西方管理工具在中国的企业落不了地。答案还得回到执行力上面来找——一种再好的管理模式,如果不能被有效执行,都不是管理模式的问题,而是人的问题。到底又是什么样的人使这些优秀的工具或模式"流产"了呢?我认为,不是普通人,而是企业的管理者、领导者,甚至是创始人。

事实上,西方管理工具不是不能管好中国的员工,恰恰相反,西式管理最能约束中国人散漫的责任意识。但一个明显的事实是,它也制约了企业老板和管理者的权力。我们有一次为一家大型国企做咨询,他们办公室主任很无奈地告诉我们说,几乎所有制度破坏的带头人都是老板、高管。比如,公司制定一个制度:开会不允许吸烟。刚开始一段时间执行得不错,但说不准哪天,领导开着会就把烟给点着了,于是其他人纷纷"响应",最后制度也就形同虚设了。

任意找一个已经工作的人问一下(老板及高管除外):他是喜欢具有明确责任范畴的西式管理,还是工作责任界限不清楚、特别"人性化"的中式管理?他是喜欢工作和生活时间明确分离的西式管理,还是喜欢工作时间和加班时间混合在一起的中式管理?

我敢打包票,站在普通员工的立场上,他一定会选择西式管理而不是什么中式管理。因为严格的西式管理能保证员工的权益,同时员工没有任何的损失。那为什么西式管理在中国还是不断失败呢?那是因为西式管理保证了员工的权益,却制约了老板的权力,使老板觉得自己不像个"老板"了,使高管觉得自己不像个"高管"了……

问题就是这么简单,真正让西式管理在国内遭遇失败的,不是员工的不合作,而是老板的不配合。抵制西式管理,首先对西式管理产生破坏作用的,不是员工，反而恰恰是引进西式管理的企业老板。

事实上，在中国，把西方管理工具或模式运用得好的企业，其领导者都是比较强势、也比较守规则的。假如企业能够做到"令到必行"，绝大多数的员工最终会选择接受，老板（包括各种高层管理人员）则不一样，因为严格地遵守企业制度，会限制他的权力，使他不能够随意根据自己的意志做事，这无疑是很多中国企业老板难以接受的。

所以，很多企业在引进西方管理模式时，往往只是让员工遵守，老板及高层人员则不在管理范围之内。这也能够解释另一种现象：我们在与服务的很多企业高管访谈的过程中，个个都迫切希望变革，但个个都认为自己不在"变革"之列，或者变革后不愿使自己受一点损失。甚至有不少老板认为自己就应该像古代的皇帝一样，在他的企业，他就是制度，一切由他说了算。正所谓上行下效，这种"只准州官放火，不许百姓点灯"的行为肯定行不通。

"中国本土式"管理恰恰在很大程度上迎合了这些企业老板的心态。因为中式管理比较强调灵活，因人而治……

事实上，任何一个组织，当它变得非常庞大的时候，人治的效果一定不如法治。用德鲁克的话说，当一个组织成员超过 300 个人的时候，就肯定不能全靠人治。即使组织规模非常小，公司只有几个人，人治的弊端也会非常大，因为人治靠的是感性，而感性这个东西是不可捉摸的。

所以，如果一家企业能够真正做到从最高领导到最基层员工，都严格遵守公司的规章制度，处理事情的标准也都严格依照规章制度，那么西式管理就能在这家企业发挥巨大的威力。所以，我个人很希望国内的企业不要对西方管理工具或模式推三阻四。应当承认西方管理的先进性，在一定程度上来说，是我们学习和看齐的目标。对暂不具备条件的经验、理论要积极地创造条件来汲取其精华：首先改变领导者、管理者的观念，然后改变员工的观念，力求在最短的时间内引进、消化、吸收到位。

打个比方来说,当我们想要移植一棵树的时候,我们是要让树来适应新的土壤,还是主动提供适合树生长的土壤呢?既然想要树成活并成长,那我们就要主动提供适合树成长的土壤、养料。否则,移植的树死掉了,不是树的原因,而是人的原因。

其实,聪明的企业家不会在意你是西方管理还是本土化管理,对他们而言,选择哪一种方式并不重要,重要的是要在企业中把管理真正执行下去,这就是民营企业中经常谈到的务实精神。

毋庸置疑,当所有的事情都是按照公司既有的规章制度来执行,而不考虑任何的人际关系背景时,实际上也就意味着每个人都知道自己的工作职责是什么,哪些该做、哪些不该做,也很清晰。

51 如何管理"刺头"员工

【核心观点】

总结起来,管理"刺头"员工的方法就是做到"四个坚持""三个不能"。

与很多企业打过交道后,我发现,每家企业都会有那么一两个"刺头"员工。爱挑刺、喜欢挑起争端、容易与同事发生争执、爱邀功,除了大老板外谁都不放在眼里……是"刺头"们的普遍特点。"刺头"员工的存在,常常令许多管理者头疼,也让许多员工工作不自在、效率低下。"刺头"员工甚至成为一些(其他)员工辞职的理由……那么,作为管理者,应该如何有效地管理"刺头"员工呢?

总结一下,可以把这些"刺头"员工分为以下七种类型。类型一:能力型。这类人自恃功高,眼高于顶,看不起领导,处处刁难、为难领导,工作不配合。类型二:平庸型。这类人胸无点墨,志大才疏,给人的感觉就是怀才不遇。事实上,他根本无法完成工作任务,一拖再拖。类型三:投机型。有利可图就干,无利可图就甩手,工作态度忽冷忽热,重视短期利益和回报。类型四:自私型。这类人心胸狭窄,由于自己的利益、目的没有达到,就迁怒于领导和同事,或掣肘或对抗。类型五:后台型。这类人有背景、有后台,觉得自己了不起,高人一等,总喜欢对领导说三道四。类型六:棋子型(愣头青型)。这类人头脑简单,为了一时的义气或利益,容易听信别人的教唆,充当棋子,使别有用心的人坐收渔翁之利。类型七:天生的刺头型。这类人天生就有叛逆心理,看谁都不顺眼,跟谁都对抗。乔布斯若是不做领导而去做员工的话,估计就是最后一种类型。

"刺头"员工的存在,无论属于哪种类型,都会直接影响管理者的威信和工作的顺利开展,其危害不可小觑。我们感触最深的就是一家企业在推进一项改革,且整体效果还不错的情况下,突然冒出个"刺头"唱反调,结果很容易导致改革功亏一篑。所以,作为管理者,要想顺利地推进工作,必须正视这些"刺头"员工。总结起来,我认为大致可以从以下几个方面着手。

一是坚持对事不对人。虽然这个"口号"几乎每个管理者都常常挂在嘴边,事实上真正能做到对事不对人的管理者并不多见。当一件事发生时,管理者往往第一句话就问:"这是谁干的?"明显有对人不对事的味道在里面。然而要处理好"刺头"员工,还真要坚持对事不对人。对事为公,别人不记恨你;对人则有为难人的嫌疑,尤其是"刺头"员工,他们会直接和你对抗。所以,管理者一定不要陷入个人恩怨中。

二是坚持以理服人。无论干任何事情都要讲道理,做到以理服人。这样即便"刺头"再闹也是无理的,会失去群众基础。管理者切记,无论何时何地都要赢得群众的支持。这也是我们推进任何一项新政策时，需要有个"动员会"的原因。我们需要向大家解释清楚做这件事的目的和意义，使大家明白其中的道理，这项新政策才会有群众基础。

三是坚持按原则办事。做事讲方法、讲策略，但要保证在一定的原则范围内。面对那些"刺头"员工，一定要坚持按原则办事，做到有章可循、有据可查。如果"刺头"员工违反规定影响、耽误了工作，这时管理者一定要硬起手腕，在公开场合对他们进行严厉的批评，或按规章制度给予严惩：一来是对他们的教训；二来是杀鸡儆猴，树立威信。

四是坚持"请出去"。为了工作的开展，也要有底线。对于不知好歹的"刺头"，只能"请出去"，不允许害群之马的存在。

同时，管理者还应注意以下几点。第一，不能乱了方寸。凡是"刺头"，一定会有冲动的行为，或恶语相向，或一哭二闹三上吊。这时你要有涵养，不能被对方的情绪所感染，因为你是正义的，他是非正义的，你要明白自己是为了工作，不是为了吵架，否则你就会陷入被动。第二，不能报复下属。下属再错毕竟是下属，你是领导，不能与他一般见识。他错了、做出无礼行为，你可以批评、教育，但若因此记恨、报复他，你就不是一位合格的领导。所谓"宰相肚里能撑船"，领导一定要大度、包容，这时就是体现你大度、包容的时候了。第三，不能退让。领导是一个部门或一家公司的负责人，有自己的威信，一定要维护好这种威信，做到"有理、有利、有节"，不能给人软弱的感觉，该讲方法讲方法，该硬起手腕一定要硬起手腕。不然，会使自己无立足之地。

总结起来说，在管理"刺头"员工时，要做到上面的"四个坚持""三个不能"。

52 为组织架构找一个中心

【核心观点】

所有组织架构的调整、设计一定要围绕某一个重点，以这个重点为中心，来设置相关的部门、职位。而衡量某个部门存在的必要性、重要性的关键，就在于它为这个中心做出了多大的贡献。

了解一家企业，通常先了解这家企业的组织架构，通过组织架构能够清晰该企业运营逻辑和具体侧重方向。如果一家企业的组织架构设置得很全面，而不同部门（团队）的职责又不能清晰区分，常常就会出现扯皮现象：每个人都觉得自己的部门最重要，看不起其他部门。这种现象在职能部门表现得尤为严重。通过分析，可以得出一个关于调整企业组织架构的结论：所有组织架构的调整、设计一定要围绕某一个重点，以这个重点为中心，来设置相关的部门、职位。而衡量某个部门存在的必要性的关键，就在于它为这个中心做出了多大的贡献。这个中心可以是技术、质量、产品、客户等。

2010年，小米公司在成立之初便提出"为发烧而生"的产品概念。为此，创始人雷军除了提出"专注""极致""口碑""快"的互联网经营理念外，更强调组织的扁平化设计。因为只有扁平化的组织结构模式，才能够让员工把精力高度聚集在产品上，才能把事情做到极致，也才能提高工作效率。据了解，小米的组织结构层级很少，几千人的团队只分三级：七个核心

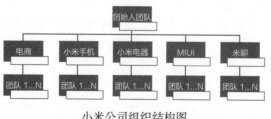

小米公司组织结构图

创始人，各部门领导及员工。这样的组织结构，缩短了层级之间互相汇报所耗费的时间。简言之，小米采取扁平化的组织结构模式，主要是围绕其"专注""口碑""极致""快"的产品理念。

1981年4月1日，韦尔奇出任通用电气第8任董事长。当时从表面上看，通用电气是个总资产达250亿美元的大公司：年利润额为15亿美元，拥有40多万个雇员。它的产品和服务范围很广，从烤面包到发电机厂，几乎无所不包。员工们自豪地将通用电气比喻成一个"超级油轮"。

但实际情况是，通用电气内部拥有太多的管理层级。当时，通用电气有2.5万名管理者，在这个等级体系中，从工厂到韦尔奇办公室之间，副总裁以上的头衔五花八门，如"公司财务管理总裁""企业咨询副总裁""公司运营服务副总裁"等。

韦尔奇上任后，便开始进行大刀阔斧地改革。在这项浩大的组织变革中，韦尔奇受到了来自公司内外的阻力，反对的声音不绝于耳，但是韦尔奇按着既定的目标，力排众议，坚持了过来。

整个20世纪80年代，通用电气都在逐步精简管理的层级，拆掉筑于各个部门间的高墙，并且精减人员。经过如此转变，从企业的领导阶层到其下的各部门组织，所有的人员都获得了更多的空间——被信任并被准许自己做决定，越来越多的人开始在自己所作的正确决定中勤奋地工作。

1985年，韦尔奇将其领导层级从原来的29层削减至6层。当韦尔奇完成这项改造计划时，最上级的管理阶层位于中央，而公司里的其他部门则如轮轴一般向四方散射。通用电气组织架构的此番调整是依据其"数一数二"的战略。当时，通用电气有很多部门与产品生产线无法达到此项标准，于是通用电气将这些生产线关停或变卖，为公司带来了近100亿美元的收入。与此同时，通用电气拿出一部分资金投资那些保留下来的项目，也因此获得了17亿美元的盈利。这些被保留下来的部门在20世纪90年代盈收表现都相当突出。

无论是小米公司，还是通用电气，其组织架构的整合、优化都是围绕着各自的中心进行的：前者以产品、理念为中心，后者强调战略。事实也证明，这样的组织架构调整是有效的。所以，我们在设计、优化组织架构时，一定要找准一个中心，只有这样，部门间的效用才可以被有效考核，而部门之间的配合也才更具有实际意义。

53 控制好过程，方有好结果

【核心观点】

过程远比结果重要。良好的过程在绝大多数情况下会得到理想的结果，但绝不能抱有"不注重过程，结果也能很理想"的幻想。

"不要告诉我过程，我对过程没有兴趣，我只要结果。""我不管你用什么方法，这件事必须办成！"……我们常常听到企业领导、管理者非常有"魄力"地说出类似的言论。这些话听起来气势十足、"霸气外露"，但其管理效果非常差。因为当管理者这样要求的时候，得来的结果往往可能是假的、空的，不但不能让人满意，而且还很可能损害其他部门或同行的利益，甚至违反职业道德、法律法规等。

一直以来，我们做管理咨询工作的一项重要任务就是帮助我们所服务的企业提炼优秀的文化，并使之得以传承、创新，以及升华。后来我们发现，对于一家公司或一个团队来讲，要经过许多年才能孕育出团队文化、企业文化，也要历经许多年才能形成良好的文化传统。所以，作为管理者，要让下属养成良好的工作习惯，且不局限于工作技能的提升，由此形成一种优良的工作文化、企业文化。万科的王石曾提出：万科致力于成为房地产行业的持续领跑者。这个"领跑者"，很重要的一个特点就是要把房地产行业领向健康、文明、道德的发展道路，而绝不能带到死胡同里去。所以，一直以来万科都强调不行贿、不受贿，保持合理的利润空间等，而非简单要求实现某一结果。过程远比结果重要，良好的过程在绝大多数情况下会得到理想的结果，但绝不能抱有"不注重过程，结果也能很理想"的幻想。

要成为一个合格的领导者、管理者，一方面，不能只关心下属的工作成果，而不考虑下属要是有什么样的工作技能才能达成预期的结果，更不能不考虑这项工作是用什么方法、手段得来的。可以肯定的是，不道德甚至不合法的手段一定会损害员工的思想，伤害公司或同行的利益。

另一方面，别只让你的下属做事，而不去告诉他们为什么这么做。因为下属的思想需要你的引导和启发，其行为需要你的规范，其品位需要你来提升。要让下属形成正确做事的思维方式，才能真正高效地完成工作目标。

同时，在企业管理中，人性因素是永远不可被忽视的。任何一个管理者都需要去了解员工的内心，把握他们的思想动向，了解他们是怎么想的。而且，管理者要做出正确的应对，采取恰当的措施，和员工进行真诚的沟通。所以，在企业中，作为管理者，如果仅仅试图控制工作的成果，只盯着最后的结果，而不试图影响员工的思想，去引导他们应该做什么、如何做，那么，很容易只顾短期效益而危及长期发展。

54 集权与分权

【核心观点】

企业管理，选择集权还是分权主要取决于产品结构、业务模式，而非领导者个人的好恶。

企业管理，选择集权与分权，一直以来都是企业在设计组织结构时需要认真考虑的问题。

所谓集权，是指决策权在组织系统中较高阶层的一定程度的集中；与此相对应，分权是指决策权在组织系统中较低管理阶层的一定程度的分散。集权和分权是一个相对的概念。绝对的集权意味着组织中的全部权力集中在一个主管手中，组织活动的所有决策均由主管做出，主管直接面对所有的执行者，没有任何中间管理人员，也没有任何中层管理机构。这在现代社会经济组织中显然是行不通的。而绝对的分权则意味着全部权力分散在各个管理部门，甚至分散在各个执行者手中，没有任何集中的权力。所以，在现实社会中的企业，不存在绝对的集权或分权，可能是集权的成分多一点，也可能是分权的成分多一点。也就是说，是集权还是分权，不能一概而论，而是取决于企业的产品结构、业务模式。

尽管可以肯定的是，并没有绝对的集权，也没有绝对的分权，但领导者常常还是会在集权与分权间徘徊不定。一种观点认为集权更好，至少效率更高（实际上，第三方公司，包括咨询公司、供应商等都更喜欢集权的企业），而且很多优秀的企业家都具有集权的特征，乔布斯、贝索斯、任正非都是集权者的代表。而另一种观点认为，在互联网时代，要注重参与感、强调民主（即便很多的民主仅仅只是过程的民主，但是这个过程也不能省），所以，集体决策更受欢迎。

在国内，集权管理的一个典型代表企业是华为，这主要是因为华为的产品、服务都需要各部门间的配合、协调才能完成，采用集权管理有利于提高团队合作效率，提升产品、服务的品质。

而分权管理的一个典型代表是美的，这主要是因为美的的各条产品线基本上都是独立的：空调有空调线，电饭煲有电饭煲产品线，相互之间的配合不需要太多，分权管理反而有利于企业的发展。

值得注意的是，国内很多民企表面上实行的是分权管理，但实质上还是"一言堂"。例如，某大型集团企业（员工约 3000 人）涉及能源、医疗、地产等各个领域，创始人自己任董事长，总经理为聘请的职业经理人，总经理看上去是"一人之下，万人之上"的位置，实际上，公司 5 万元以上的费用支出都需要由董事长签字确认，除董事长以外的管理者，"发言权"很有限。

这对企业的长期发展是很不利的。因为企业未来的决策需要进行科学、全面、合理的论证。所以，还是那句话，企业管理选择集权还是分权主要取决于产品结构、业务模式，而非领导者个人的好恶。

55 请讲"普通话"

【核心观点】

有很多企业致力于成为全国性的大公司，甚至要做到"世界知名"，然而在很多细节方面，他们所表现出来的行为却是把自己置于一个很小的范围内。

很多时候，人们总有一个感觉——总认为沿海经济发达地区、城市的企业较其他地区、城市的企业的管理更为规范，而很多欠发达地区、城市的企业始终像"家庭作坊"。

之所以会让人有上述感觉，其中一个很重要的原因是很多欠发达地区或城市的企业都喜欢讲"本地话"。因为本地员工居多，所以大家很容易有"共同的语言"，他们甚至在很多公开场合，如公司年会、洽谈会上，也一律不讲"普通话"。当这些企业，达到一定规模时，会吸引一些外来人才加入，外来人才过来后，发现自己是个完完全全的"外地人"：语言交流有障碍，很难融入组织里去，最后常常是待不下去。而那些留下来的人中，大部分人都会逼着自己去学当地的语言。

在为这类企业服务做咨询时，我们也觉得自己是"外人"，而且这种感觉很强烈。有时候在听这类企业的领导做报告时，我们明明请求他们讲普通话，可是讲着讲着就变成了"土话"——无缝对接。听者常常是"连猜带蒙"，有时候实在听不懂，就傻笑，迫不得已时只能请"翻译"。

而有些城市在这方面就做得很好，比如，深圳这个城市就比较开放、包容、受年轻人喜欢。其中一个重要的原因就是它是个移民城市，本地居民很少，所以大家交流都用普通话，甚至连广东本地人，在没有确定对方"身份"时，都会用普通话交流。我们中华民族有一个特点：有很强的地域性、地缘关系，很相信"人不亲土亲"的道理。而在企业里，因地缘而形成"帮派"的现象十分常见。但事实上，企业中存在这样的"帮派"未必是一件好事。

索尼刚刚进入美国的时候，盛田昭夫对在美国的分公司有一条规定：哪怕只有一个美国员工在公司，就不允许任何人用日语对话——如果日本员工之间用美国员工听不懂的日语交谈，美国员工会怎么想？他们一定会觉得自己被疏远了。盛田昭夫认为，让美国员工与日本员工一起安心、愉快地工作才是最重要的。

当时，索尼在美国工作过的日本员工曾这样诠释他所推测的盛田昭夫的想法：公司之所以如此决策，是因为它想打破民族、种族、性别等所有歧视性的壁垒，靠实力来评价和使用员工。公司坚信，这是将索尼打造成国际化公司应迈出的第一步。

我们有很多企业致力于成为全国性的大公司，甚至要做到"世界知名"，然而在很多细节方面，很多企业所表现出来的行为却是把自己置于一个很小的范围内，比如讲方言而不讲"普通话"。我们的"硬件"可以搞得很气派、很豪华，但我们的"软件"常常滞后，这大概就是很多企业不显"高大上"的原因吧！

56 引入管理创新的几个原则

【核心观点】

成功实施管理创新的企业往往历经多年的艰苦努力，并不断尝试、改进，最终才将理念转化为现实。将成功经验移植到你的企业可能需要更长的时间，管理者需在喧嚣中抓住新理念的实质，带领企业跟随真正的趋势前行。

自"管理学"作为一门学科出现在公众视野里以来，各种管理方法、手段、工具层出不穷。有不少企业不断地引进这些管理方法、手段、工具，甚至有企业将想到的、听到的、看到的管理方法都试个遍……遗憾的是，很多企业依然问题重重，难以跻身"优秀企业"之列。毋庸置疑，有些管理创新能让企业产生质变，攀上业绩高峰，如六西格玛和精益生产就曾在提升质量、削减成本方面发挥巨大的效力。但引入新理念也有风险，如果企业运营未达到一定水准，看似有用的管理手段也会失灵。某个管理理念的价值在哪里，它将把企业引向何处？答案通常无法直接给出。对特定环境中的特定企业，实验精神能带来巨大回报；盲目追随潮流，可能会使企业"自毁长城"。在评估和引入管理创新时，企业可以参考以下原则。

第一，谋定后动。听闻其他企业在管理方面进行创新实践后（尤其是道听途说，或听信"大师"的点石成金），不要急于行动。一项创新或多或少有值得借鉴之处，对新思路既不能迷信，也不要全盘否定。即使只是局部借鉴新理念，最好也先等上一段时间再做决定，这就好像我们尽量不要买最新款的电子设备一样（因为它往往技术不稳定，会有漏洞）。创新成功与否需要时间来检验，所以适时的等待几乎总是上策。

第二，寻根问底。如果你考虑引入某项新理念，首先要对新理念寻根问底。把握管理理念的本质需要超凡的洞察力，管理者囿于经验和认知习惯，往往只见树木不见森林。比如，很多餐馆都去学"海底捞"的经营模式，但人家明确告诉你——你学不会。事实也证明大部分企业的确也学不会，因为很多学习"海底捞"的企业始终达不到"海底捞"的管理水准，它们往往忽略了"海底捞"管理体系的核心：对员工解决问题能力的充分信任。再如，谷歌给员工20%的自由时间用于创新的政策引起了模仿热潮（谷歌现已增加了限制条件，防止创新项目过于分散）。"20%"的规定看似简单易行，很多企业管理者希望借此激发突破性创新，但结果通常令人失望。因为谷歌技术精英云集，他们习惯了开放性探究；而在那些竞相模仿的企业中，没达到相同水平的程序员只会对"自由思考"感到茫然。因此，大多数企业往往等不到创新项目出成果就终止了"20%"的政策。

第三，找到前提。一项管理创新可能需要以一到两项假设为前提才能实现。比如，很多企业试图引进"阿米巴"管理模式，前提是要有完善、细致的基础财务数据；再如，允许员工在家工作，前提是员工会更投入、高效。管理者需要分析假设成立的可能性。

第四，注重结果。接下来要全面分析已经开始创新的企业（学习对象）是否达成目标。首先，验证理论假设。比如，"阿米巴"管理是否真实提高了所有参与者的工作积极性？这项新举措有何副作用？询问该公司员工，管理者是否有隐性对抗行为？其次，进一步思考。民主选择小组组长是否对整个"阿米巴"的管理有好处？有没有更合适的方法？最后，尽量客观地考虑：你的企业与目前已经开始创新的企业有何异同？你的企业对激进创新理念接受度有多高？现行组织结构、体系等是否对创新构成重大阻碍？

第五，勇于试验。经过以上四步的分析后如果发现问题，甚至感觉很糟糕，都请不要冒险。要知道，企业发展到一定规模后，求稳比求快更为重要。但如果经过充分调查后仍对新理念充满信心，那么不妨一试，并明确试验的假设、方法和预期结果。比如，"我们预期，'阿米巴'管理的结果，会在一定时间内充分提升员工的工作积极性、提高他们的收入，降低成本、提升产品合格率"。然后收集数据，验证试验是否给你的企业带来了价值。

企业有时候很容易被管理的一些新概念、新思想迷惑，尤其是当领导者在听过某位"专家""大师"的激情演说后，常常把引入创新的前景想象得过于美好。事实上，成功实施管理创新的企业往往历经多年的艰苦努力，并不断尝试、改进，最终才将理念转化为现实；将成功经验移植到你的企业可能需要更长的时间。同时，请相信一点，企业管理者的目标与媒体或投机者的期待截然不同，追逐一时的热点毫无意义。管理者需在舆论喧嚣中抓住新理念的实质，带领企业跟随真正的趋势前行。企业常常引进了太多的管理工具，问题是每一个管理工具事实上都运用得不到位、不充分，看似都引进了，实则没有一项取得满意的效果。

第六，无论计划引入何种管理创新理念或工具，有一个最基本的前提是首先要正确认识自身。有自知之明的企业对管理新思想、新理念更有判断力，能有效筹划和实施变革，并更具学习能力，即使某项试验最终被证明不成功，它也能促使企业反思现行模式，优化现有管理流程。

57 为什么需要管理人员？

【核心观点】

管理人员和管理部门是企业的特殊需要，犹如器官和结构之于人体，缺一不可。

在电视剧《来自星星的你》中，当李载京的所作所为被其父（S&C集团创始人）知道后，其父伤心欲绝，并决定将公司全权交给职业经理人管理。这样的情况在现实中也有"上演"。

国内很多成立于20世纪八九十年代或者更早的企业都在物色接班人。据了解，很多民企老板最大的心愿是希望自己的儿女能接班，但他们的儿女中有很多人看不上自己的家族企业，完全不愿"接班"。而且不容忽视的是，虽然很多民企也设置了各种完善的管理部门及管理职位，但这些管理部门及管理人员起的作用却很微弱，正如有人对民企的总结——一个老板，然后配备1000个"助理"。也就是说，除老板以外的管理者都没有或者很难发挥作用。

毋庸置疑，管理人员是一个企业的基本资源，也是最稀有、最昂贵、最易损坏的资源。建立一支管理队伍需要花费多年的时间，但如果维护得不好，这支队伍很快就会分崩离析。管理人员管理得好不好，将在很大程度上决定企业的目标是否能完成，也在很大程度上决定着劳动者对企业认同感的高低。因为，劳动者首先反映出来的是他对管理当局的态度，它直接反映出管理当局的能力和结构。劳动者的效率，在很大程度上也取决于其被管理的方式。

据观察，国内很多企业的管理人员，总是没完没了地"请示""汇报"，很少能独自做决定。这不是因为管理者的不作为或者无能，主要的原因是企业老板、一把手的"不放心"。甚至有老板认为公司根本不需要管理者，反正到最后还是他一个人做决策，其他人至多算助手。其实，这样的感染是有问题的。

1905 年，白手起家的亨利·福特开始创业，15 年后他建立了一个世界上最大和盈利最多的制造业企业。福特汽车公司 20 世纪在美国汽车市场上占据统治地位，并几乎垄断了整个市场，在全世界其他的主要汽车市场也举足轻重。

然而，到了 1927 年，这个似乎坚不可摧的企业王国却丧失了在市场上的领先地位。此后的近 20 年，几乎每年都亏损，一直到第二次世界大战时期都没有太大竞争优势。1944 年，公司创始人的孙子——当时只有 26 岁的亨利·福特二世接管了这家公司，他引进了全新的管理队伍并拯救了公司。

福特一世后期失败的一个重要原因，是他坚信一家企业无须管理人员也无须管理。他认为，企业所需要的只是所有者及他的一些助手。福特一世与同时代、同等级别的大多数企业界人士的不同之处在于，他所做的每一件事都毫不妥协地坚持他的信念。而他践行信念的方式就是，无论是哪一个助手，如果敢于像一个"管理人员"那样行事、做决定或在没有得到福特一世允许的情况下采取行动，那么无论这个人多么能干，他都会被开除。所以，福特一世后期败就败在他拒绝承认管理人员和管理是必要的，拒绝承认管理人员和管理要以工作和职能为依据，而非以"上司"的"授权"为依据。

同样，日本三菱公司的创始人岩崎弥太郎具有和福特一世一样的行事方式，他也不相信管理人员存在的必要性。我们都知道，日本的传统是"家"——"家庭共同体"。其中，由年长者掌权而不是按所有权来掌权，并且由领导集体来负责管理工作。岩崎弥太郎有意识地同这种传统彻底决裂，坚持由所有者兼企业家享有全部权力并承担全部责任。他发出指令，全部所有权永远归一个人、归家族的首脑所拥有。所有的决定应该由这个人而且只能由这个人来做出，其他人只是他的"助手"并执行他的命令。正如福特一世后期领导的福特汽车公司那样，三菱公司在成立15年以后发展速度也放慢了，开始摇摆不定并明显地暴露出衰败的迹象。

而岩崎弥太郎的去世，在一定程度上给三菱公司带来了转机。即便他临终前嘱托同事，要遵守他有关家庭之长掌握责权的规定，但后继者在他去世后却立即进行改组并建立了日本最强大、最专业化、最独立自主的管理集团。原来的家庭成员虽然仍被尊重，但被完全排除在管理集团之外。实际上，三菱公司也是从这时才真正开始兴起和发展起来的。

当福特一世实施无须管理人员的管理方法时，新接任通用汽车的艾尔弗雷德·斯隆却在施行与之完全相反的管理方式。当时的通用汽车只是由一些敌不过福特汽车公司的竞争而出局的小汽车公司拼凑起来的，完全是支"杂牌军"，几乎要被庞大的福特汽车公司压垮了。通用汽车当时在生产线上没有一款能胜过福特公司的车型，没有强大的经销商队伍，也没有财务实力。以前各个小公司的所有者都拥有自主权，其实就是可以用自己的方式把他以前的公司当成自己的独立王国一样来经营。但是，斯隆深入思考了通用汽车公司的业务发展方向，并建立了组织结构模型，把那批不守纪律的独立"诸侯"改造成了一支管理队伍。通过不断努力，通用汽车在5年之内成了美国汽车工业中的领先者，并且领先了很长一段时间。

所以，管理人员和管理部门是企业的特殊需要，犹如器官和结构之于人体，缺一不可。管理部门之所以被需要，是因为企业管理的工作量太大，任何一个部门都不可能单独完成。

福特一世及岩崎弥太郎之所以未能看到这一点，是因为他们认为复杂的大企业是由一个小店铺"演变"而来的。福特、三菱开始时规模都很小，经过不断发展，规模发生巨大变化，它们不再只是创始人个人的企业，而是成了一个有不同的结构和不同的需要的组织——一个要求有管理人员和管理队伍的组织。

58 改变会议风格

【核心观点】

企业要想在激烈的竞争环境中保持良好的发展，必须时刻做好变革的准备，而改善会议作风不失为一种行之有效的方法。

一提到会议，多数人都感到头疼，却不得不经常面对它。当我们发现书本上、影视作品里面的会议和我们实际经历的会议相去甚远时，尤为感叹：影视作品里的会议总是表现得精彩、简练、紧凑及高效，实际上，我们实际上参与的会议常常只能用"枯燥"两个字来形容。

据观察，国内很多企业的会议时间比较长，且开会频率很高。很多会议基本上成了老板的个人"讲堂"、体现其权力的载体或者"批斗会"。真正有价值的信息其实并不多。

譬如，国内某企业，每两个月要开一次全员职工大会，因为涉及的区域比较广，其实际会议成本（不计员工时间成本）是很高的。但他们这个会议每次都要开两天，而且会议从来没有固定的主题。在两天的会议中，有一天半时间是老板个人在说教、骂人……很多员工基本上处于昏昏欲睡的状态，只有老板一个人在台上"手舞足蹈、唾沫横飞、激情四射"。

相反，Google高效的开会模式成为国内很多企业竞相推崇和模仿的对象。据 Google 的副总裁 Mayer 女士透露，要想让会议成功、高效地开展，有 6 个秘诀。①有一个明确的议程。也就是说，每一个参会者都要明白在会议上要讨论些什么，以及想通过这次会议达到什么样的目标。②指定专门的记录人员。不同于国内很多会议纪要人员纯记录的作用，这里的记录人员是为了消除会议信息传达的不确定性，保证大家都能明确知晓会议后要做的具体工作。③开小会。如果事情特别紧急，或者可以在很短时间内商定，那就利用碎片化时间而非专门空出一大段时间来开会。这样的小会灵活性很强，效率也高。④开会要在工作时间。一来工作时间大家都在岗，不会存在找不到人的情况；二来不会打扰大家的私人时间，可以给员工更多的自由。⑤要数据，不要长篇大论。如果一个领导是通过个人好恶而非客观事实来评判工作的价值，那就麻烦了，员工将陷入无尽的"揣摩君心"中。而通过数据指标和科学的审批流程来评定员工的贡献，则会提升员工的积极性。⑥给会议倒计时。这为了给会议增加点压力，以保证参会人员注意力的集中。Google 在开会时，一般都会在墙上投影一个巨大的计时器做倒计时。这既体现了一种幽默感，又可以理解为一种友善的提醒，而不是对会议的粗鲁地打断。

由于企业的规模、性质不同，大部分企业不可能照搬谷歌的开会模式，但相对来说，还是有很多借鉴意义的。

另外，开会难免会有意见不一致或者争论的情况。如果处理不好，就会影响开会的效果，所以要适当利用一些语言艺术和技巧，以便化险为夷。例如，要尽量做到在会上公开称赞、在私下批评；在会中要做到就事论事，对事不对人；争论时也要尊重别人，不可恶意诽谤别人；如赞同他人的意见不要忘了公开表示你的赞同，对不同意见也要注意措辞，不能伤害别人的自尊，特别是有上级领导参加会议时更要谨慎，千万不能为了表现自己而贬低他人。

管理人员要尽量采取民主集中模式，放开心胸，倾听和容纳别人的意见，不要被自己现有的立场所左右，更不要将你的结论强加于人。如果你要公布新制定的政策、决定，要在事前说明不容讨论，需要与会人员讨论的一定是尚未敲定的决议。

德鲁克在《卓有成效的管理者》一书里说，凡是会议过多，一定是管理出了问题。会议运营管理在一定程度上能体现一家公司的管理水平。韩国三星企业集团在20世纪90年代崛起时，李健熙也是首先改良公司的"会议文化"，建立良好的会议制度，摒弃官僚作风。这也就是我们为什么常说，了解一家企业最好的方式就是去参加他们的会议。

59 如何有效地开大会

【核心观点】

> 无效的会议各有各的无效，而有效的会议大概都在会前、会中及会后有精心的策划和准备。

几乎所有的大中型企业都会召开一年一度的管理大会，召集全体中高层领导参加。在我接触的企业中，也有不少企业每个月都会固定地开一次管理例会，有些企业还会每月单独开一次经营例会，召集公司全体中高层管理者参加。这些会议的频率之高暂且不说，其实际效率往往不高，发展到后面甚至变成了走形式。某民企老板的总结非常精辟：大会只是统一思想，并不解决实际问题，小会才解决问题。

效率低下的会议通常具有以下流程：先由几位首席管理者轮番登台，做几场乏味透顶的演讲。随后讨论一些问题，如新的一轮广告宣传、新生产线上线、产品上市日程等，并非全体与会者都会关心的议题；之后，再来一位激情四射的演讲者活跃一下气氛,当成会间休息;最后由总经理/董事长主持的高管团队进行现场答疑,这通常算作交换意见。

这样的大会,几乎所有的信息、提案和解决方案统统是自上而下单向传达的,彼此之间并无互动。这样一次会议开下来,参会人员往往只是听说了一些情况、同事间相互了解了一下而已,是否完全理解会议精神、能否在会后真实地转达给下属则不得而知,至于实施、执行就更不必说了……

很多企业领导者与会议策划人认为,同时与几十人、几百人,甚至几千人开展坦诚高效的对话是不可能实现的。事实并非如此,会议研究专家在考察了数百名与会者,研究得出结论:高层领导者若在会前、会中及会后妥善运用技巧,就可以让高管层的认知发挥出全部价值,确保参会者对具有可操作性的会议要旨了然于胸,并且把以往总是催人入眠的枯燥会议变成一场让组织机构精神一振的盛事。

1. 会前,赋予实权、设定目标

会前准备阶段,高层领导、部门经理和职能部门负责人都想发表演讲,抑或在议程中增加自己关心的议题。并无实权的策划人很难满足所有人的要求,有时总经理还会心血来潮把会议日程全部推倒重来。最终,大会就会开得散乱且流于形式,完全从高管的角度出发,很少考虑与会者的需求,更未考虑到与会者也能出一份力。因此,绝不要将会议策划视为倒茶水、摆桌椅之类低级的行政工作,应该任命一位会务主管,并赋予其实权,让这位主管有权决定议程,拒绝其他管理者增加与会议主题无关的要求。

同时,会议策划者应该为会议设置清晰的目标。企业里经常有这样的情况,分公司领导到总部去开会回来后,被分公司成员问及会上都讲了什么时,他们往往说:"回头我把会议纪要发给你看看吧!"会议目标当然要在与包括总经理在内的公司核心高管沟通后确定。一般来讲,主管会议人员可以从向高管层提这两个问题开始:第一,假如你是与会者,你希望这次会议取得怎样的成果;

第二，当与会者参加会议后，被他的下属问及"大会上说了什么？"时，你希望他如何回答？这两个问题不一定能得出答案，但是企业核心高管在经过讨论之后多半都能提出几个具体目标。

此外，在会议正式开始前，会议策划者还应该与与会者做一些前期的调查和沟通，以确保他们了解此次会议的目标，并保证能够准时参加，也便于会议策划者对大会内容进行合理、科学的设计与整合。

2. 会中，把握节奏、确保效果

在进行充分的会前准备后，会议便有了一个清晰、明确的目标，并及时有效地使与会者知悉，与会者也纷纷开始关注会议要讨论的议题。从本质上来讲，大会是一系列精心策划、结构清晰的对话活动，旨在激发新创意、构建新联系，同时还伴有意外收获。值得注意的是，会务策划者必须要把控整个会议的节奏。现实中最常见的现象是，很多老板在发言阶段会任意发散，这个时候会议主管人员应及时提醒与制止。实际上，经调查研究发现，理想的演讲应该保证在15~20分钟，如果要放PPT，5~7张幻灯片足矣。

值得一提的是，有很多的管理大会设有公开问答环节，让与会者向总经理或高管团队发问。设置这个环节的出发点是，让高管就员工真正关心的问题给出未经修饰的回答。实际上，这个环节的效果并不尽如人意：有人以提问之名发表即兴演说（这个在答记者问上常会见到）；有人抛出一连串的问题，回答起来耗时耗力；还有人借提问拍上级马屁；也有人提出一些大多数与会人员都不关心的问题……

针对这一情况，我们可以参考媒体答记者问的做法。在回答问题前留出一段时间，在会前或会议过程中让与会人员提交问题，由会务主管团队从中选出合适的问题，再增加几个应当讨论的议题，这样高管团队可以提前思考如何回应那些比较尖锐的问题，其余问题可以分派给相关的管理人员回答。不少领导者反对这种做法，认为这是在玩弄权术、有失民主，要求"现场直播"，这样才能彰显坦诚的态度。但就另一个角度而言，这种方法其实更为民主，回答之前先行准备，对问题剖析得当，才是问答环节的关键所在，否则多数都流于形式。

3. 会后，索要反馈、追踪进度

通常情况下，由于很多大会并未围绕具体的目标展开规划，公司也就很少留意会后的进度。大会之后，员工的士气可能会大幅上升，但如果没有明确的方向，后续工作就往往敷衍了事，具体成果也寥寥无几。当然，如果会议策划阶段就有明确的目标，只需要进行几个简单的步骤，效果就会不一样。一是制作简明扼要的会议材料让与会者带走，最好是现场带走。不要说"回头把材料发到各位邮箱"，这样的话往往很难引起与会者的关注。二是确保大会上自上而下及自下而上和跨层级的承诺都全部留档。会上未能及时处理的问题，都应该在会后1~2周给予回应。三是继续交流，在会议结束后的48小时内进行问卷调查，获取与会者对大会目标实现程度的反馈，并向与会者询问意见：哪方面卓有成效，哪方面尚需改进，下次大会需扬弃哪些方面等。

实际上，正如托尔斯泰所言"幸福的家庭都是相似的，不幸的家庭各有各的不幸"，企业里的大会亦是如此：无效的会议各有各的无效，而有效的会议大概都在会前、会中及会后有精心的策划和准备。

60
"乔布斯"们如何开会？

【核心观点】

会议不可避免，但一定要让会议更高效。如德鲁克所言，经理人如果有25%以上的时间是用在会议上的，那么这就是家不健康的企业。

喜欢开会的人，应该少之又少，但知识工作者、职业经理人等常常不得不花很多时间在开会上。所以，开会也是企业不可避免的一项工作。因此，问题不在于要不要开会，而是在无法避免开会的前提下，如何开更有效的会议。有三类比较广为人知的会议，或者也叫另类的会议，这三类会议的效果很好，在一定意义上说，甚至是相应公司取得成功的重要因素。

1. 乔布斯的集思会

《乔布斯传》里提到，乔布斯每年都要带着他最有价值的员工进行一次百杰外出集思会议，决定公司每年最重要的事情。

首先，乔布斯要挑选他认为最优秀的100名员工。怎样挑选？问自己：假如你只能带上100人跳上求生船去创办下一家公司，你会带上谁？然后，当关于当前重要工作的讨论结束后，乔布斯会站在白板前问："我们下一步应该做的十件事情是什么？"大伙会相互争论，希望自己的建议能被采纳。最后，乔布斯会把这些建议写下来，然后再删掉那些他认为愚蠢的。几轮辩论之后，他会最终确定前十件"最应该做的事"。

乔布斯会把最后七件事划掉，然后宣布：我们只做三件事。

总结来说有三个关键点：第一，挑选最优秀的人参加会议；第二，让最优秀的人集思广益，讨论出足够多（至少10个）的高质量备选方案；第三，从10个备选方案中精选出最重要的3个去执行。

事实上，这一决策流程，或者说会议方式并不仅仅适用于决定公司未来最重要的几件事情。在苹果公司，进行产品和工业设计时走的也是同样的流程。据了解，苹果产品的设计有一个非常重要的流程，即从10到3到1。详细来说就是，对于任何一项新的设计，苹果公司的设计师首先要拿出10种完全不同的模拟方案。这不是为了让其中7个衬托出剩下3个看起来还不错，而是为了让设计师有足够的空间和压力去思考。放开了所有的限制去思考，往往能带来更好的主意。然后，苹果公司才会从10个不错的方案中挑选出3个最好的。接着，再花几个月的时间仔细研究这3个方案，最终才得出1个最好的设计方案。

2. 英特尔的一对一会议

常规的思维认为，开会应该是一群人一起讨论某个项目，或是上级要下达某个指示等。但在英特尔，有种特别的会议形式：一对一。这种会议形式灵活，效果明显。

在英特尔，一对一的会议通常由经理人召集他的部属召开，这是维系双方从属关系最主要的方式。一对一会议主要的目的在于互通信息及彼此学习。经过对特定事项的讨论，上司可以将其技能及经验传授给下属，并同时建议他切入问题的方式；而下属也能及时汇报工作中碰到的问题。

很多经理人认为他们和自己的下属一天到晚都在公司碰面，不需要特别安排时间来开会。但一对一会议，和上司与下属在公司偶尔碰面，或应对特定议题的任务导向会议，是大不相同的。英特尔前CEO安迪·格鲁夫举了个例子。他在英特尔创立之初负责管理工程部门和制造部门。由于之前的工作经验都集中在半导体研制上，因此，他对公司中最主要的产品线——内在设备的制造窍门几乎一无所知。这个时候，他便请他管辖的工程部门和制造部门的主管私下帮他恶补产品知识。下属努力地教，而上司也拼命地学……这就是一对一会议的雏形。

在参考一对一会议的时候，要把握几个关键点。

第一，一对一会议多久开一次，或者说如何决定甲与乙多久开一次一对一会议？答案在于部属对工作的熟悉度。他对手上这项特定工作到底有多少经验？特别要注意，这里所指的经验并不是一般的概括性经验。有效率的管理是根据部属对工作的熟悉度，而进行不同层级的掌控。如果他处理的是新项目，就应该提升和他开会的频率（也许一周一次）；反之，如果他对这个项目已了然于胸，一个月和他开一次会就够了。另外一个必须考虑的因素则是，在这项特定工作中事情变化的速度。比如，营销部门的开会频率可能要高于研发部门，因为市场瞬息万变，营销需要紧跟市场步伐，而研发人员在有了一定的工作熟悉度后，通常能够独立作业。

第二，一对一会议该开多长时间？这个没有明确的答案，但是作为上级，必须让部属觉得时间充足到能够提出一些棘手的问题。试想，如果你碰到一个问题想和上司讨论，他对这个问题的关心程度应该仅次于你，但会议预计只开15分钟。在这样的情况下，下属大概连提都不想提。所以，建议会议的时长是不要少于1小时，短于1小时的会，你的部属可能只会提一些容易解决的问题。

第三，会议进行的地点怎么安排？是在上司的办公室、部属的办公室还是会议室？英特尔给出的建议是在部属的办公室，或者离部属办公室近的地方。借着到他办公室的机会，你可以顺便了解其他的事情。例如，他做事是不是有条理？他会不会花很多时间找东西？他在开会时是不是一直有人或电话干扰？或者总体观察，他做事的切入方式是否妥帖？

第四，应该由下属负责会议议程及掌控会议的气氛。会议总得有人负责准备。如果一个经理人有8个部属，而准备工作由他安排，他便必须准备8次；但若由部属负责准备，他们每个人只需准备1次。因此，部属是负责准备一对一会议的最佳人选。除此之外，部属还应准备一份会议纲要，这很重要。因为这会促使他提出讨论的议题，而且有了纲要，上司也可以在一开始就知道要讨论哪些事项，进而设定好会议进程。这份纲要还能提醒部属哪些相关资料必须事先准备好，并在会议中让上司了解。

第五，上司应扮演的角色。一对一会议中，上司应该是个协调者，应该能让下属对他的工作状况或心理状态畅所欲言。上司的角色集学生和教练于一身。德鲁克对经理人在这方面的职责下过很好的定义：善于利用时间的经理人不必告诉部属他的问题，但他知道怎么让部属将他们的问题告诉他。如何做到这一点呢？格鲁夫有秘诀：再多问一个问题。当经理人觉得他的部属已经讲完他想说的话时，经理人应该再多问一个问题。通过发问，让双方的思想再次进行交流，直到彼此都觉得已经达到"知无不言，言无不尽"的程度了。

3. 王永庆的午餐会议

中国台湾地区的"经营之神"王永庆，为了追踪和考察台塑集团各个单位的情况，也为了了解公司制度的执行状况，创建了一种"午餐汇报"的会议方式。他经常利用中午吃饭的时间，用便餐来招待台塑集团各个单位的管理者。在吃饭的间隙，王永庆先听他们的报告，然后和这些管理者进行交流、沟通，提出很多犀利而又细微的问题。

参加午餐汇报的人每次有三四十个，时长大约是两个小时。台塑集团的每个单位都会轮到。一旦轮到某个单位的管理者，总管理处会提前一个月通知他们做好准备，然后拟定汇报的主题和议程。王永庆对运作过程中的每一个细节都了如指掌，在午餐汇报的过程中，他会以惯有的追根究底的方式不断追问。如果这些单位的管理者准备得不够充分或者对问题的研究不太深入，就可能会被问倒。

午餐汇报有效地给管理人员施加了压力，促使他们必须对自己管理部门的大事小事都了解得十分透彻，对管理中有可能出现的问题进行深入的研究分析。只有这样才能顺利通过王永庆的考查。

还是那句话，会议不可避免，但一定要让会议更高效。如德鲁克所言，经理人如果有25%以上的时间是用在会议上的，那么这就是家不健康的企业。

61
跨领域多元化的几个原则

【核心观点】

无论企业收购、兼并，还是进入一项新的业务领域，首先要考虑的应该是自身的能力，不能看到某项业务赚钱就眼红。因自身不具备相应的能力，而盲目收购、兼并、扩张及多元化导致经营失败的案例俯拾皆是。

有一次，万达董事长王健林接受CNN专访。当CNN记者问万达接下来准备收购什么大品牌时，王健林笑着回答："目前还没有定下来，不过你可以回去问问你老板，CNN想不想被收购？我也可以把它买下来。"果然有首富气魄。

我所就职的公司从2015年开始涉足并购业务三年多以来，我发现行业内的并购现象越来越多，并呈大幅度增长趋势。并购甚至成为业内许多大企业获得快速发展、拓展新区域、提升业绩最有效的手段。早些年，很多专业人士分析说中国将面临行业大"洗牌"，有一批企业会"死掉"。在长三角、珠三角地区，我们看到很多企业突然就消失了，昨天还好好的，今天就已经改头换面了。关于收购、兼并，很多企业经营者有一个认识误区——只要有足够的实力（资金），并对被收购、兼并的业务有兴趣，就可以为之。事实绝非这么简单，一项成功的兼并业务应该遵循以下几条原则。

第一，兼并方应仔细考虑自身能对被收购企业做出何种贡献，而不是考虑被兼并的企业能对自己做出什么贡献。唯有这样，企业兼并才具备成功的基础。事实上，很多企业兼并一个业务时，第一想法是这个业务能给本企业带来多少收益，能从它身上获得多少好处。这个想法本身无可厚非，但是它却很容易将企业带入泥淖。

兼并方公司的贡献是多种多样的，它可以是管理、技术或销售能力。只有钱是绝对不够的。例如，某零售商购买了一些小型的社区便利店，这样的合作非常成功，因为它在管理、采购、服务上都能做出贡献。但面对它收购的一些大型商场、百货店，该零售公司能提供的主要是资金贡献，未能取得好的成效，甚至可以说是一败涂地。

第二，通过兼并形成的多元化经营企业，和所有成功的多元化经营企业一样，需要围绕一个共同的团结核心。兼并前的两家企业必须在市场或技术方面存在共同之处。有时生产过程也能提供足够的一致经验和专业技术，以及共同的语言，让两家公司合二为一。没有这样的团结核心，多元化经营，特别是通过兼并所实现的多元化经营，绝对无法成功。

第三，兼并方企业必须尊重被兼并企业的产品、市场和客户，兼并才能成功。换言之，兼并必须"意气相投"。在实际的案例中，虽然很多大型制药企业兼并了化妆品公司，但都未能获得很大的成功。药物学家和生物化学家是关心人们健康和疾病的"严肃"人物，他们觉得口红和抹口红的人都太过轻佻了。基于同样的原因，大型电视广播网在收购图书出版公司方面也鲜有成功案例。图书不是"媒体"，图书购买者及图书作者——图书出版公司的两种客户和电视广播网所谓的"观众"没有太多共同之处。企业的主要活动之一就是不停地做出不同的决策，而且常常是很快就要做出决策。如果对企业、企业的产品及其用户不尊重或使其感到不愉快，必然会导致错误的决策。

第四，兼并方必须能够在一年左右的时间为被兼并公司提供高层管理人员。兼并方千万不要有能够"买下"管理层的想法，这基本上是自欺欺人。被收购企业的高层管理人员随时可能甩手而去，收购方必须对此做好准备。因为这些人习惯了当老板，习惯了向所有人发号施令，不希望或者极不适应变成"部门经理"。如果他原来是公司的所有者或部分股权所有者，那么收购、兼并已经让他变得十分富有，如果他不满意合并后的情况，就会选择离开。有一种情况是如果他们在原先的公司并无股份而只是专业的管理人员，通常很容易找到其他的工作。

第五，在合并的第一年，要把原先两家公司高层管理人员中的很大一部分，交叉提升到对方公司更高的职位上。这么做是很重要的，其目的在于让两家公司的管理人员都相信，兼并为他们提供了更好的个人发展机会。这一原则，不仅适用于高层管理人员，还适用于较年轻的主管和专业人士，企业发展必将依赖于他们的努力和奉献精神。如果他们认为兼并的结果阻碍了自己的发展道路，就会甩手而去。

事实上，无论企业收购、兼并还是进入一项新的业务，首先要考虑的应该是自身的能力，不能看到某项业务赚钱就眼红。因自身不具备相应的能力，而盲目收购、兼并、扩张及多元化导致经营失败的案例俯拾皆是。

第五章

企业文化内生力

本章围绕企业文化内生力展开，旨在引导读者对企业文化有更具体的认识。谈到文化，通常是"人人心中有，个个笔下无"，正如钱钟书所言"关于文化，你不说，我可能还明白一些，但要讲出来，我就完全迷糊了"。一些管理者也常说，"文化是个框，什么都可以往里装"。那么，文化到底是什么？管理者应如何有效地运用企业文化这一工具？本章力图进行一些探讨。

首先，我结合自己多年的咨询经验，谈一谈对企业文化的理解；随后进一步阐释企业文化的真谛；其次，分析企业文化与制度的关系、企业文化如何转化为具体的行为，以及企业文化与公司建筑物的风格等。同时，强调互助文化、"老实人"文化、利他文化建设的必要性，并对大型企业如何建设企业文化提出具体的思路指导。

62 我理解的企业文化

【核心观点】

企业文化首先是一种生存方式，其根源是创业者或领导者经过实践检验的思想锤炼，其本质在于提升员工工作的积极性和主动性，提升管理绩效。文化要落到实处，一定要依附一定的载体，这个载体包括公司的产品及员工的行为等。

每谈及企业文化，每个人似乎都有话可说，但又没法完全说清楚。有些人觉得这个东西很虚，也有些人认为这个东西很高端，一般的企业很少去谈它；还有一些人认为企业文化无非就是几句标语、口号，实质上没什么用；甚至有一些人很激动地说文化是一切，所谓"内强素质，外塑形象"……其实，这些都是不同人对企业文化的不同理解，正所谓"人人心中有，个个笔下无"……在我的理解中，企业文化一般有以下四个特点。

1．文化是一种生存方式

中华民族在世界范围内认同度最高的传统之一就是勤俭，就如德国人的严谨、美国人的创新、法国人的浪漫一样。那么，中华民族勤俭的文化是怎么来的呢？

早在几千年前的农耕文明社会时期，人们就已经适应了"靠天吃饭"的节奏——天气好，收成就好。反之，收成就差。这就"逼"着人们在天气好的季节辛勤劳作，养成节约俭朴的好习惯，以抵御天气不好、收成不好的季节。久而久之，中华民族就形成了勤劳、节俭的文化，这是由中华民族最初的生存方式所决定的。

一个组织、一个企业或一群人的文化，首先应该是这个组织、这个企业或这群人的生存方式的体现。这个文化应该是人们赖以生存的基础，离开了这个文化的支撑，这个组织、这个企业或这群人就不能很好地生存。当然，作为企业、组织来讲，这样的文化还一定要符合社会和市场发展的趋势，绝不能逆势。比如，有一段时间传统的终端零售商和电商有口舌之争，以宗庆后为代表的传统派认为电商永远不可能取代终端零售商，但事实上后来他们也不得不承认电商发展给终端零售商带来了冲击。毋庸置疑，电商一定是未来发展的主流趋势，因为它更符合、也更能满足消费者的需求、习惯，并在逐渐成为人们生活方式的一部分。

2. 很多人认为企业文化就是老板的个人文化

这样的认识在民营企业中尤其明显。事实上，如果真有这样的文化，那它往往是片面的，抑或是老板一厢情愿的文化，不是真正的企业文化。不可否认，企业文化无法脱离企业老板的影响，企业领导经营、管理的基本哲学思想在潜移默化中也决定了企业的战略、制度、做事风格、工作氛围。但这只是企业文化的来源之一，而且这个来源不一定都是正确的、积极的，甚至会有一些是错误的、片面的、消极的。所以，在提炼组织的企业文化时，应该不停地、反复地锤炼出经得起时间考验、符合时代发展潮流的理念和思想，而摒弃那些不符合潮流的、错误的理念和思想。

3. 打造企业文化的目的是充分调动员工的工作积极性

正所谓"优秀的企业都一样，混乱的企业各有各的混乱"。优秀企业的企业文化可能形式不一、表述多样，但都有一个共同特征：无论是在海尔、华为，还是在海底捞，员工的工作积极性都很高。所以，企业文化的打造，归根结底就是为了提高员工的工作积极性。

企业的领导者常常太过于关注组织理论，如公司的战略、制度、流程等，但忽略了这些都要靠人来执行。当你忽略了对个体（员工）的研究时，就不可能有执行力。

执行力怎么来？前面笔者讲过，执行力＝意愿×技能。事实上，技能经过不停地练习一般人都可以掌握。最关键的就是"意愿"，如果一个人不愿意做一件事，有高技能也白搭。所以，企业管理的目标必须做到两点：一是达成集体的目标；二是促成个体的最大发展。一群平凡的人在一起只有都发挥出积极性才能做出不平凡的事。同时，企业绝不能成为纯粹的经济组织，不能将员工只看作理性的经济人。这样做最大的危害就是会导致管理的简单化：用奖罚代替领导，简单粗暴；无人对企业员工的成长、才干的发挥与提升负责，会致使企业缺乏活力和精神境界。

比如，海底捞之所以很优秀，一个极为重要的原因就是他们极其关注并帮助员工成长。据了解，海底捞所有的高管、大区经理都是从公司内部提拔起来的，有人试探海底捞的一个服务员，开出比他当时高一倍的工资"诱惑"他，却被他一口回绝。这位服务员回绝的理由是他进店已经8个月了，再通过两年的努力，就可以做到店长的位置，等开新店的时候，他就有机会晋升。

4. 企业文化要有载体

企业文化如果不能表现为看得见、摸得着的，或者说感觉得到的实实在在的行为，那这个文化就只能算是墙上文化。企业文化的载体之一是公司的产品。比如，丰田的企业文化就依附于丰田的产品——高品质、低价格。苹果的企业文化就依附于苹果的产品——创新（科技与艺术的完美结合）。企业文化的载体之二是员工的行为。无论什么样的企业文化理念，只有转化为员工的行为，才算得上是理念在真正地起作用。很多年前，湖南的远大空调内部有个超市，不设收银员，员工买了东西后，自觉刷卡。这就是员工良好的自觉行为，这样的行为很自然地就会衍生出员工的自豪感，增强员工的自信心。要知道，这里的员工也都是制造业工人，文化水平并不高，但是他们遵循且维护这样的制度，并形成自觉的行为，这就是远大空调企业文化的体现。所以，企业文化的一切努力和最终的追求，体现在员工行为习惯的形成，共同的行为模式，以及明确的价值行为选择。

综上所述，企业文化首先是一种生存方式，其根源是创业者、领导者经过实践检验的思想锤炼，其本质在于提升员工工作的积极性和主动性，而文化要落到实处，一定要依附一定的载体，这个载体包括公司的产品及员工的行为等。

63 企业文化的真谛

【核心观点】

> 企业文化，本质上就是做人的文化，企业高管团队有怎样的做人文化，强调怎样的做人理念，就会形成怎样的企业文化，也就能够吸引怎样的人。

国内公司企业文化的现状大部分是要么很完善，各种理念都有；要么基本上没有什么明确的企业文化理念，围着市场转，什么赚钱就做什么。那些有一整套完善企业文化理念的公司，有两个好处：一是有"门面"，在对外交流中，可以拿出一套完整的企业文化手册，显得公司规范、有面子；二是在申请一些相关的补贴、赞助时，稍有优势。

但事实上，它是很难起实质性作用的。我们通常说完善的企业文化有使命、愿景、核心价值观、人才理念、管理理念、经营理念等，结果发现使命也好、愿景也好，理念也罢，这些都只在少数极其优秀的领导人身上才会发生作用。像马云、任正非、王石这样的领袖级企业家，他们能够看清自己行业的未来、有清晰的企业定位，所以他们提愿景时可以平稳"落地"。而对于一般的企业，使命、愿景、理念等，这些都太大、太虚，有些连企业领导者自己都不信，就不能算是真正的企业文化，自然也就落不了地，只能算是给员工"画大饼"。

其实，企业文化首先强调的应该是一种做人的文化，也就是说，公司的核心价值观要强调做人的道理。比如，苏州的德胜洋楼公司，其老板聂圣哲在公司反反复复倡导"诚实、勤劳、有爱心、不走捷径"的理念。经过很长一段时间的培养，这句话成了公司的核心价值观，既然倡导员工"诚实"，那么公司也要给予员工充分的信任：在德胜上下班从来不打卡，请假也不需要领导批，自己安排好工作即可。更有意思的是，费用报销，也不需要领导签字，只需要自己把发票贴好，费用支出的明细写清楚，签上自己的名字即可。只是在报销的时候，财务人员会念一段文字给你听，大意是做人要诚实……然后请你仔细想想报销的内容符不符合实际情况。若你回答"是"，财务就给你报销。正是在这样的企业文化基础上，德胜的制度、流程都能够围绕其核心价值观作一些匹配，而当员工形成了信念并且自觉遵循之后，德胜产品的质量就体现出来了。所以德胜敢说，德胜造的洋楼，质量在国际上领先，事实也证明了这一点。

有很多人发现海底捞的员工与其他店的员工不一样：任何时候，当客户提出一个需求信息时，无论哪一位工作人员收到这个信息后，都会很乐意为客户提供帮助。在服务业竞争压力很大的大环境下，海底捞能形成这样的氛围，确实令人惊讶。事实上，海底捞董事长张勇在海底捞内部一直强调一种价值观——勤劳致富、诚信做人。关于"勤劳致富"，体现在海底捞的管理人员几乎都是从内部普通的服务生晋升上来的。而"诚信做人"，体现在海底捞给予员工充分的信任，员工可以为客户打折、送菜，甚至是免单。这也是海底捞在快速扩张的情况下，其服务品质仍能有保证的原因。事实上，IBM、沃尔玛等国际巨头，也是通过"核心价值观"取得成功的。再来看安达信，一个持续经营近90年的企业，最后轰然倒塌，其根本原因在于没能坚持会计师事务所的核心价值观：

诚信，不做假账。

德国人之所以能够掌握很多尖端的技术，与他们的严谨、守规则的做事风格分不开；日本人生产的产品质量之所以受世人赞誉，与他们做事认真、一丝不苟的态度息息相关……

企业文化的真谛是做人的文化。企业要告诉每一位员工，在企业应该如何做人，企业所尊崇的做人的核心价值观是什么，是诚信、勤劳、努力，还是追求卓越，或者"狼性文化"等。如果你认同我们的价值取向，我们就一起共事；如果我们也认同了你，那么我们就必须将你培养成和我们核心价值观一致的人；如果我们做不到，我们必须放弃你……而当一群核心价值观一致的人在一起共事时，就能够形成合力，也才能够形成有竞争力的企业文化，自然就更能将事做好。

64 企业文化为谁所用？

【核心观点】

企业文化的营造应该主要由企业管理人员、核心团队尤其是一把手来负责，因为这些人对企业有更深刻、透彻的理解，而且他们要将企业文化融入具体的管理工作中。

关于企业文化，很多人有这样一些认知：①企业文化只是一些标语、口号，非常虚，没有什么实质性作用；②企业文化就是老板/领导的个人文化，与其他人没有太大关系；③企业文化应该是全体工作人员共同遵循的一些理念、原则等。

关于第一点，很多专家、学者一直致力于使企业文化变得更务实、更具有可操作性和指导性，但实质上收效甚微。关于第二点，更准确的理解应该是老板/领导的文化是企业文化的来源之一，却不是全部：如果是老板个人的理念有片面、错误的地方，企业文化就需要将其摒弃。关于第三点，企业文化到底是为谁服务的？谁才是企业文化的真正使用者？是不是说企业全体成员都能够背出企业文化理念中的标语、口号，甚至能够就这些标语、口号谈谈自身的感想，写几篇文章，就算企业有文化了？答案肯定不是。但实际上却有不少企业领导者持这样的想法。所以，他们会不停地要求甚至"强迫"员工，将公司的理念背得滚瓜烂熟。

我认为，企业文化应该是企业的经营理念、思想。既然是经营理念思想，并不需要所有的员工都做很深的了解，他们只需要知道一些与他们息息相关的理念就可以，如薪酬理念（公司发放薪水所秉持的指导思想）、执行理念（公司要求员工如何执行任务）及安全理念（工作安全及消防安全的基本要求）等执行层面的理念。也就是说，企业文化的营造应该主要由企业管理人员、核心团队，尤其是一把手来负责，因为这些人对企业有更深刻、透彻的理解，而且他们要将企业文化融入具体的管理工作中。

很多企业请专业公司做过企业文化咨询，坦率地讲，大部分企业在项目结束后，都没有感觉到明显的变化，但也有一部分企业变化非常大。总结起来，那些做咨询后变化很大的企业有一个共同的特点，就是企业的领导班子、管理人员认认真真地去领悟所构建的那一套企业文化，同时将之转化为自己的经营管理思想，并运用到日常管理中去。

某零售企业在企业文化建设阶段提出其理念方向：围绕社区店做文章，强调精细化管理，着重强调职责权利的对等，同时，提出高层领导及管理人员要多下基层。很快，企业将理念转化为实际行动：①非社区店（因为一直亏本）果断退出；②总经理选择一家门店蹲点，同时由他亲自对门店的管理人员进行培训，他所有的思想和行动都要围绕之前提出的文化理念展开。这样执行后，这位总经理最显著的变化是，表现出了非常强的自信心和正能量，让人能感觉出来他对未来充满憧憬。

所以，企业文化并不是企业全员的文化，企业文化理念也并不需要所有人都理解、领悟，更不会为企业所有人服务。关键是企业的领导者、核心团队及管理人员要真实领悟，深刻理解，并将之转化为自己日常管理的指导思想、依据、理念，进而我们才会看到企业文化所带来的巨大能量。

65 找准统一思想的"点"

【核心观点】

"思想靠教育，技能靠培训"，但教育的前提是企业家自身要明确到底要统一什么样的思想，要找准统一思想的"点"。找准了这些点，也就找到了统一思想的根和本，企业才能清楚将员工的思想往哪统一。

阿基米德说，"给我一个支点，我可以撬起整个地球"。从物理学原理来讲，这不是在吹牛，但遗憾的是，他终生也没有找到那个支点，所以这句话也成了一个假设，无法兑现。

在企业中最常听到的话是提高认识，统一思想。我们也发现优秀的企业在这方面的确做得很好，如阿里巴巴、海底捞、海尔等，它们在新员工的培训方面，非常注重思想的统一，甚至被外界盛传是在给员工"洗脑"。"洗脑"一般是针对传销组织常用的词，带有一些贬义。但用在此处，是说这些企业在统一员工思想方面的高效。正如阿里的回应：我们并不是在给员工"洗脑"，而是要寻找、培养一批志同道合的人，我们希望所有进入阿里的人都有着共同的追求，相同的价值观。简言之，就是要统一大家的思想。

华为招聘的新员工要过的第一关就是"文化洗脑"——先进行企业文化培训。对此任正非给出的解释是，华为的大部分员工受过高等教育，容易形成自己的思想和见解，容易先入为主，往往学历越高的人，越有这样的"偏执"。如果大家认识不统一，就可能产生许多错误的导向，引发管理上的矛盾。所以，华为既要向员工灌输公司的文化，同时还要去改造他们的个性，以达成统一的步调，让共振的行为形成合力，而不是放任不同方向的力相互抵消。

很多企业家常常会表现出他们的忧虑与困惑——虽然我们（企业老板）也知道统一思想非常重要，大会小会上也常常讲要统一员工思想。但坦白讲，这些话的力度都比较小，收效甚微。其中最根本的原因就是我们自己都不知道统一思想要往哪里统一，怎样才叫统一思想、形成合力。所以，我们就常常"变"，变来变去，把员工带迷糊了，我们还是没有形成统一的思想。

事实上，这些企业家的困惑就如同阿基米德提到的那个支点，不同的是，这些支点是真实存在并且可以被发现的，找准了这些支点，也就找到了统一思想的关键，就能够很清楚员工的思想要往哪里统一。如何找这些支点？一个有效的方法就是分析企业所在行业的主要特点。

比如，沃尔玛创始人山姆·沃尔顿，他认为全人类不论种族、地域、肤色等，都有一个共同点就是喜欢物美价廉的东西。于是他断定零售业的主要特点就是"便宜和服务"，所以他所做的一切工作都是围绕这两点开展的。他建物流体系、使用卫星联网等都是为了降低成本；要求员工微笑服务，今日事今日毕，都是为了给顾客提供最好的服务。因此，沃尔玛统一思想的支点就是将商品价格尽可能降到最低，服务做到最优。同时，做火锅的海底捞，创始人张勇发现火锅的味道整体来讲差不多（顾客对火锅口感的敏感度不会很强烈），所以他认为将客户体验（服务）做到极致，肯定是制胜之道。他花了很长时间培训员工练就"金牌服务"的本领：在员工的潜意识里，服务好顾客永远是第一位的。

这也是为什么很多人爱去海底捞体验它的服务，而胜过去品尝它的味道。

北京有家做精油的企业，我们都知道精油类商品的附加值是非常高的。这家企业的老板的做法常常让他的管理者（包括高管）不理解：这位老板常常在欧洲投一大笔钱购买古堡或买一大块地种植薰衣草什么的，连代言人也常常请欧洲明星……事实上，稍作分析就知道，精油类产品必须依靠欧洲的文化强权地位，才更显得高端、大气、上档次，也才能够具有更高的附加值。这就好比其他国家或地区很难孕育出古驰、LV、普拉达等奢侈品品牌一样，并非技术达不到，而是没有那么多的文化话语权。所以，该企业统一思想的支点就是，让全体员工认识到其产品获得极高附加值的根本原因就在于产品以外的烘托——文化。

我们常讲"思想靠教育，技能靠培训"，但是教育的前提是我们（企业家）自身要明确到底要什么样的思想，要找准统一思想的支点。值得借鉴的一个典范就是任正非在华为的做法，任正非善于通过剖析典型事例形成舆论氛围，进而提炼出理念、原则，最后定出制度，让公司全体员工都不折不扣地去执行。

66
用制度保障文化

【核心观点】

公司的文化可以弥补制度的不足，而文化本身也需要制度的保障。要防止文化只是"喊口号"，企业必须设计一系列的制度来保障文化落到实处。

某些企业高管认为企业文化是个很虚的东西，简单粗暴地说就是"喊口号"。事实上，文化虚不虚、是不是"喊口号"，关键取决于企业是否有制度保障，以及核心管理团队的执行态度。用马云的话说，就是"公司的文化可以弥补制度的不足，而文化本身也需要制度的保障"。

很多企业都提出过打造"利益共同体、命运共同体"的文化理念，但真正实现的却不多。以安然公司的宣言"尊重、正直、沟通、卓越"为例。安然公司之所以被诟病，主要原因在于其认同的理念未能转化为企业实质性的行动，尤其是在具体制度层面缺少关键的创新。实际上，企业的很多理念和制度都是脱节的，而日本的京瓷集团之所以能够做到集团所提倡的"敬天爱人"，其中稻盛和夫提出的"三分利法"居功至伟。

京瓷最大的战斗力，来自它的数万名员工——他们都把企业视为一个"命运共同体"。为实现这一理念，在企业的利润分配上，稻盛和夫提出的是"三分"主张——税前毛利，要按国家税金、企业积累、员工收入这三个部分来分配。在稻盛和夫的理念里，企业首先是员工的企业，其次才是股东的企业。稻盛和夫说："公司并不是经营者个人追求梦想的地方，无论现在还是将来，公司永远是保障员工生活的地方"。

再如，很多企业都提倡"创新"的文化理念，但真正能够把自己打造成创新性企业的却为数不多，或者只能解释说很多企业一直在路上。而3M公司之所以能够成为全球企业创新的典范，关键不在于其创新理念的提法，而在于其在落实创新理念方面所进行的一系列制度探索。

3M原本是以采矿为主的一家企业，到今天却发展成为拥有六万多种产品的企业，其产品涵盖了投影仪、道路反光漆、记事贴、补牙材料等。3M公司的创新之所以与众不同，除了其理念之外，更为重要的是其内部保证创新的系列制度。3M有著名的"20%规则"：公司规定每个技术人员最多可用20%的工作时间"干私活"（很多时候，这一制度被传是谷歌的，实际上是3M原创），做个人感兴趣的工作方案，不管方案是否直接有利于公司。当一个技术人员产生一个有希望的构想时，公司可组织开发、营销、生产、法律等相关部门帮助其实现构想。同时，为了确保员工的创意不被扼杀，3M公司特别设立"创意大奖"，旨在为那些被正常报批程序"判死刑"的创意提供第二次机会。

所以，要防止文化停留在"喊口号"阶段，企业必须设计一系列的制度来保障文化落到实处。

67 用行为捍卫文化

【核心观点】

企业必须在行为层面捍卫文化，并制定、完善相关行为规则，具体体现在公司的行为，尤其公司高层领导、管理人员的决策行为上。

一直以来，我们强调企业文化的终极追求是促使员工养成良好的行为习惯、形成共同的行动模式，形成共同明确的价值取向。用马云的话讲，"这不是在洗脑，而是在寻找志同道合、兴趣相投的伙伴"。

企业文化是企业的管理工具、战略能够落地最有效、最可靠的保障，亦是企业能够实现基业长青的必备条件。虽然有不少企业知道这一点，然而在公司具体的行为上却不能保持一致，甚至南辕北辙。比如，很多企业都在谈诚信、讲品质，然而食品安全问题、假冒伪劣产品却频频被曝光。

文化的有效落地，一定不是靠文化本身实现的，而必须表现在具体的管理机制上，也就是公司的具体行为上。公司绝不应该宣扬一个这样的理念，而行为却向与理念相悖的方向发展。大的舆论事件，可能会有作秀的嫌疑；但在日常的细节中体现出来的行为，则是最真实的。所谓"上梁不正，下梁歪"，公司期望培养良好的员工行为,那么企业的行为也必须符合公司所提倡的文化理念。

施耐德电气是一家与中国颇有渊源的企业。早在1919年,中国知识分子赴法勤工俭学期间,邓小平就曾在施耐德公司当过工人。而历史峰回路转,过去的25年,施耐德一步步打入中国市场。作为全球能效管理专家,施耐德电气为全球100多个国家的市场提供整体解决方案,而中国是其过去几年里业绩增长最快的市场。施耐德的核心价值观强调"包容"——作为一家法国公司,施耐德中国的书面语言竟然是英文,中国同事之间还可以用中文交谈。之所以这样做,是因为施耐德发现如果用法语就等于把绝大多数优秀的中国人才挡在了门外。因此,这家法国公司做出决定,将工作语言改为英文。这就是施耐德公司捍卫公司文化所表现出来的具体行为,并且将其上升到了机制层面。

机制,不仅是宏观系统设计,还包括一些很具体的管理制度。

比如,著名的"惠普之道"中有一条非常重要,就是要相信员工。这句话说起来容易,做起来就难了。惠普公司20世纪80年代进入中国时,市面上的手纸基本都是"金刚砂牌"的,于是就遇到一个小麻烦:公司厕所里的高级手纸总是丢!怎么办?惠普高层专门为此开会。有人提议"以后厕所里不再摆'金刚砂牌'的。"但这就摆明了告诉员工:公司其实不信任你们。最后惠普怎么做的呢?坚持企业文化第一!提供高级手纸的制度不能改!但为避免公司再受损失,补充规定:一旦发现谁拿了,哪怕一张,立即开除!

文化的有效落地,离不开行为的支撑。企业必须在行为层面捍卫文化,并制定、完善相关行为规则,具体体现在公司的行为,尤其是公司高层领导、管理人员的决策行为上。

68
文化理念与建筑风格

【核心观点】

企业建筑物的风格是企业家精心选择的结果，能够较为贴切地体现企业所倡导的价值理念，也是企业文化落到实处的有效方式之一。

在上海江湾体育场附近可以看到很多大型企业在中国建立的办公大楼，如IBM、德勤、AECOM、EMC2等。令很多人印象最为深刻的是IBM的大楼，设计独具特色。刚见到这个大楼时，可能感觉不酷、不炫、不天马行空，既不像"秋裤"，也不似"大裤衩"，四四方方像一个魔方，外墙的灯光也极简单，只有白色……而当人在远处看它时，会让人想起数据库服务器，首先四四方方的形状很像，其次外墙的灯光也和数据库服务器上的灯一样闪烁，并且灯光效果还设计成一闪一闪、一条一条的……

通常而言，企业建筑物的风格是企业家精心选择的结果，能够较为贴切地体现企业所倡导的价值理念。一旦建筑风格确定以后，建筑风格本身也就成为促进企业文化落地、弘扬企业文化形象的最重要的标志之一，自然也会成为企业文化的重要载体。我们看到，很多新兴的企业都在遵循这一原则，如腾讯的QQ大楼。遗憾的是，很多企业家在设计公司大楼时，常把文化理念放置一旁，更愿意考虑风水玄学，甚至仅凭自己个人好恶来决定公司大楼的设计风格。实际上，要使企业文化落到实处，依照企业文化理念来选择公司建筑物风格是一个行之有效的途径。

IBM 上海总部

比如，中国建设银行的黑色鼎状总部大楼，体现了一种稳重、理性、一言九鼎的风格，也体现了银行庄重严肃的文化特征。长期身处其中的员工，久而久之，不自觉地就会多一点稳重和理性。而中国银行香港分行的大楼设计，则体现了一种锐意进取、积极向上的风格，体现了当时中国最具有开拓意识和竞争意识的银行特质。

值得注意的是，和其他传播渠道相比，建筑风格的传播有一个最大的特点，一旦确定就长期不变。因为建筑物一旦建成，它将长期屹立并向所有注视它的人"诉说"当初设计者想要表达的理念。这种理念若和企业的文化理念相符，将会形成一种强大的正面传播力量。相反，则会成为一种强大的干扰力量。

和建筑的风格相似，企业办公地点的空间布局同样是企业价值观重要的体现方式之一。与建筑风格相比，空间对于营造氛围有时更为有效。一般而言，公务型组织和网络型组织在室内布局方面表现出截然不同的风格——公务型组织的室内空间分布会体现出等级差别，不同级别的人在室内分配到的空间是有区别的。同时，上下级之间的空间间隔也非常明显。相反，网络型组织的室内空间分布很难看出等级差别，在移动互联网时代，大部分 80 后、90 后员工更乐于在相对活跃、平等的办公环境中放飞自我、施展才华。

69 要具体，不要抽象

【核心观点】

企业在提出一些要求的时候，不能只谈宏观层面的，一定要做具体的界定；不能只谈概念，更要谈概念下的具体行为。

"创新""务实""严明""高效"等，这些精神或者说要求是大多数企业所提倡的。但事实上更是很多企业欠缺的。正如网上所说的"一个人炫耀什么，说明内心缺少什么"。同样的道理，多数企业的情况是，缺乏什么就提倡什么。更进一步的真实情况是，一些企业提出了这些口号、要求，却没法落实到具体的行为中去，包括企业的行为和员工的行为。

某企业经营20多年了，在前几年市场环境好的情况下，很风光。这两年行情不理想，企业日子就不好过了。这家企业一直以来提倡的口号中有"严明"二字，公司上下几千号人都知道这句口号，而实际上，企业员工的很多行为，都与"严明"无关。比如，该企业有家子公司，主要生产纸箱，集团负责考核子公司的业绩。业绩考核标准中有一条规定：客户投诉所产生的费用将被作为奖罚管理人员的依据。有一次，他们接到了生产一批王老吉纸箱的订单，但是这家企业犯了一个非常低级的错误。他们把"王老吉"写成了"王老古"。于是客户投诉了这家公司，并把这批产品都退了。按正常情况来讲，这属于重大投诉，也是重大损失，子公司的领导及相关管理人员都要承担相应的责任，受到相应的处罚。但他们要了一个手段，把这批产品放到仓库里，然后报告集团说这批产品客户暂时不收。这样，产品就被作为"库存"放到了仓库里，子公司领导及相关管理人员自然也就不会受到处罚。等事后，再想办法将这批产品处理掉，就很"巧妙"地逃避了集团的惩罚。

如果说这还只是这家子公司钻了政策的空子，接下来发生的事情就更离谱了。我们知道，纸箱生产车间，对明火的管理要求很高。但有一次，该子公司在某设备上点火，而该设备的下面就是一堆纸箱，结果一不小心，纸箱燃了起来，幸好没酿成大祸。悲催的是，第二天他们又犯了同样的错误。这些就是他们在"严明"口号中表现出来的具体行为。

一个口号、一些要求，很多企业以为只要提出来了，就是做到了，却很少有企业能够认真地将这些要求、口号具体化，与公司的制度、员工的行为要求真正结合起来。很多企业都谈"务实"，但大部分企业在行为上却表现得不务实。例如，很多企业的会议多如牛毛，而很大一部分会议只是为了开会而开会，效率极低。两个小时的会议，一个小时用来闲聊，宣读议案，最后草草散会。在提倡"务实"的公司里，应该摒弃这些"务虚"的东西。再如，如果公司提倡"创新"，那么就要定义好本公司的创新指什么，具体做哪些事，这样员工才会有方向。

很多人从小到大受的教育大概就是老师或课本把问题和答案都告诉学生，然后考试的时候，只让学生看到问题，把答案隐藏起来。这样的教育模式培养出来的人，基本上都很希望有人给个明确的指示，然后自己照做。所以，企业绝大多数的员工都希望上级给一个明确的指示，由别人来告诉自己要做什么，最好是说明具体实施步骤一、二、三。千万不要鄙视这一点，从某种意义上来讲，这正是企业管理者的"福音"。我们经常讲的海底捞、胖东来、德胜洋楼等企业正是将这一点发挥到了极致，而他们员工最大的特点就是"听话、照做"。

所以，企业在提出一些要求的时候，不能只谈宏观层面的，一定要做具体的界定。这样的界定，并非一两个人在办公室就能够想出来的，要大范围地讨论、自查、验证。就拿"务实"来讲，企业要广泛地讨论、自查哪些行为、做法是不务实的，以后要杜绝；哪些需要企业领导及员工做到务实的，那么下一步就要进行完善。当这些具体的界定出来后，公司还必须严格地监督执行，久而久之，公司就能形成务实的文化氛围。这个时候，我们提倡的"务实"才是真正的务实。

70 塑造互助文化

【核心观点】

> 随着"互联网+"时代的到来，客户变得越来越挑剔，越来越"懒"，总是希望供应商能够提供"全过程""一体化"的服务。在这一背景下，企业内部各部门、各专业之间的互助、协同显得越来越重要，而互助文化的塑造则能够有效帮助企业实现内部协作。

虽然绝大多数企业中钩心斗角、尔虞我诈及派系斗争等现象并不像书本或影视作品中所描述的那么普遍，甚至绝大多数企业从表面上看都是一团和气。但实际上，细想一下我们自己的职场体验，不难发现，同事之间相互帮助的氛围越来越淡了，并且越有规模、历史越长的企业，互帮互助的氛围越趋于淡化。

随着"互联网+"时代的到来，客户变得越来越挑剔，越来越"懒"，总是希望供应商能够提供"全过程""一体化"的服务。在这一背景下，企业内部各部门、各专业之间的互助、协同显得越来越重要。事实上，互助协同文化在优秀公司中仍是主流，互助文化对企业发展的作用也不可小觑，所以也需要公司着力培育。

观察一些优秀的企业会发现，没有什么比倡导组织中的互助、协同行为对企业来说更有帮助了。比如，微软提倡"释放信息"管理方式，其目的就是互通有无、信息共享、相互协作。在这一管理方式下，微软创造了相互信任、相互协助、高效工作的氛围。同时，员工在工作中互相支持、协同合作是优秀公司的一道亮眼的风景。互助、协同的确能给企业带来切实的好处（如果不考虑员工自觉性的话），企业需要将所有任务完美分配，中间不能出现任何差错，任务在执行中不能随意更改，而且所有任务必须同步，不能在进度上有半分差池。但事实上很难做到如此精准，有些模糊的细节如果不依赖同事之间的互助支持几乎没法完成。

在知识型时代，商业成果往往与人们在复杂项目中表现出的创造力密切相关。因此，互助行为显得更为重要。也就是说，只靠组织中的个人英雄主义，而没有团队支持，基本上无法保证组织成功运作。在面对复杂的项目和要求苛刻的客户时，如果同事间（包括跨部门、跨团队）能积极地寻求帮助并给予反馈、建议，那么所有人的工作效率都能得到提高。当然，这种帮助不只包括简单的任务分担，还包括视角、经验与专业知识的分享，即合作式帮助，它能提高创意的含金量与执行效率。

然而，这种文化并不能自然形成，它需要企业有意识地进行培养、塑造。因为帮助行为并不会自发地在员工中间出现。在群体中，人们的心思往往充满矛盾：潜在的施加帮助者可能更想与人竞争，潜在的求助者可能更想逞能单干或不信任他们的求助对象。无论是哪种情形，互助都需要让人们在结果不明朗时，依然心甘情愿地投入时间和精力。而如果企业不重视互助，很可能会在无意间强化员工的抵触心理。

71
缘何"事后诸葛亮"？

【核心观点】

企业里出现"事后诸葛亮"的关键原因是企业缺乏包容、直率的文化氛围。有一些人事前确实看出了诸多问题，但是他们没有指出来，甚至没有善意的提醒，为什么？因为面子问题（照顾当事人），因为人际关系问题（等级制度），因为没有担当……

"事后诸葛亮""马后炮"，大概是很多人展现自己"聪明"或"有眼光"的方式之一，但这往往会遭到他人的"鄙视"与"不屑"，多数情况下会被认为是在"放大炮""吹牛皮"。比如，当某个项目产品陷入僵局或彻底"死掉"时，通常会

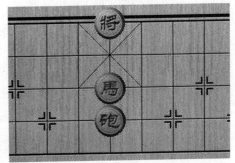

象棋中的马和炮

听到这样的声音，"我早就认为这个项目/产品不可取，早就知道它要死掉的""我早就知道这个项目/产品的投入会出问题，但是你们不信"等。实际上，除了"鄙视"这些人以外，有一点值得我们思考——他们很可能是对的，他们的确在项目/产品投入前就看到了某个缺陷，预见到很坏的结果。但他们当时没有提出反对意见，甚至都没有善意的提醒，为什么？因为面子问题（照顾当事人），因为人际关系问题（等级制度），因为没有担当……

我们在跟深圳某企业市场经理沟通时，他讲出了自己的困惑。他所在的企业有很多专业型人才，很多都是"教授级高工"，这些专业型人才在公司的级

别及"地位"较很多管理人员要高。随之而来的问题是,提出的方案、项目,绝大多数情况下,同级别或者是更低级别的人除了"恭维"以外,别无他法。你肯定不能"直言不讳"地指出项目的毛病、方案的问题,即便你明明知道这个项目最后一定会死掉。更多情况下,较低级别员工的选择是让它"自生自灭"。比如,他们前几年投入的一款室内建材、居住环境检测设备。在当时,这个产品所倡导的概念还是很新、很超前的。消费者花几千元钱买一个设备放到家里,作为"回报",消费者能够及时看到自己家里的空气温度、湿度、PM2.5等数据。项目负责人当时想当然地以为需求量会很大,但实际情况是消费者不太"感冒",因为这个设备除了检测以外,并不能带来什么改善。项目立项时,没有人提反对意见,甚至连公司的产品经理都没有明确提出"质疑"。我认为出现这样的问题主要有两个原因。

一是文化习惯问题。实际工作中人们都有一个特点:当碰到地位、级别比自己高的人时,一般不会去挑他们的毛病,认为这不礼貌,而且担心自己"认识肤浅",被当成没事找事。这样的现象,在国内企业最为普遍,上级(专家)是不应受到挑战和质疑的。所以,即便他们的观点有盲区、盲点,很多情况下也不会被比他级别低的人指出来,只可能被他的上级或其他级别更高的人以一种"委婉"的方式指出来。

二是缺乏担当。很多人抱着"多一事不如少一事"的处世哲学,虽然看到了项目存在很多问题,却不说出来。他们担心领导一旦不高兴可能会给自己穿小鞋,到时候"吃不了兜着走"。所以,本着"明哲保身"的原则,还是选择"沉默是金"。其本质就是"缺乏担当"。

企业要解决这样的问题,主要的切入点是要塑造一种无障碍、"无风险"沟通的文化机制。比如,可以以不记名的方式就项目/产品的立项提出个人意见、看法。另外,也可以给那些提出有效反对意见的人员以重奖。

72
经营人心

【核心观点】

越是成熟的企业，越不采用投机的做法发展企业；越是规范的企业，越懂得通过科学规范的流程来提高讨论的效率。偶尔的成功可能靠"投机""运气"，但持续的成功，一定要靠稳扎稳打。

彼得·德鲁克的著作《卓有成效的管理者》被译成37种语言，畅销全球130多个国家，已成为全球管理者必读的经典之作。《哈佛商业评论》曾这样评论德鲁克先生："只要一提到彼得·德鲁克的名字，在企业的丛林中就会有无数双耳朵竖起来听。"比尔·盖茨也强调"在所有的管理学书籍中，德鲁克的著作对我影响最深"。

毋庸置疑，德鲁克的思想影响了很多世界500强企业的发展。但当它被引入中国后，在实际落地中却遇到了极大的挑战，主要是由于文化因素。西方企业的员工，在进入企业前，往往已经形成了良好的职业素养，不需要企业向员工灌输敬业、诚信、有爱心等职业伦理；员工进入公司后，只需要讨论怎么把事情做好就可以了。但是中国有不一样的文化背景——很多人信奉的是"先做人、后做事"，所以，中国的企业要先教员工"如何做人"，因此德鲁克思想在中国企业的落地并不理想。

苏州一家知名企业有3万多名员工，但员工离职率非常高，公司每月要新招5000多人，一年就有近6万名新员工进入这家企业！员工流失率如此之高，想把产品做到极致，几乎是不可能的。

事实上，这就是当前中国企业所面临的普遍问题。如果员工心不在焉，做事魂不守舍，很难制造出高质量的产品，很难提供高品质的服务。但是每每出现这样的问题时，很多企业的第一想法却是激励机制或者管控制度等环节出了问题。其实这是人心所向问题，当然也是中国式管理中较为突出的问题。

事实上，中国的企业只讨论如何做事是绝对不够的，想从根本上解决问题，需要从塑造做人文化着手。有太多的企业文化谈的都是做事文化，如高效、创新、马上行动等，这些都是教人（或者是要求人）如何做事的。这在员工看来，非常功利，会有意无意地产生抵触心理。如果你留意国内企业文化比较浓厚的企业，会发现他们多数都是在强调如何做人，教员工做人的基本道理。懂得如何做人了，很多情况下就能把事做好。

所以，并不是德鲁克大师的问题，更不是西方管理思想的问题，根源在于我们的文化无法适应这些管理方式。中国式管理的出路在于，回归到以人文精神与传统文化为基础的管理上来，因为我们长期受儒、道、法思想的影响，在此文化背景下管理工作的本质就是"经营人心"。

73 塑造"老实人"文化

【核心观点】

真正优秀的企业，其员工基本都有一个特点：听话、照做后再申诉。首先，他们不会质疑领导的决策，坚决执行；其次，如果觉得有问题，也要先完成，过后再来申诉。"老实人"文化的本质就是打造公司的超强执行力。

很早以前，任正非在华为提出"不要让雷锋吃亏"的理念。应该说这样的经营哲学一直贯穿于华为的整个发展过程，也因此有了一批踏实、肯干、艰苦奋斗的华为人，这也是华为取得今天成就最为关键的因素。有一批"老实人"，他们在踏踏实实地做事、老老实实地付出，当然，公司也会给予他们合理的回报。

理性上讲，人应该选择做一个"老实人"。可事实上，我们看到越来越多的人更愿意选择做一个"狡猾"的人，并且认为这是"智慧"的体现。因为"老实人"，常常吃亏得不到回报。就好比我们小时候读过的寓言《乌鸦和狐狸的故事》，原本我们应该去同情乌鸦，但今天的情况却是越来越多的人羡慕狐狸的"智慧"。

人们常讲，德国人是世界上最为严谨的人，所以他们生产的产品品质也是最有保障的。有家国内企业的管理者跟我讲过德国人严谨工作的事例。他们企业在与德国人合作的中途，改良了一些新技术，认为可以用到合作的项目中去，于是找来德方人员，试图说服他们。在和德方人员沟通的过程中，德方人员很认同该企业人员的观点、看法，并且表示赞赏，可是到最后问德方人员项目内容可不可以做些修改，利用新技术时，对方非常干脆地回答：不行。理由是，得按既定的规则来办事。

某集团公司的董事长曾经发出一番感慨：还是当时在家乡只有一家店时做得开心，什么人、什么事都清清楚楚，一目了然。现在做大了，每天过得好不"踏实"，常常操心很多事。他还说，"我最喜欢没有文化的人，我觉得这些人是最好管的，其他人常常想法太多，'变数'太大"。他希望手底下的人个个都"听话"，本质上就是希望营造一种"老实人"的文化氛围。

一些人可能会觉得，这是不是有点"愚民"的意思。其实不然，真正优秀的企业，其员工基本都有一个特点：听话、照做后再申诉。首先，他们不会质疑领导的决策，坚决执行；其次，如果觉得有问题，也要先完成，过后再来申诉。

对于公司而言，塑造"老实人"文化显得尤为重要。当然，这里的"老实人"并不是指没文化的人，而是说企业需要有一批听话、照做、执行力强的人。

74
制定个性化的经营理念

【核心观点】

要找到符合企业自身实际情况的经营理念,有两个关键点:一是要分析行业的特点,二是要分析公司的定位。

一直以来,我们都致力于帮助不同的企业寻找经营的指导思想——经营理念。所谓经营理念,较正式的定义为企业在长期的经营活动中形成的、并一贯坚持的理想和信念,是能长期符合行业发展规律的、企业所信奉的经营方针,是企业一切经营管理活动的指导思想。

显然,不同企业的经营理念应该不同,经营理念定位的正确性直接决定着企业的发展方向。一个好的经营理念,可以引导公司制定正确的、符合企业发展的战略,划出准确定位及内部管理的重点。而如何确定企业的经营理念,却是许多企业不够重视,或者很头疼的事。要找到符合企业自身实际情况的经营理念,有两个关键点:一是要分析行业的特点,二是要分析公司的定位。举三个例子,就会比较容易理解。

第一个例子是开饭店。

如果要开一家饭店,那么有两个因素需要关注:一是厨师,二是原材料。很多饭店老板,甚至绝大部分饭店的老板都认为厨师是关键。有一个北京人在内蒙古的通辽开了家饭店,宣传的是做最正宗的北京火锅,口味非常棒。第一年生意非常好,第二年,这家饭店的厨师成了当地其他饭店的"座上客"……最后的情况是这些厨师被挖走了。很明显,厨师并不一定能成为饭店的核心竞争力,除非你开的是"夫妻店",老公/老婆不能被别人挖走,否则再好的厨师都可能会被人挖走。所以，对餐饮行业来说，原材料才是构成核心竞争力的最关键因素。尤其是在我们国家，食材的地域性特点非常明显，如枸杞就是宁夏的好，海参就是大连的好。因此，这样的企业提炼出来的经营理念核心点应该是强调"原材料"的正宗性等，进而指导公司的发展战略应该关注原产地的建设。

第二个例子是沃尔玛。

1962年它从阿肯色州本特威尔镇一家小杂货店起家，曾数次在美国《财富》杂志评出的全球500强企业中名列前茅，2001年和2002年，沃尔玛集团领导人的财富值甚至超过了比尔·盖茨，荣登榜首。

创业之初，老山姆一直在想，客户到超市购买商品关注的重点在哪里。最后他得出一个结论就是"便宜和服务"。也就是说，客户最关注商品的价格，所以价格一定要尽可能低；客户第二个关注点是服务，只有超市提供的服务让客户满意了，客户才会反复地购买。经过反复观察，老山姆确定这两点是正确的，于是提出了沃尔玛的经营理念：薄利多销。这也决定了他后来在公司推行的一系列政策，如因为要"便宜"，所以他建立完善的物流配送体系（事实上，据我们经营超市的客户反映，做超市就是做物流），以及培训采购员不断地向供货商压价，老山姆甚至为此特意写了段"名言"：你不是在为沃尔玛谈判，你是在为你的顾客谈判，你的顾客应该得到你能承受的最优惠的价格。不要为一个商贩感到难过，他自己很清楚一件商品可以卖多少钱，我们要让他给出最低价。也正是由于这个理念的提出，沃尔玛才有了为大家所熟知的"天天平价""让利销售""特惠商品"等宣传口号，而"十英尺微笑"等进一步为其赢得了众多的忠实消费者。

第三个例子是关于福特和通用的。

第一次世界大战期间，汽车绝对算得上是高端奢侈品，只有少数有钱人才消费得起，类似于现在的私人飞机、私人游艇。当时美国两大主要的汽车生产商，一家是福特，另一家是通用，两家汽车公司的市场份额旗鼓相当。后来，福特的创始人老福特想要使汽车进入普通的家庭，而汽车能进入普通家庭最关键的因素就是售价，所以老福特一直在思考如何降低成本。有一次去参观一家专业的养殖场，老福特在那里看到了流水线作业，效率之高令人咋舌。回到公司后，老福特作了两个决定：一是在福特的生产车间引进流水线作业；二是将生产线工作的日薪提高到 5 美元。这也是商业史上最有影响力的事件之一。就是这两招，使福特当年的销量占到美国市场份额的 70% 以上！而这一切都得益于老福特的经营理念：让汽车进入普通家庭。

而此时的通用基本上被打得无还手之力。也正是在这个时候，通用迎来了一个新的首席执行官，这个人是杰克·韦尔奇之前最杰出的 CEO，他的名字叫斯隆。正是斯隆的出现，将通用从泥淖中带了出来，他退休后写的《我在通用汽车的岁月》一书，成为管理学的经典。那么，他在通用任职期间主要做了些什么呢？斯隆上任后，注意到随着人们生活水平的提高，人们对汽车的需求趋向多样化、个性化，其中包括一个家庭可能会购买两辆或两辆以上汽车的情况，而多数人肯定希望两辆车不要完全一样。同时，人们对车外观及颜色的需求也一定是多元化的。于是，他提出了通用的经营理念：满足各类不同的钱袋。通用开始设计不同外观的车，开始生产不同颜色的车。而这个时候，老福特还坚持福特只生产"黑色 T 型车"。就在那一年，通用汽车的市场占有率提升到了将近 50%，一举超过了福特！

事实上，经营理念并没有好坏之分，关键是要符合行业的特点、企业自身的定位，同时要有配套的战略、管理方法来落实。这样的企业经营理念才能助力企业良性发展，而非空泛的口号。

75 大公司企业文化建设思路

【核心观点】

大公司文化建设的"中心思想":一是尊重每一位员工,二是描绘良好的中长期发展愿景,三是重视员工的绩效和表现,四是关注领导力的培养和形成。

打造一家全国性,乃至全球性的企业是很多企业家一直努力的方向。然而,就好像地球上没有骨架的陆地动物不会高过 5 寸(1 寸 ≈ 3.33 厘米)一样,公司达到一定规模后,也会面临许许多多的问题,其中在全区域(总部及所有子公司之间)建立共同的企业文化则是主要问题之一。大型集团企业如何才能打造卓越的企业文化,我认为做到以下几点非常重要。

首先,尊重每一位员工。无论是国际巨头,如 IBM、沃尔玛、苹果等,还是国内巨擘,如海底捞、小米、苏州德胜等,都一直致力于塑造尊重每一位员工的企业文化。领导者需要让员工知道你是关心他的,否则员工不会愿意为公司付出很大的努力。

某餐饮企业有这样一种文化,就是在员工做"对"的时候向他们表达欣赏和感谢,比如,员工帮助客人解决了一个实际问题,或者帮助公司节约了成本、实现了效益增长,甚至参与公益回馈社会,公司管理人员都会打电话对他们表示感谢。刚开始,这个工作主要由管理人员来做,后来公司发展到近 5000 人,这个工作已经不止管理人员在做,管理层已经把这种文化推行下去:大家已经养成习惯,及时去感谢那些做出贡献的同事和员工。最近,他们又有了新的"动作"——传统节日及员工父母生日时,公司管理人员都会给员工父母打电话,向他们表示问候的同时，感谢他们对其子女（员工）的教育与培养。

其次，描绘良好的中长期发展愿景。事实上，员工，尤其是年轻员工对自己及公司的未来都会有一些憧憬，企业领导者有义务和责任将其清晰地描述出来。当然，值得注意的是，我们的愿景不应该仅仅是实现多少营收，或者以简单的数字作为目标，而是要致力于成为一家让员工引以为傲、能够可持续发展、不断取得成功的公司。在此基础上，也能够给予员工更好的福利待遇。如果说企业对员工的期望是努力工作的话，那么公司也应该努力把自己打造成一家伟大的公司，这样员工才愿意和公司一起创造价值，从而实现个人的职业理想。

尽管公司需要有足够的收入和盈利才能持续生存、发展，但大企业更应该关心长期效益，尤其应该在乎的是能否帮助客户，能否回馈社会，这应该是企业最为重视并致力于塑造的一种企业文化——寻找到事业的意义。比如，行业领先的数据存储公司 NetApp 有一项政策：只要员工去做他们感兴趣的慈善工作，每年就能够得到一个星期的额外假期。

再次，注重员工的绩效和表现。成就一番伟业，必然需要巨大的牺牲。员工在为公司未来奋斗时，必然会做出很多个人牺牲。企业文化的作用之一就是不要让员工做出牺牲时觉得是被迫的，而是应该让他们觉得是为了成就正确的事情而自愿奉献。领导者要非常重视激励员工，尤其要注重塑造公平公正的企业文化、打造公平公正的事业平台，要能够看到真正奋斗的员工的绩效和表现，给予他们合理的回报，"不要总让雷锋吃亏"。

最后，要关注企业领导力的培养和形成。领导和管理的区别之一在于领导的是人，而管理的是事。优秀领导者的共性之一即他的团队愿意努力为他工作，原因不是惧怕他，而是不想让他失望。作为领导者，如果想影响员工的行为，想让员工心甘情愿、乐意与你合作，为团队创造价值，就需要帮助他们在工作中更好地成长和发展，并且让他们意识到你们共同打造的是一项让人骄傲的事业。

有些管理者把企业文化看成万能的，认为企业文化可以解决所有问题，因为基业长青的企业都有一套优秀的企业文化（逆命题未必成立）；也有管理者认为企业文化很虚、很飘缈，不可捉摸。这都有失偏颇，优秀的企业文化能解决的问题是有限的。同时，企业文化的建设应该一开始就重视，当等到企业足够大时，再来重视企业文化，已经晚了。要知道，企业文化的建设也绝非一蹴而就的，需要长期的努力和坚持。

第六章

人是一切的根源

本章主要围绕人力资源管理中的"选、留、育、用"展开，旨在帮助管理者更有效地管理好团队，充分发挥人的潜能。一直以来，人都是企业最宝贵的资源，尤其在人力成本居高不下的今天。同时，"以人为本""人本管理"也是企业管理中倡导最多的理念之一。但事实上，很多企业仍停留在"喊口号"阶段，并未真正落实这一理念。

本章首先从"以人为本"的内涵谈起，介绍企业以人为本的具体要求，并进一步提出企业在选人、育人、用人及留人方面的具体建议，包括选择价值观一致的合伙人、平台搭建、绩效考核、激励及培训等方面。

76 企业的以人为本

【核心观点】

企业以人为本的本质就是以人的需求为本。人依附于企业的需求可以分为三种：收入、成长和工作氛围。

很多公司的管理人员常挂在嘴边的就是"我们最大的资产是员工""员工是我们最宝贵的财富""坚持以人为本，塑造人本文化"等。事实上，这些企业对人力的发掘和使用效率是很低的。尽管企业宣称他们最大的财富是员工，但是对员工进行管理的传统方法并未将员工作为真正的资源。相反，企业把人看作需要对付的问题、需要控制的程序及需要压缩的成本。

著名管理大师大前研一曾经这样总结日本企业的成功奥秘：日本企业的成功，远不只是创作了公司歌曲和形成了终身雇佣制度，最重要的是在组织上重新发现了"人"。

就本质而言，公司不单单是气派的大楼、漂亮的业绩、宏伟的三年/五年计划，更是一群普通人共同参与，为了完成某项伟大使命联结而成的组织。所以系统理念创始人切斯特·巴纳德认为企业应该有两个目标：一个是组织目标，另一个是组织内成员的个人目标。只有在个人的目标得到实现的土壤上，组织目标才有可能实现，因为所有的事情都是由组织内部一个个成员来完成的。所以，发现人的价值、尊重人的本性，这是一种高瞻远瞩的管理战略。

那么"以人为本"到底是什么呢？通常说"以人为本"的管理者自己也不清楚。以员工为本，简单来说，就是以员工的需求为本。什么是员工的需求呢？马斯洛说人有五种需求：生存、安全、社交、尊重及自我实现。企业员工（普通员工）的需求没这么复杂，大概有三种，即收入、成长及工作氛围。

马斯洛需求层次理论

1. 收入

离开收入谈满足员工需求的企业都是"耍流氓"、耍滑头、避重就轻。

中国台湾地区的"经营之神"王永庆说："激励人的方法有很多，但薪酬激励是最易让人接受的方法。"优秀的企业都懂得运用这一招，如华为的薪酬理念是提供极富竞争力的待遇，因此，华为吸引并留住了无数的人才，取得了今天行业领导者的地位。当然，并不是说企业非要给员工高得离谱的收入。如果一味地让企业付出，那么迟早有一天企业会破产，员工就都失业了。反之，如果一味地让员工付出，迟早有一天员工也会毫不留情地离去，显然会给企业造成更大的损失。商业史上最经典的案例之一，就是福特大幅度提高工人薪资的故事。

1914年年初，密歇根州福特公司门前，有人从凌晨就开始排队应聘。原来，福特公司在前一天把工人工作时间从9个小时缩短至8个小时，并且提供5美元的日薪。这在当时是不可思议的，因为在缩短工作时间的同时，薪水提高了一倍。福特公司为此需要每年多支付1000万美元，而当时，其年利润也才刚刚超过1000万美元。有同业者甚至批评福特公司是在哗众取宠。

然而"掌舵人"老福特强调，他本人并非慈善家，给工人更高的工资是为了提高企业的效率，工人无须感激，这是一个公平的、付出和回报应当对等的世界。工人有了更好的收入，工作效率也会提高，更重要的是，工人成了全新的消费阶层。也就是说，他们的钱将成为推动福特公司向前一步的新动力。

事实证明了福特公司的伟大决策的正确性。1914年年底，福特的利润提升至3000万美元，这种创造新的消费阶层的逻辑彻底颠覆了传统观念。

2. 成长

传统的企业管理采取的是"胡萝卜加大棒"的原则，做得好就给个胡萝卜，做得不好给一大棒。这哪是管人的方法，只适合用来赶驴。传统的生产型企业、饭店及超市这种工作时间长、劳动强度相对比较大的企业招工会变得越来越难。现在的90后很多都是独生子女，家庭条件也不错，基本没有"生存压力"，他们讲究"幸福指数"，不愿做上述工作，他们在意的是工作中的学习与成长。

《海底捞你学不会》一书中详细介绍了海底捞的管理模式，其中讲到的一点就是内部人员的培育与晋升，公司的管理人员、高管基本上都是一步一步从服务员做起的。在腾讯，每一个员工在自己的入职周年纪念日都会收到公司发的电子卡片，上面清晰地记录了该员工入职腾讯以来的每一步成长、每一项业绩及点滴的努力。事实上，优秀企业的共同点是，他们时刻在为员工描绘成长之路，致力于培育员工更好地发展，让员工的才能得到更好的发挥。同时，让员工对自己的成长充满期望和憧憬，进而让整个企业形成强大的凝聚力。

一个人的潜力是无穷的，即便在很多方面都受到制约，但只要培养成功，就能变成一种不可限量的资源。

3. 工作氛围

有人做过一个调查：你加入XX公司最重要的因素是什么？答案五花八门：有因为离家近，方便上下班的；有因为工资高，待遇好的；有因为公司老板个人魅力的；还有因为有朋友/老乡/同学在这家公司工作的等。但普遍都会提到一条：良好的工作氛围、简单的人际关系。

王石在他的《道路与梦想》一书中讲了一个故事：他年轻的时候，有一次单位招待一个客户，他和科长、处长及他的直属领导一起陪同客户吃饭。喝了几杯酒后,他就觉得比较轻松,于是讲了几个笑话,把客户逗乐了,客户不停地夸"小王这个人不错,有才华"。王石当时觉得有点飘飘然了,也比较得意。谁知客户一走,领导就找他谈话,说他在饭桌上抢了处长的风头,不会做事,讲笑话哪轮得到他……最后王石就辞职了,因为太压抑、工作氛围太差。由此可见工作氛围的重要性。

大企业有个最大的优势就是人才济济,真是随手一抓,个个都是高学历。讲起道理来一套一套的,很多人笔杆子也很硬,但就是做起事来效率极低、执行力很差(这种现象在大部分企业中都存在)。这些,我们都可以将其称为氛围不好的一种表现。微软、苹果、谷歌包括现在的 Facebook 等都是美国最优秀的公司,他们的一个共同点就是团队氛围很融洽,人际关系简单。Facebook 刚创业时,扎克伯格甚至租了公司附近一幢带游泳池的别墅给员工当宿舍。

以上三点是对普通员工层面的人员主要需求的分析,管理人员关注的重点则是工作氛围和自我价值的实现。不少公司要求员工放弃自己的利益,将全部精力都奉献给企业,这在本质上是不合理的。一个不在乎员工个人生活和心理诉求的企业,是很难实现远大理想的。

77
选择契合公司文化调性的人

【核心观点】

企业文化是企业在经营过程中一步一步形成的:在不断的思考中提炼出优秀的、符合企业发展的价值观,并进一步转化为员工的具体行为。选择契合公司文化调性的人能够更有效地聚焦、传承这种文化并进行创新和升华。

企业发展一段时间后会形成独特的企业文化，区别在于，有的企业非常重视文化的总结、提炼，使之系统化；而有的企业领导人始终认为企业文化很虚，不予重视。不可否认的是，每家企业其实都有自己的企业文化，且体现在公司所有员工的具体行为中，如员工对待客户和同事的方式、态度等。

每个人也有其自身的特点，有些人富有激情、进取心、积极向上，有些人则比较淡定、低调务实。人的这些特点与价值取向无所谓好坏，关键是企业在招聘员工时应考虑此人的性格特点是否与公司文化调性相契合、与岗位要求是否匹配。

现在越来越多的公司开始关注这一点，并采用一些具体举措把"找到与公司文化契合的人"应用于招聘实践中。某企业的人力资源部有一年专门安排一个环节给面试者（管理岗位）做性格测试，通过这种测试招聘到的管理岗位员工较以前稳定性更好，效率也比以前高。

显而易见的是，高绩效企业在筛选人才时，往往首先考虑的是长期利益而非短期效率。这些公司不只是在填补目前的人力空缺，它们比别的企业更早一步认识到"选对人比培养人更重要"。从长远来看，只有与企业文化相契合，才能保证员工的优秀表现。

加拿大的四季酒店在这方面堪称典范。有一次在四季酒店的用餐经历令我感触颇深：当我和服务员交谈时，服务员会很有礼貌地向前走一步，倾身认真聆听。而当服务员自己讲话时，她会后退一步。如此反复，我当时很纳闷，这位服务员为什么老是"一进一退"的？原来服务员听顾客讲话时向前一步，是怕顾客讲话大声费劲，而她自己讲话时后退一步，是怕自己讲话时的唾沫溅到顾客餐盘里。

这家酒店一直在不断重申它的雇佣要求：寻找那些能够视顾客为国王的员工。其CEO伊萨多·夏普在他的著作《四季酒店——云端筑梦》中指出："我可以把任何人培养成服务生，但是我无法改变根植于人心的态度。我们希望雇用的是那些做门卫也自豪的员工。"

英国的利洁时集团在雇用员工时也把文化契合度作为优先考虑的因素。在入职申请过程正式开始之前，候选人需要完成网上的模拟测试，以判断他们的性格和价值取向是否与企业文化吻合。在测试中，候选人需要面对一些虚拟的场景做出回答。在斟酌契合指数后，合适的人选才会进入下一轮的面试。

企业文化的形成不是一蹴而就的，而是企业在经营管理中一步一步形成的，而且还可能需要在反复"折腾"中才能提炼出优秀的、符合公司发展方向的价值观，并进一步转化为员工的具体行为。选择契合公司文化的人能够更有效地聚焦、传承这种文化并进行创新和升华。

78 "用人先育人"看华为

【核心观点】

重视培养人才，需要企业审视、建立并优化自己的内部人才培养体系，需要能够清楚地回答这几个问题：企业要用什么样的人？怎样才能让人符合企业发展需要？怎样才能让符合需要的人愿意在本企业发挥才干，与企业共成长？

LinkedIn（领英网）曾经发布了一份《中国职场人士跳槽报告》。报告显示：中国职场人士平均在职时间为 34 个月，相比美国的 56 个月，短了 22 个月。

员工之所以跳槽，最关键的原因在于员工在现有工作岗位上缺乏成就感，觉得自身价值没有体现出来。同时，外面又有很多诱惑，于是跳槽便成了职场常态。

那么，员工为什么在工作中缺乏成就感？经调查显示：很多公司并没有把

"让员工在工作中得到成就感"作为育人、用人的重要导向,而是仅停留在物化的"用"的层面上。

很多公司常常显得比员工更"急功近利",总是期望员工一到公司马上就能创造价值,几乎不用投入什么资源,也不需要什么支撑和培训。员工只好凭借自己的"先天优势"或者之前的资源积累进行工作,运气好就胜任,运气不好就只能离职。

企业的这种做法不仅让员工找不到归属感,无法激发员工的工作热情,还会将企业自己带进恶性循环,在招人方面浪费更多的资源。

重视培养人才,需要企业审视、建立并优化自己的内部人才培养体系。简言之,就是清楚地回答这几个问题:企业要用什么样的人?怎样才能让人符合企业发展需要?怎样才能让符合需要的人愿意在本企业发挥才干,与企业共同成长?要做到这几点,难点在于:公司的战略发展方向必须清晰,同时,基于此方向需要有一个长期的人力资源规划,然后有针对性地进行人才培养。

培养员工最关键的切入点是新员工培训。抓好新员工培训,可以让新员工一进入企业就感受到该企业独特的"气息"和氛围,染上该企业的"色彩",在自觉按照该企业所期望的方向发展、进步的过程中,产生归属感和成就感。

在这方面,华为的做法值得参考。

华为新员工半年培训计划

第一阶段:让员工知道自己是来干什么的(3~7天)。介绍部门同事相互认识(每个人介绍的时间不少于1分钟),与直属上司单独沟通,让新员工了解公司文化、发展战略,也让直接上司了解新人的专业能力,明确安排第一周的工作任务。HR主管要告知新员工其工作职责和发展空间及其个人价值。

第二阶段:让员工知道如何能做好(8~30天)。熟悉公司环境和各部门,让新员工知道怎么制定规范的内部工作交流文件。工位最好安排在老同事附近,方便他对新员工进行观察和指导，通过询问发现其压力所在，对其成长和进步及时给予肯定和赞扬，并及时提出更高的期望。

第三阶段：接受挑战性任务（31~60天）。讲清工作的要求及考核的指标，多开展公司团队活动，观察新员工的优点和能力，扬长避短，并观察新员工在逆境时的心态和行为。

第四阶段：建立互信关系（61~90天）。当新员工完成了挑战性任务，或者有进步时，要及时表扬和奖励，并向公司同事展示他的成绩，要注意表扬的及时性、多样性和开放性。

第五阶段：融入团队主动完成工作（91~120天）。鼓励新员工积极参与团队会议并发言，对于激励机制、团队建设、任务流程的经验要多商讨、多分享。如果与其他同事产生矛盾要及时处理。

第六阶段：赋予员工使命，适度放权（121~179天）。对转正后的员工重新定位。让员工感受到企业的使命，领导和管理工作要聚焦于凝聚人心和文化落地，聚焦于方向正确和高效沟通，聚焦于绩效提升和职业素质，并适度放权让下属自行完成工作。

第七阶段：总结，制订发展计划（180天）。帮员工做一次正式的评估与发展计划，每个季度保证至少1~2次1个小时以上的正式面谈，面谈要做到有理、有据、有法。让员工作出承诺，并监督检查目标的进度，协助员工达成既定目标。

79
把员工变成"合伙人"

【核心观点】

管理的最终目的是充分调动员工工作的积极性、主动性及责任心。而最直接、最有效的解决方案就是让员工自己当"老板"。

"阿里上市,杭州城有上千位百万富翁、千万富翁新鲜出炉!"阿里巴巴上市后,有人不无艳羡地说道。阿里巴巴实行的是员工持股计划,员工是公司的股东之一,其收益自然会随着公司利益的增长而"水涨船高"。

在新的商业环境和管理条件下,包括员工持股在内的多种形式的长效激励方式,正在替代传统管理中的"胡萝卜加大棒"方式,并越来越受到企业的关注和重视。这不仅局限于互联网企业,也有不少传统行业中的民营企业在探索并实践这种方式。西北某餐饮集团开展内部员工持股(虚拟股权)的长效激励计划,让员工当"老板",破除"打工心态",与公司共创事业、分享利益。

1. "大棒加胡萝卜"的方式渐渐失效

很长一段时间以来,管理的手段、方式及工具几乎可以总结为"胡萝卜加大棒"——干得好,给"胡萝卜",请再接再厉;干得不好,打一"大棒",请吸取教训,别再犯错。然而,在经济发展、教育普及、就业选择多种多样的当下,管理中的"大棒"和"胡萝卜"的作用越来越小。员工的忠诚度、敬业度、凝聚力及流失率成为当下许多企业持续面临的问题。相比国企和外企,民营企业在这方面可能要更严重一些。

很多企业老板包括管理者也总在抱怨现在的员工"打工心态"严重且普遍,

做事马虎不认真、缺乏责任心、只想着自己的收益却不考虑公司的利益、频繁地跳槽……事实上，当企业仅把员工当作雇员时，员工又何尝不是在"打工"呢？

西方国家的一些企业在改变企业和员工的关系、破除员工"打工心态"方面可以说进行了根本性的变革。比如，不把员工当成"雇员"，而是视为"合伙人"或"合作伙伴"。其区别在于，后者能够获得公司股权、期权或者除工资以外和公司效益息息相关的额外激励。通俗点讲，他们也是老板或股东。

零售巨头沃尔玛规定，员工只要在公司工作满一年，每周工作超过20个小时，平均就可以得到年薪5%的红利。但红利先记在账上，直到人离开公司时才能取。由于红利是以公司股票形式支付的，而股价飞涨，许多经理退休时都成了百万富翁，许多普通员工甚至也是如此。而这直接形成了良性循环，员工努力工作——公司业绩好——员工获得的红利多——员工更努力工作，稳定性、忠诚度、凝聚力也随之更高。

分析一些现代管理工具，无论是360°考评、平衡积分卡还是目标管理等，其最终目的都是希望员工有更高的积极性、更强的责任心，把事做好、做到位、做出成果。由此可以说，管理的最终目的是充分调动员工工作的积极性、主动性及责任心。而最直接、最有效的解决方案就是让员工自己当"老板"。

日本的稻盛和夫发明的"阿米巴"经营方式，将员工按生产线或工序分成不同的小组，每个小组独立"经营"，小组成员的收入和经营的业绩直接挂钩。国内企业海尔引进这一模式，称为"内部模拟市场"。无论是"阿米巴"还是"内部模拟市场"，其本质都是让员工自己当老板，杜绝"打工心态"，进而调动员工的积极性和责任心，提高忠诚度。让员工和公司一起将蛋糕做大，蛋糕做大后的好处是员工也能分到较大的一块蛋糕。

值得庆幸的是，国内越来越多的企业已经转变观念，开始了这方面的探索。

2. 变"雇员"为"合伙人"

西北某餐饮集团成立于 20 世纪 90 年代，经过二十几年的发展，目前已经成为以餐饮为龙头，集星级旅游饭店、大型专业餐饮酒店、专业大型会议中心及房地产开发于一体的综合性企业集团。

2013 年下半年，餐饮行业受影响较为严重，为坚定员工信心，提高员工积极性，集团决定在试点分店推进"股权改革"。

该公司的股权改革方案具体做法如下。

一是公司内部成立专项员工基金。该专项基金由民选的管理者及员工组成基金委员会共同管理持有试点门店一定比例的股份，员工从基金会里认购"股份"，当员工退出时，也只是从基金里退出，不考虑溢价，保障公司利益。

二是根据门店投资测算员工持股比例。公司核算整个门店投入资金，通常只算实际投入资金（不含品牌估价等），然后由公司高层决定拿出多少比例给予员工持股。经过调研及对数据的分析，公司高层决定拿出总投资的 40% 给予该基金持股，即员工持股。

三是选定持股人员。很明显，并不是所有人都能够持有公司股权，它是员工个人在公司做出贡献后得到回报的一种体现，是一种权力，所以要明确规定哪些人可以持有公司股份。最终试点门店由三部分人持股：核心管理团队成员，如店长、经理等必须入股；公司核心高管必须入股。公司高管及门店核心管理团队成员的经营管理能力和积极性与门店效益息息相关，如果他们不参与，激励的有效性将大打折扣；优秀员工有入股资格，可以结合自身经济状况自愿选择。有两种人可以成为优秀员工：在公司服务两年以上的普通员工或现职一年以上的领班、主管；表现优秀，愿在公司长期发展但不具备以上条件者。

四是规定入股金额。有些企业在员工持股方案中实行"干股"，即直接配给员工一定比例的股份参与公司分红。但实践证明，这样很难触动员工，效果并不理想。所以，该公司要求员工"持股"必须缴纳资金。例如，经理及以上人员需缴纳 10 万~20 万元，普通员工需缴纳 5 万~10 万元（在上下限之间自愿选择金额）。但出于人性化考虑，所有符合条件的持股人员可以先缴纳 70% 的股金，其余 30% 从个人薪资中逐月扣除，年度分红则按员工缴纳的总金额来计算。

五是分红方案。分红利润率：A= 年度实际利润 ÷ 资金总额，个人所得分红金额 = 个人缴纳入股金额 × A；分红额度：由公司按照当年的利润率（A）将红利提出，基金会根据个人参与缴纳的金额分发红利，一年一清；三年期满后本期基金分红结束清零，所有成员退出，依据公司经营情况，退还员工本金（注意：若公司经营出现亏损，则个人本金受到相应影响）。

六是退出机制。原则上所有持股人员 3 年内不允许退出。若因过错被辞退、自动离职、个人主动辞职，仅退还个人所缴纳本金，不享受红利。若因个人身体原因不能继续从事本岗位工作，经基金会审核同意后，退还个人缴纳的本金，如果满一年则参与当年分红，不足一年按当年银行同期利率支付利息。

该方案实施时间近一年，在管理上取到了两方面的积极反馈。一是"刺激性"比较大，公司员工反响热烈，有员工甚至提出"我今年一年的工资不要了，算直接入股行不行？"二是对员工积极性的提高很有帮助，如之前员工违规操作，管理人员或同事指出来，员工会不乐意，甚至记恨。而"股权改革"后，大家都是"老板"，不存在"谁为难谁"的问题，员工之间的协作情况有很明显的改善。因为门店的利润高低直接关系到自己的利益，员工会积极主动地想办法解决问题。同时，由于是员工自己制定的解决办法，执行力也得到了极大的提高。

在经营方面也有两个阶段性数据能说明该公司"股权改革"的有效性：在餐饮业总体不是很景气的情况下，其西安的股权改革试点店开业仅 3 个月便实现了营收平衡；到 2014 年 7 月，其股权改革试点店较以往新店效益提升了 30%。公司正计划接下来在旗下所有门店全面推行"股权改革"方案。

这个案例也说明，如果激励只是意味着公司多给员工发一些工资、福利，即传统的给"胡萝卜"的方式，还是在把员工看作通过劳动交换薪酬的"雇员"。只有是把员工视为"合伙人"：给权利（参与经营的权利），给责任（公司经营好坏直接影响个人的资金投入和收入），给前景（在公司的发展前景），才能使员工以"给自己打工"而非"给老板打工"的心态投入工作。简单来讲，就是公司与员工一起做蛋糕、分蛋糕，实现"双赢"。

80
让员工的工作变得更有趣

【核心观点】

随着新生代员工越来越多，管理的方式肯定不能一成不变，企业需要花更多的心思、精力及资源来使员工（尤其是一线员工）的工作变得更有趣，进而使员工更有激情、更能创造价值。

一次，一位初识不久的朋友说他准备辞去现在的工作，因为工作没有激情、感觉很乏味，既没有上升空间，也没有加薪机会。我问他为什么会觉得乏味？他说因为很长时间以来都做同样的工作，而且是很简单、机械的工作。

这是一位90后小伙伴，在一家美资公司车间工作，是车间的基层管理人员。因为是外资公司，管理比较正规，福利待遇在同行同岗位来讲也算是比较高的。但是这位小伙伴还是决心要辞职，主要是因为工作内容枯燥、乏味、单调。事实上，工厂里生产类的工作很多都是单调、乏味的。尤其是自1991年科学管理问世后，它将一件产品的生产分成无数道工序，每个人只负责一道工序，周而复始地做同样一件事，一定会让人觉得枯燥、乏味。而且，长时间做同一个简单的动作，还会影响人的智商。那么，这是不是意味着企业应该弃用这种管理方式呢？当然不是。我认为一个更可取的方法是，将几道工序分给一个小团队，然后这个团队里的人员定期轮岗，以增加工作的趣味性。有点类似于我们上学时每周换位置。

还有一个方法是，加强对基层一线人员的激励。企业经营业绩的实现与落实主要来源于市场一线、生产一线，而不是高层领导。要想保持基层员工的忠诚度，一定要让基层员工得到充分的支持和帮助。我们在很多企业做过调查，问及企业存在的主要问题，其中排在前三的问题之一就是"公司缺乏对一线的支持"。因此，要想营造一种正面、积极、向上的工作氛围，一定要让基层员工得到充分的支持和帮助，组织结构的调整也应该以此为核心。

但是，很多企业常常会把激励的重点放在高管身上。为节省成本，基层员工的工资很难涨上去，而且要多招一个人，流程手续特别麻烦，时限也特别长。常常是招聘时选好的人，等到通知人家来上班时，人家已经在新的公司工作很长一段时间了。但是企业高管人员工资却始终居高不下。某企业中层管理人员就向我们"抱怨"——天天喊控制下面员工的成本，殊不知，上面随便一个领导的工资就是下面数十人的工资总和。下面的人再怎么勒紧裤腰带，只要上面来个副总（在很多大型企业，上级管理部门会不定期地往公司安排"副总"，我们曾服务的一家公司就是1个董事长+1个总经理+8个副总），下面就白忙活了。

随着企业里的年轻员工越来越多，管理方式肯定不能一成不变，企业需要花更多合理的心思、精力及资源来使员工（尤其是一线员工）的工作变得更有趣，进而使员工更有激情、更能创造价值。

81
优秀的同事胜过一切

【核心观点】

> 企业能为员工提供的最佳福利,不是请客吃饭和团建,而是招募最优秀的员工,让他们和最优秀的人一起工作!优秀的同事胜过一切!

俗话说"不怕神一样的对手,就怕猪一样的队友"。人力资源部门或者企业能为员工提供的最佳福利,不是请客吃饭和团建,而是招募最优秀的员工,让他们和最优秀的人一起工作!优秀的同事胜过一切!为此,企业必须信任自己的员工,摒弃虚伪的"照章办事",开诚布公、以诚相待。

前几年经济不景气时,很多企业倒闭了、消失了,还有很多企业在为了生存而挣扎。某企业最近在大幅裁员,在大裁员之前,周经理(化名)手下有三位员工,而现在她成了光杆司令,要经常一个人加班。有一次大家一起聊天,都建议公司尽快给她找个帮手。但她的回答让所有人大吃一惊:"不急,我单干还更开心点。"后来发现,公司裁掉的她手下的三名员工原本就是多余的。周经理需要花大量的时间管理他们(那三位员工)并收拾他们留下的烂摊子。她说:"我宁可自己单干,也不要二流手下。"

企业中(主要是民企)不乏和老板一起打江山的人,但当企业发展到一定规模时,由于企业内部及外部环境的改变,这些人已经很难胜任当前工作的挑战。而碍于面子或者情谊,很多企业的老板常常采取"听之任之,睁一只眼闭一只眼"的态度。同时,企业老板通常的做法是,让这些人参加各种各样的培训,以期他们的水平能够有质的提升,从而胜任工作。可这么做,绝大多数的结果是企业花了很多资源,同事们(或者他的直接上级)在这些人身上也花了很多精力，以致影响了他们自身的工作，原本能够轻松胜任的工作也完成地并不出色。而这些人最后不仅没有什么大的提升，反而会牢骚满腹。更有效的做法应该是，直接告诉他环境发生了转变，公司发生了变化，他的能力已经不符合公司的需要了，所以公司要请他离开，但是依据他过往的贡献，公司会给予他一笔丰厚的离职补偿金。事实上，这通常是一个皆大欢喜的结果。

奈飞的老板黑斯廷斯讲过他公司的一个故事。公司的会计劳拉是一位聪明、勤奋、有创造力的员工，她曾设计了一套影片租借跟踪系统，这个系统能准确计算每部电影的租赁次数，依此计算版权费，这对公司早期发展至关重要。如今公司已经上市，需要的是经过认证的专业精算师和经验丰富的财务专员，但劳拉只有社区大学的副学士学位（相当于国内的大专学历）。尽管她的敬业精神和业绩都无可厚非，大家也真的很喜欢她，但她的能力已经不足以胜任这份工作。有人提议给她特设一个职位，但公司讨论认为这不是正确的做法。

黑斯廷斯决定面对面跟劳拉解释情况。黑斯廷斯告诉劳拉，她在公司服务多年，做出过巨大的贡献，希望为她提供一笔可观的离职补偿金。黑斯廷斯已经做好了迎接泪水和各种戏剧性场面的准备，结果劳拉应答自如：她对离开表示遗憾，但丰厚的离职补偿金可以让她考虑重返校园或参加培训，寻找新的职业发展路径。

所以，如果你希望你的团队里都是最优秀的员工，那么你必须要请能力不足的人离开，即便他曾立下汗马功劳。当然，出于公平的原则，也是为了平复企业领导者内心的愧疚感，企业应该为曾立下功劳，后来却因能力不足而被迫离开的员工提供可观的离职补偿金。

82 "空降兵"的使用

【核心观点】

关于企业"空降兵",技术类人才可以而且应该大胆地使用、聘请,毕竟技术是企业能否长期发展的决定性因素;而管理类人才则应该极其慎重地使用"空降兵",以内培为主。

经常有企业宣称不使用"空降兵",管理层都从内部提拔。事实上,很多企业也确实是这么做的,并且效果还比较理想。偶尔有一两家企业很成功,而他们没有使用过"空降兵",于是他们会习惯性地把这一点放大,进一步宣称企业绝不使用"空降兵"。

比如海抵捞对外宣称他们最自豪的两件事:一个是服务做得好,另一个就是它的高管层都是从服务员做起的。这是海底捞新员工参加培训时必讲的一段故事,激励了无数的员工。

无独有偶,德胜也曾宣称绝不使用"空降兵",因为"空降兵"不了解德胜,会很容易"死掉"。

企业宣称不使用"空降兵"的原因无非有两个:一个原因是激励员工,给员工以希望,让员工看到晋升的通道、机会;另一个不得不承认的原因是企业难以驾驭"空降兵"。

有一种趋势很明显:越来越多的企业在使用或者开始尝试使用"空降兵",尤其是民营企业。听许多民营企业家说,他们的成功常常是抓住了某一个好的机遇,在对的时间、对的地点做了一件对的事,然后糊里糊涂就成功了……这些可能是他们谦虚的说法,但从某种意义上来说,也是对真实情况的反映。引用吴晓波老师的话说：改革开放之初，我们都是摸着石头过河。当时在岸边，水比较浅，能摸到石头。可是现在到了河中心了，到了深水区了，已经完全摸不到石头了，不会游泳就淹死了……这个时候就得靠理性判断、科学分析，改机会导向为战略导向。同时，从管理学来讲，当一个企业超过300人的时候，就必须要靠制度来管理了，否则就会成为一团糨糊。在外部环境和内部环境都发生变化的情况下，民营企业就应该开始尝试使用"空降兵"。

那么，到底如何才能用好"空降兵"？

"空降兵"可以分成两类。

一是技术类"空降兵"。

技术类"空降兵"的资产（能力、才华、技术）专有化程度非常高，可替代性差。专有资产价值易于识别，能够量化，其权威在短期内可迅速建立；同时，技术任务大多数在部门内部完成，对其他部门的合作与支持需求较低，专有资产发挥价值时对情境的依赖程度也不高。这也使技术类"空降兵"基本不会接触企业的财务机密，不会介入企业的斗争，地位相对中立。技术类"空降兵"发挥作用时一般不会给他人利益带来负面影响，结果常常以双赢为主；技术类"空降兵"创造的价值不仅能够得到快速反馈，而且易于识别与度量，所以归因相对明确。

也就是说，技术类"空降兵"的创新成果很容易归因于"空降兵"的个人能力及努力；而如果失败了，也比较容易判断到底是因为环境条件支持度不够，还是因为创新项目本身的复杂性与难度，抑或是因为"空降兵"的水平与能力不够。所有这些因素，都是一个货真价实的技术类"空降兵"成功的关键。

比如，华为曾经就"空降"了李一男，取得了突破性的成功，使华为迈上了一个新的台阶。任正非一度甚至想把李一男培养成为接班人。不过最后发生了很多事，李一男离开华为，自己创业，创业失败又回华为，然后又离开……但实际上这个"空降"于华为、于李一男都算是成功的。

二是管理类"空降兵"。

管理类"空降兵"面临的情境要比技术类"空降兵"复杂得多。作为变革的推动者，管理类"空降兵"常常一开始就居于权力斗争的中心。管理类"空降兵"毫无疑问拥有一定的专有资产（能力、方法、经验），如业务流程与组织结构设计、控制系统设计、业绩评估方法等。但这些与原有管理团队成员的类似资产在结构、质量和数量上的差别很难区分和识别，有时即便可识别也很难得到认同。管理"空降兵"进行组织变革时常常牵涉到许多部门，任务独立性很低，对其他管理者的支持与合作需求程度高；管理"空降兵"进行组织变革时常常会带来不确定性，甚至给他人利益带来负面影响，所以变革的阻力会比较大。

同时，管理"空降兵"创造的价值通常要在较长时期内才能体现出来，有时即便体现出来了，结果（价值）的可区分度也比较低，即无法有效地将"空降兵"创造的价值与其他管理者创造的价值令人信服地区分开来，这也是管理"空降兵"常常失败的主要原因——

乔布斯费了九牛二虎之力挖来百事可乐前高管约翰·斯宾利，结果又将他"扫地出门"，公司差点倒闭。舒尔茨也请了个"空降兵"任CEO，一段时间之后公司也面临极大的危机，最后舒尔茨不得已，亲自回来经营……这都是管理"空降兵"失败的案例。

反之，管理"空降兵"最成功的案例当属IBM的郭士纳，他能成功的一个重要原因就是当时的IBM已经病入膏肓，迫切需要变革，所以郭士纳的变革能得到支持与拥护。而绝大多数优秀的CEO都是从企业内部培养出来的，如被誉为21世纪最伟大CEO的韦尔奇先生，通用汽车的斯隆等。

所以，我认为关于企业"空降兵"，技术类人才可以而且应该大胆地使用和聘请，毕竟技术是企业能否长期发展的决定性因素，而管理类人才则应该极其慎重地使用"空降兵"，以内培为主。此外，还可以聘请第三方管理咨询顾问，第三方管理咨询顾问能够较好地回避管理"空降兵"所面临的困境。值得注意的是，第三方管理咨询顾问是一个鱼龙混杂的群体，"鱼"是远远多于"龙"的，所以亦要慎重。

83 给人才施展的平台

【核心观点】

企业不仅要重视不同人才的引进和培育，更重要的是要培育好这些外来人才与内部人才合作、发展与进步的土壤，使之能够形成一种合力，而不是相互抵消。

随着某企业规模的扩大，其创始人决定朝多元化方向发展，由之前的仅涉及资源行业，发展到旅游地产、高尔夫、小额贷款等十几个领域。多元化发展首先面临的是人才不足的问题，现有的人员并不具备其他行业的工作经验和专业知识。所以，在进入这些新的领域后，"空降"了很多管理人员。

一个有趣的现象是，这位创始人请到的高层管理人员最后有一大半都没有发挥作用，这样在原有的员工队伍中就留下了一个印象：老板高薪（"空降"过来的人员其薪资是同行岗位内部培养起来的人员的2~3倍）请过来的管理人员基本都是骗子，"忽悠"人的。久而久之，"空降兵"常来常往，大家对他们却并不抱什么希望，工作上的配合度也不高，甚至还有人就等着看这些"空降兵"的笑话。

通过进一步了解，我们发现一个更有趣的现象：很多被这位老板请过来的"空降兵"在这家公司工作时，没有业绩或者业绩并不突出，但是到了别的公司，其管理成效非常明显。比如，这家公司刚运营高尔夫业务时，请了一位高管来管理，结果一个高尔夫球场被他管得一塌糊涂。但是这位高管后来到了另一家公司，三个高尔夫球场都被他管理得井井有条。这些"空降兵"不能出成绩，自然有其本身的原因，但是，更重要的原因是这家企业缺乏包容的企业文化。

李光耀说："我对新加坡人的定义就是无论是谁，只要加入了我们，就是我们的一员。"这是一种美国式的理念：你可以保留你原来的名字，只要你来了，加入我们，你就是美国人。我们需要人才，所以我们接纳你们。所以，新加坡人也必须让这种理念成为自己典型的特征。21世纪，一个国家是否安全、能否保证经济增长，很关键的因素就是人口，最欢迎移民的国家就会占据经济优势。

同样，对于企业而言，人才是立企之本，所以企业也应该有能够接纳各方人才的胸怀、格局及眼光。一个企业人力资源的质量是决定企业竞争力最重要的因素。一个企业的创新能力、企业家精神、团队合作精神，以及职业道德是他们在竞争中占据明显优势最重要的砝码。

如今，企业要想确保自己的竞争力，必须在全球范围内搜罗人才、发现机遇。企业发明新技术，在全球范围内寻找合作伙伴，提高自己的能力。成功的企业就是能轻而易举地同化外来的企业。美国的硅谷就是这样一个地方，它不仅不存在肤色和种族歧视，而且一切唯才是举，这就是它吸引新人加入的魅力。企业家必须学习这些特点，才能吸引全球化的精英人才。

趋同与竞争会导致企业和产业出现变化。企业要在知识型经济下在更广泛的范围内获得竞争力，就必须成为一家能容纳多元文化的企业。只从一种文化中汲取经验的企业注定会在创新中失败，那些极富创新文化与创新思想源源不断的企业才能大步向前。要在更大范围内获得竞争力，企业必须重视使用不同类型的人才。企业需要最大范围地搜罗最好的人才，将其任命到重要的岗位上。例如，苹果公司认为供应链管理非常重要，于是乔布斯找到了供应链天才库克。

苹果公司认为需要以"零售店"的形式来直接销售其产品，于是乔布斯找到了米奇·德雷克斯勒……

管理大师彼得·德鲁克曾经预言：在接下来这个世纪，企业运作方式的最大变革就是以合作伙伴为基础。合作最重要的共识就是求同存异，看人长处、容人缺陷、真诚合作。

虽然我们常说企业的管理者应该以内培为主，外引为辅，而这个辅其实不可或缺。马云公开讲过，公司创立之初他一直认为那些和他一起创业的兄弟，其才能最多够做个班组长或领班，车间主任都做不来。但看一下今天阿里巴巴的高管，基本上都是那些与他一起创业的兄弟。我认为个中原因并非是马云看走眼，而是这帮兄弟在不停地学习。向谁学习呢？我想，向公司外引的那些"空降兵"学习是一个非常重要的渠道。

从国家层面上讲，没有外来人才的加入，即便是美国也不会像今天这样强盛。美国的原子弹研制成功在很大程度上要归功于 20 世纪三四十年代逃往美国的欧洲人才，甚至可以说，美国的太空计划能够启动也要归功于德裔火箭专家沃纳·冯·布劳恩。沃纳·冯·布劳恩在"二战"中发明了飞行炸弹，战争结束时被美国军队俘虏，并被带到美国。自那时起，成千上万有才华的专业人士、学者、研究人员和作家都在美国的吸引下从英国和欧洲来到美国。因为美国欢迎他们，并给他们提供研究设施，或者因为他们在美国可以取得更大的成功。这为美国的发展注入了活力，也是美国梦的吸引力。

从企业层面上讲，要重视不同人才的引进和培育，更重要的是要培育好这些外来人才与内部人才合作、发展与进步的土壤，使之能够形成一种合力，而不是相互抵消。

84
绩效考核的本质

【核心观点】

如果没有好的过程，不可能会产生好的结果。绩效考核更要注重对过程的考核与监督，其根本目的是关注员工的成长，帮助被考核者完成目标，提高绩效。

一般来讲，稍具规模的企业都会使用绩效考核，诸如360°考核、平衡积分卡等。其本意就是对员工工作进行监督，以督促员工更努力地工作，更好地完成绩效，从而拿到更高的收入。与此同时，公司亦能获得更好的效益。事实上，很多企业的员工对"绩效考核"的怨言非常多，其意见主要集中在两个方面：一是绩效考核的标准不明确，员工不能很好地找到努力的方向；二是固有的考核点常常不能量化，绩效考核有时就变成了考人际关系，谁和领导关系好，谁就能拿更好的绩效。常听到的抱怨声是："我的上升空间和年终奖励，好像更多的是依照上司的心情而定。"

某国有企业的绩效考核分A、B、C三个等级，最后的结果就是各办公室/部门人员轮流"坐庄"：这个月你得A，高绩效，获奖金，下个月你就得C，低绩效，总之就是轮流转。还有一家企业，因为没有明确的绩效标准，也没有具体的目标，仅仅为绩效考核而绩效考核。领导者的处罚也比较随意，时不时就扣除员工一个月的绩效，导致员工十分不爽。先不说员工具体什么感受，这样的绩效考核就很失败，不仅没能正面激励员工，反而成了员工发牢骚和吐槽的噱头。

绩效考核的根本目的应该是领导者、管理人员甚至人力资源中心引导、指导、培训员工，使之具备完成绩效的技能和能力，从而帮助员工拿到绩效工资，进而为企业创造更大的效益。事实上，这也是对员工成长的关注。我们常说员工工作中最关注三个方面：一是收入，二是成长，三是工作氛围。当员工能够切实感受到专业技能的提升，通过自身的努力完成绩效时，员工感受最深的就是他在公司的成长，自然而然也会增加其对公司的忠诚度。

在华为，每年年初，每位员工都需要制定绩效目标，然后由主管和人力资源中心审批，以确定目标的可行性。接着，根据这个目标，其直接主管及人力资源部门会对他进行不定期的辅导，考察目标完成的情况和存在的问题，在年中六七月时做回顾和反馈，最后才是年底的评估考核，并把绩效结果和激励机制挂钩。可见，绩效考核不只考查结果，更注重整个过程的考核、引导和修正。我们必须相信的一点是，如果没有好的过程，是不可能会产生好的结果的。所以，从另一方面来讲，绩效考核更要注重对过程的考核和监督。

值得注意的是，当一个员工经常拿不到自己的绩效工资时，他可能就会怀疑这是公司有意为之，以克扣他的工资。因为公司在招聘人员时，告诉对方的工资常常是"总收入"，而非基本工资，而很多公司的绩效工资甚至占到30%~40%。这前后的落差就会比较明显，势必会影响员工的士气。

85
奖励须谨慎

【核心观点】

年终奖是员工最期待的奖励之一，也是最考验管理者智慧的决策之一。如何保持公平、公正、合理，需要制度保障，更需要领导者来平衡，避免员工在获得年终奖后出现消极和负面行为是领导者尤其要关注的。

华为的《致员工书》里有这样一段话，"您有时会感到公司没有你想象的公平。真正绝对的公平是没有的，您不能对这方面期望太高"。实际上，成年人都明白或应该明白这个道理，而当"不公平"与我们直接关联时，又会觉得委屈、不满、难受想哭。而这也是企业里很多的管理制度都力求公平、公正的一个重要原因。记得有位资深管理者坦言："我们的制度结果可能会不公平，但程序上一定要尽显公平"。

每年发年终奖时，都是"几家欢喜几家愁"。有人因为年终奖高出自己的预期而喜上眉梢，也有人因为年终奖低于自己的预期或者实在太少，而眉头紧锁、闷闷不乐。据某杂志报道，某公司的某位员工因为年终奖远低于期望值而消极怠工，泄露公司数据，给公司造成了巨大损失。

另一个因为年终奖而导致"负能量"的情况是，发现自己的奖金（不论数量多少）居然低于身边的某个同事，而这个同事平时的表现及工作业绩等很多方面都不如自己。也就是说，横向一对比，问题就来了。尽管很多公司明文规定员工不能讨论年终奖或工资，但这一点基本上是公开的秘密。用很多员工的话讲"彼此基本都知道"。因此，企业领导者在发放年终奖时需要慎之又慎，这绝不仅仅是数额的问题，尤其是对核心及骨干管理人员年终奖的处理，分配不好可能"鸡飞蛋打"。

在《晏子春秋·谏下》里有这样一则故事，武士公孙接、田开疆、古冶子三人均在齐景公麾下效力，因他们性格张扬残暴，让人不安。齐景公也觉得对他们难以掌控，有调教调教的心思。这时晏子进言说，给他们两个桃子，告诉他们说，二桃三士，你们凭着各自的功劳大小分这两个桃子吧。

桃子本不足道，何况只有两个。但因为是君王所赐，桃子便不仅仅是桃子了，肯定是要争一争的。尤其是对于武士来说，他们不懂文人雅士那些弯弯绕绕的谦让之礼。于是两个桃子很快各有归属，已分别拿在了公孙接和田开疆手里。显然，古冶子的手里是空着的，古冶子肯定不开心。

于是古冶子就质问那二位：平心而论，你们的功劳真比我古冶子的大吗？老实说，三人里面，古冶子的功劳是最大的。但这时候，桃子在谁手里就代表谁的功劳最大。

武士之所以为武士，他们的逻辑和心理从一定程度上来说比寻常人简单直接。被古冶子质问后，那二位确实觉得自己的功劳大不过古冶子，但是桃子已经到他们手里了，怎么办呢？谁的桃子给古冶子呢？公孙接和田开疆既觉得自己功不如人，又不想送出到手的桃子。两难之间，他俩竟然自杀了。

这样一来，两个桃子都余下来，都可归于功劳最大的古冶子了。古冶子得此，也是实至名归。但是接下来发生的事情谁也没有料到：古冶子也自杀了，因为他觉得这时得到桃子已没有什么意思了。

这个典故就叫"二桃杀三士"。典故用在这里并非建议领导者要如何"开人"，更多的是希望企业的领导者要提高警惕，避免"二桃杀三士"的悲剧，如年终奖的分配。实际上，我们应该认同前文那位资深管理者所言——结果可能存在不公平，但程序上要想方设法保证公平。

86 激励要"激"到心坎上

【核心观点】

激励是必不可少的一种手段，而且很讲究技巧。有时候公司钱花了，结果员工还不满意，个个牢骚满腹，达不到激励的效果。在激励的技巧、方式上，把握"心理账户"这一原则，非常好用。

今天，我收到公司的一笔额外奖金，它也不是年终奖，因为在我和公司的约定里是没有年终奖的。当时手机一响,有条入账信息,支付方是公司,金额还蛮可观的,于是我马上打电话给领导问怎么回事,是不是弄错了?领导说得很神秘,说是他个人给我的。我当然不信!

我刚毕业那会儿,有一段时间特别想入手一台单反相机,但是一直没有入手,既觉得太贵,更担心自己一时头脑发热,用两三天就不再用了,极为浪费。有一次,我收到公司发的一笔奖金,第一反应是马上用这笔钱买一台单反。但是等我稍一冷静,就舍不得花这笔钱了,很快就将这笔钱列入我的正常收入里了。过后我一直在想,要是公司直接送我一台单反相机(与奖金对应的价格),对于我个人而言,我会觉得这远比直接给我一笔现金来得爽快,会让我高兴好长一段时间。虽然从"钱是万能的"的角度来说,钱肯定更实用,但在当时对我的激励作用却并不比一台单反相机高。

从管理的根本目的是着力于提升员工工作积极性的角度来讲,激励是必不可少的一种手段,而且很讲究技巧。有时候老板钱花了,结果员工还不满意,个个牢骚满腹,达不到激励的效果。在激励的技巧和方式上,把握"心理账户"这一原则,非常好用。

美国的橄榄球"职业碗"比赛,其实是美国国家橄榄球联盟组织的全明星橄榄球赛,因此球员们并没有一定要参赛的义务。在很长一段时间里,美国国家橄榄球联盟用高达10万美元的现金来奖励吸引明星去参赛,但效果平平。因为每年的"职业碗"比赛的时间都安排在著名的"超级碗"(美国国家橄榄球联盟冠军总决赛)之后的一个星期,很多球员不愿意参加。毕竟刚刚打完"超级碗"这样的大赛,球员体力下降,都想要休息。而更重要的是,对于年薪高达几百万美元甚至上千万美元的明星球员来说,10万美元的现金奖励明显缺乏吸引力。那么,怎样才能激励球员们参赛呢?

美国国家橄榄球联盟最终还是想到了办法:它把比赛地点安排在度假胜地夏威夷,并且承诺向每名参赛球员赠送两张往返的头等舱机票(可以带家属),

外加免费的几天豪华酒店住宿和餐饮。这个办法起到了意想不到的效果，多数大牌球员的态度都发生了转变，即使没有现金奖励，也都主动报名参赛。

事实上，这些头等舱机票、豪华酒店住宿以及餐饮总价肯定不会超过10万美元。从理性上来讲，如果他们参赛，应该选10万美元奖金，然后可以用现金去度假。那么，是什么让这些明星球员发生了改变呢？为什么高达10万美元的现金奖励无法吸引明星球员参赛，而免费的机票、豪华酒店住宿和餐饮却可以？

从球员的心理账户来看，他们显然是把"现金"和"度假"分开来看的。对他们来说，都不缺"现金"，即便是10万美元对他们也没有什么吸引力，自然不会为了10万美元参赛。然而，即便是明星球员，平时也很少度假。因此，免费的度假对他们更加有吸引力，即便从价值方面来衡量，度假的价值小于现金奖励。

同样，海底捞其实也在用这一招来吸引顾客。海底捞的消费较一般的火锅店要高出不少。当然，它主要以服务取胜。而事实上，其服务的载体就是当顾客在排队等待时提供免费的各种点心和饮料，甚至还可以享受免费的棋牌娱乐和按摩、美发、修甲、擦鞋等。而这些却让客户觉得物超所值，消费者觉得饭也吃了，还得到很多额外的服务，所以并不在乎价格高一些。而这种方式远比直接给客户打折、返现要高明得多。

因此，激励员工的方式应采取多种形式。以年终奖的发放为例，应该以部门/小组为单位，由部门/小组负责人在对其下属做了比较充分的调查及了解后，拿出奖励方案，然后对员工差别对待（金额依据其一年的业绩和表现而定，但方式可以差别对待）。举个例子，部门中有个员工当前最想得到一台新款的苹果手机，如果你了解到这一点，那么发几千块钱远不如直接给他一台新款苹果手机更能给他惊喜。

87
好员工都是教育出来的

【核心观点】

好孩子不是天生的，而是教育出来的，这句话对于管理者同样具有借鉴意义。

西北某企业的员工普遍很"年轻"，这里的年轻并不是说年龄小，而是他们在这家公司的工作年限都很短，70%的员工工作年限都不到一年。而之前离职的很多员工，多半是出了问题被公司辞退的。那么，这些员工都出了什么问题呢？

原来，该企业所处的行业比较复杂，很多员工在具体工作中常与外界接触，常常会受到诱惑。渐渐地，越来越多的员工（尤其是管理人员，甚至还有很多老板的亲朋）开始出现不顾公司利益而中饱私囊的现象。于是，这批人都被公司清理出去了。还有一些人受到"威慑"后辞职了，他们当中有很多是跟着公司一起成长起来的，还有很多已经在公司工作了五六年。

从公司的角度来讲，这些人显然应该被辞退，但是对于企业的领导者和管理者而言，更应该深刻地反思——我们的企业为什么会出现这样的现象？我不应该过多地去责备这些员工私心太重、不守诚信、品德败坏，因为导致这种现象的重要因素是企业管控制度出现了太多的漏洞。

事实上，老员工被辞退，于公司而言绝对是一笔不可估量的损失。某民营企业的常务副总50岁开始跟着董事长干，现在年近70岁了，还在企业工作，并且独当一面。同样，另一家企业的常务副总很年轻的时候跟着董事长工作，从最普通的业务员做起，到现在的集团常务副总，其忠诚度绝对可靠，再如华为、联想、阿里巴巴，哪一家企业没有一批忠实、能干、可靠的老员工？

一旦公司规模大了，就会出现各种各样的问题。比如，"腐败"问题。之前阿里巴巴曝出客户为了使自己进入阿里平台，或者在阿里产品搜索结果排名靠前，一到周末，就请阿里的技术人员和销售人员去"吃饭"，以致卫哲（时任阿里巴巴CEO）最后都被辞退了。还有富士康的郭台铭，他认为自己给高管的薪资已经够高了，可是前段时间却发现他们集体贪污，贪污金额高达上亿元，郭"首富"差点儿没被气死。

在企业中，如果发现贪污受贿的苗头或现象，应立刻扼杀并严惩，后期再出现大范围腐败的可能性就会低很多。成都有家企业的总经理发现有个供应商给他的采购人员送了个500元的红包，于是他马上把这位供应商请到办公室，对他说："你给了我的这个采购人员500元，是不是还应该给其他所有的采购人员每人500元呢？那他们的主管是不是应该给1000元？还有经理呢？我是他们经理的上级，你看应该给多少呢？"算完的结果是"你拿30万元出来摆平这事，否则我敢保证你以后在这一行永远混不下去"。结果把那个供应商吓得跪地求饶，最后拿出10万元钱来摆平此事。可以想象，这件事以后，他的供应商肯定不敢再对他的采购员"行贿"。从另一个角度来看，事实上，供应商也很乐意看到这样的结果，因为他们不用再为了谈合作而"走后门"。

俗话说，"好孩子不是天生的，而是教育出来的"。这句话对于管理者同样具有借鉴意义。

88 员工为什么不喜欢培训？

【核心观点】

> 最受欢迎的培训有两个特点：一是培训解决了被培训者工作中的难题，让被培训者工作起来更得心应手了，也更自信了；二是当被培训者按培训的方式去工作时，他能够获得更好的工作绩效，拿到更高的收入。

企业发展到一定规模时，培训就显得非常重要。很多企业会成立专门的培训部门，还有一些更具规模的企业会成立自己的"大学"，专注于公司内部员工的培训及能力提升等。企业的这些行为从员工关注自身成长的需求来讲，非常好，但事实上，很多情况下员工对培训是带有抵触情绪的，或者是表面上遵从参与，私下里牢骚满腹。一逮到"发泄"的机会，便要狠狠诉一下培训的苦。

年轻员工关注自身的成长，甚至比关注收入更为重要（当然成长的目的之一也是获得更好的收入），而培训是员工成长的重要渠道之一。但为什么还会出现员工抵触、阳奉阴违，或者"逃课"的现象呢？至少有两个原因是比较普遍和重要的。

其一，很多公司培训常常在休息时间进行——周末、晚上、节假日。中国民企中，很多老板始终抱着"恨铁不成钢"的态度，总认为员工辜负了自己的良苦用心，经常强调"培训是对员工最好的福利""公司在培训方面毫不吝惜"……所以，员工要珍惜，要懂得感恩。鉴于此，培训就应该在不影响工作的前提下进行。

事实上，调查显示，员工最反感的事就是好不容易下班了、熬到了周末，结果却收到休息时间要参加培训的通知。可想而知，带着抵触情绪参加培训的效果能有多好。毋庸置疑，培训是公司给予员工的福利之一，但是在"节假日"面前，这个福利应该是第二位的。所以，公司既然在培训方面已经如此舍得投入了，为什么不再"追加投资"，把培训时间都安排在员工的正常工作时间内呢？实际上，多数岗位在工作时间内培训，并不会影响员工总体的工作效率。而因工作特点确实不能在工作期间进行培训的，则可以给予相应的"加班费"。从员工心理来讲，当公司为他提供培训，还因为他参加培训耽误休息而给他付费时，他就会非常重视培训。这时，公司向员工提要求，员工也会更乐意接受，培训效果自然会更理想。

其二，培训部门在缺乏了解员工的实际需求的情况下，总是想当然地设置课程，导致课程与员工的实际需求脱节，自然激不起员工参与的积极性，更不会见到明显的效果。

很多企业内训人员普遍反映，自己费了很大的精力选课程、找资料、做PPT，有时还要不断地试讲，做了很多投入，结果却收效甚微。还常常得不到理解，员工从内心里也不配合，看不到明显的成果，导致公司不认可自己的劳动成果。这时，培训人员就会非常累、非常孤独和无助。

培训的目的不在于过程，而在于培训后员工正面提升的结果。从这个角度来讲，任何没有正向改变的培训都是资源的浪费。某零售业对服务能力和技巧方面的培训非常重视。所以，内训人员就一次又一次地组织大家做服务方面的培训，但是效果并不理想。而他们通常的做法是，因为效果不理想，所以强化培训，多次培训……最后搞得大家都很累。更合理的做法应该是，先了解公司既有的服务要求、流程、制度是否合理，这个过程需要和具体执行者深入沟通，了解不执行的原因。一般来讲，员工不执行的原因要么是能力，要么是意愿，这个要深入分析。这一步完成后，才有可能做出针对性的培训。所以，培训的关键是要找到差距，以期通过培训来弥补。接下来，就是要考核、监督、跟进培训效果。培训并不难，关键是要员工去执行，如果培训完后不考核、不监督，很快又会回到原来的状态。

从员工的角度来讲，他们喜欢的培训无非两方面，一是培训确实解决了他们工作中的难题，让他们工作起来更得心应手了，也更自信了；二是当他们按培训的方式去工作时，能够获得更好的工作绩效，拿到更多的收入。满足这两点的培训，自然会获得员工的支持。

所以，培训的目的在于获得一个更好的结果，而不是过程。要确保良好的结果，既需要注意培训的方式和时间（如不要在休息时间进行培训），更要关注员工对培训的真正需求，从而提供针对性的培训内容；同时还要重视培训后的考核、跟进、监督，外聘"专家"培训完了，拍拍屁股走人，企业内部培训绝不要做成这样子。此外，不能为培训而培训，更不要想当然地设置课程。

89
培训的关键

【核心观点】

培训的关键是教会员工方法论，培养其解决问题的思维方式，这才是员工真正的成长。

越来越多的企业开始注重内部员工的培训，培训他们的工作技能、商务礼仪、个人修养等。有的老板称其为"员工最大的福利"，还有的老板认为这是打造学习型组织的最好方式，更有老板认为这是"统一思想"的最佳手段……但是，员工是怎么看的呢？哪一方面的培训才最有效呢？

"我觉得除了操作技能的培训有些作用以外，其他基本上都听不懂，枯燥又乏味""培训常常是老师（老板）的个人秀，没什么实际作用""培训就是在给大家洗脑""我觉得培训多了，人都变傻了，越培训，人越傻"……这些就是员工关于培训的心声。

事实上，"培训多了，人都变傻了"这一观点还是有一定道理的。绝大多数企业的培训情况是，只告诉被培训者怎么做，却鲜有企业告诉员工为什么要这样做和使他认同这样做的原因。从而导致员工最多只是知其然，却不知其所以然。也就是说，培训常常使被培训者失去了独立思考、独自解决问题的能力，变成了一个机器，只知道照做。在具体工作中，当已知变量稍一变化、环境稍微不同，他们就慌了神，乱了阵脚。

其实，培训最关键的是方法论培训。告诉被培训者思考问题的方式、方法，以及解决问题的正确方向，同时，再教给他们解决几种常见问题的方法。比如，很多管理学大师并不熟悉每个行业，脑海中也不是装着所有的问题及答案，可是他们到任何一个行业、任何一家企业，经过一番了解后，都能找到最本质的问题，并提出有效的解决方案。为什么？因为他们有了一套系统的发现问题、分析问题及解决问题的方法论。因此，碰到任何问题，他们都能够用这一套方法论去分析、印证，而不是采用呆板、照抄、生搬硬套的方案。

因为很多企业只注重"动手"的培训，而常常忽视"动脑"的培训。这直接导致不管企业有多大，常常只有一个人在动脑思考。这个人就是经营者（老板）本人，其他人只能算是"管理者"。这两者的区别就是，经营者关注企业的盈利情况，而管理者只关注事情（任务）是不是按老板的想法做了，效果怎么样则基本不在考虑范围之列。

比如，某零售企业下面有很多连锁店，一般来讲，人们都认为店长肯定是门店的经营者，可是这家公司完全不是这样：店长基本上不关注成本、不关注单品的利润贡献率，也不是很关心新产品的开发，他们直接关注的是当月、当年的销售额能不能达成，很少琢磨如何将门店经营得更好。当然，这和这家公司的组织架构中更重视门店的执行、配合有很大的关联。根本原因还在于，公司只是把他们当作一个"管理者"在培训，而非"经营者"。

因此，培训的关键是教会员工方法论，培养其解决问题的思维方式，这才是员工真正的成长。

90
培养人才从明确职责开始

【核心观点】

培养人才最根本的一点在于，应该首先明确本部门的工作内容、工作职责和工作目标。多面手、复合型人才通常是可遇不可求的。

一个企业要走向世界，不但要有一个卓越的领导者，还要有一群卓越的人才。一个商人不仅自身要掌握发展所必需的新知识，也要懂得不必一切事物都亲力亲为的道理。毕竟一个人的精力和时间都是有限的，培养一群拥有新知识的人才帮助自己，将事半功倍。但凡有一点雄心的企业领导人，都会意识到人才的重要性，也会注重人才的培养。而在中国的企业中，一个普遍的现状却是，除了老板（创始人），其他能独当一面的人少之又少，这一点在民企中尤为明显。国企里的副总和一把手之间的差距并不太大，无论学历、经验或能力都旗鼓相当。而在民企中，副总和一把手之间的差别则非常大，许多民企（不乏规模比较大的民企）的副总基本"拿不出手"。

培养人才的方法有很多种，见仁见智。实际工作中，我们发现国内企业中普遍存在的一个问题就是"职责不清、分工不明"，而这也是我们效率低下、推诿扯皮的主要原因。尤其是在一些中小型公司中，往往是一个人做好几份工作。当然如果他只做一份工作的话，工作量肯定不饱和，但这样的操作方式至少有两个弊端：其一，久而久之，员工一定会有怨言，认为自己付出得多，而收获得少；其二，工作中会有扯皮现象，致使工作效率低下、同事关系不和谐。所以，培养人才最根本的一点在于，应该首先明确本部门的工作内容、工作职责和工作目标。部门经理应该明确地告诉手下的员工："我们部门担负着公司中XX方面的工作，为了更好、更高效地完成这项工作，今后我们应该按以下方法开展工作。"时机恰当的话，最好再补上几句："我希望各位明确我们部门的工作内容和目标，好好干！有什么困难找我商量。"

对于公司来说，如果领导（老板）明确指出："公司当前的方针是……大家都要按照这一方针努力工作。希望大家都能明确这一点。"那么员工工作起来就有了方向。如果一家公司没有方针，或者虽然有方针却没有明确地提出来，那么员工就不知道该如何开展自己的工作，因此得过且过，敷衍了事，能力也得不到提高。

国家的发展也是如此，比如"五年规划"，国家的目标确立后，就要围绕这一目标开展行动，国民才能朝着同一个目标努力。个人同样如此，确定了自己的目标和方针之后，就要为达成目标而努力，发挥出自己的才能。

部门的工作内容、职责及目标要根据公司的总体方针、目标来制定，部门负责人应将定好的方针明确地传达给本部门的员工。负责人在抱怨"我们部门的员工不够努力"之前,首先要反省自己是否做到了这一点。

91 核心员工培训什么?

【核心观点】

> 核心员工培训最重要的内容就是经营者个人的价值观、经营理念和处世哲学。简言之,就是这家企业尊崇的做人与做事规则。只有这些东西达到高度一致的时候,才能真正形成企业在管理上的核心能力。

正如"企业即人"这句话所说的,对于企业而言,人才的培养是非常重要的。优秀企业有一个共同点,就是重视员工的培训。同时,越来越多的公司开始重视对员工的培训,培训内容的涉及面也越来越宽泛,有给员工培训化妆技巧的,有培训服饰搭配的,还有培训个人理财的,等等。

就培训本身而言,大部分时候都是极好的,绝大多数情况下也受到员工普遍的欢迎和好评,尤其是年轻员工。然而实际工作中我们发现了一些共同的问题:其一,有些企业为培训而培训,没有明确的目的,这样的培训其实是在浪费员工的时间,也浪费了企业自身的资源;其二,培训的内容务虚、不实在,比如有些企业常组织员工学习"卡耐基"之类的内容,经常请人讲一些成功学方面的课程,这些内容对现在的员工起不了实质性的作用,甚至有可能让他们更迷茫;其三,培训效果不明显,无法进行检测和考量。

事实上,这些现象对于培训基层或普通员工而言,倒也并无太大的副作用,甚至还会让公司看上去显得很关注员工培训和成长，有不少正面作用（在校园招聘中比较明显）。而最令经营者（老板）头疼的是公司的核心管理层、骨干人员的培训。我们常说，"经营者（老板）决定企业经营方向的好坏和所选行业的优劣，而核心员工（管理者）才是决定企业是不是优秀或卓越的关键"。所以，给核心人员培训什么内容常常是经营者最为棘手的问题。

对核心员工培训最重要的内容就是经营者个人的价值观、经营理念和处世哲学。简言之，就是做人与做事的规则。只有这些东西达到高度一致的时候，企业才能在管理上形成真正的核心能力。这也是企业在招聘关键职位人员时，总是强调"要认同公司的企业文化，核心价值观一致"的原因。

浙江绍兴某企业是中国创业板上市第一股，企业效益非常好。该公司内部强调"老师文化"，每年将其核心管理人员及骨干员工挑出来组成一个班，叫"黄埔一期、二期……X期"，定期由老板给大家上课，讲公司的经营理念和核心价值观等。同时，会聘请国内优秀的老师讲课，加强核心人员对公司文化的认同，提升他们自身的管理及业务能力。另外，现在的华为，任正非的思想根本不需要过多地和下面的人讲，只要他有新的想法了，写一篇文章，往网上一发，很多人就会去研究、去分析，他的管理人员就会组织大伙去学习、去领会。这个时候，他管理起来就会比较轻松。

值得注意的是，核心价值观也好，经营理念或经营哲学也罢，这些内容必须是经营者（老板）真真实实的内容，并且要在其日常的行为上和工作细节中体现出来，不需要也不能拔高。

柳传志说："经营企业就是'搭班子、定战略、带队伍'"。他把"搭班子"放在第一位，显然，有一个拥有共同理念的"班子"才是经营企业最为关键的因素。

92
培养主人翁精神的两招

【核心观点】

企业中培养主人翁精神有两招比较有效：一是分利，建立员工持股机制；二是搭平台，支持员工内部创业与创新。

一直以来，很多企业都致力于培养员工的主人翁精神，希望员工工作像做自己的事一样（可能人们只有在做自己的事时才最认真、最专注）。我们也常说，管理的本质或者最终目的就是提高员工（被管理者）工作的积极性，增强他们的责任感，培养他们的主人翁意识。我们在管理中所使用的一切"手段"、技巧及工具等，都以此为落脚点。解决这一问题，有两种较为有效的招数。

其一，让员工入股。可以是部门的优秀员工/管理者，也可以是全员入股。只有当员工持有公司的股份并能够参与分红时，他们才会真正觉得是在为自己做事，主人翁精神自然就会形成。

在混合所有制改革的大背景下，越来越多的企业开始推进员工持股，2016年，某上市企业公布了新一轮的股权激励政策，公司董事会对包括公司部分董事、高级管理人员等他们认为需要进行激励的中层管理人员及核心技术骨干（含控股子公司）进行股权激励。行权的条件是在激励计划的有效期内，以2016年扣除非经常性损益后的净利润为基数，2017—2019年扣除非经常性损益后，以2016年净利润为基数，2017年、2018年、2019年各年度的净利润与2016年相比，增长比例分别不低于20%、40%、60%，即公司2017—

2019年净利润的复合增长率为16.96%。新政策实施以后,企业无论是从新签合同额、营收还是利润方面都有了更好的表现,企业的凝聚力也得到了进一步提升。

其二,鼓励员工内部创业。2000年前后,华为意识到随着公司规模的快速扩大,公司已非常臃肿,IBM诊断的结果是华为的供应链管理水平与业内先进公司相比存在很大差距,如华为的订单及时交货率是60%,国际上的领先制造商的平均水平为94%;再如,华为的库存周转率只有3.6次/年,而国际平均水平为9.4次/年。当时,华为做了很多调整和改革,其中一项就是出台了优惠的政策和资金支持,鼓励原部门主管和骨干内部创业,注册成专门为华为公司服务的EMS代工厂,或者其他服务商,业务上受华为公司供应链管理部管理,经济上独立核算。没有了华为员工的身份,这些内部创业的工厂所雇用的员工就和社会上的平均成本扯平了(华为正式员工的工资较社会水平高很多)。同时,创业团队变成了股东和管理者,实现了平衡过渡,保障了改革后华为产品的生产质量,同时也把制造成本结构性地降了下来。而当员工自己成了"创业者"的时候,其主人翁意识就形成了。

上述两种方法各有千秋,前者更适合小公司(小部门)使用,见效快;后者则更适合多元化、集团型企业,同时也不失为一种精简组织架构、优化部门的策略。

93 留住骨干员工

【核心观点】

留住骨干人员有两个简单直接的方法：一是给骨干人员找事做，或者给他们政策，允许他们做事；二是帮他们解决诸如人际关系的问题，让他们能够轻松地、全身心地投入工作。

某人庆寿时宴请好友，临开席却发现有很多人没来，于是嘀咕"该来的都没来"。本身只是一"嘀咕"，来了的好友听了却极为不爽，言外之意就是"我们都是不该来的喽"。于是，他们中又散了一半。寿星见状，失言"不该走得又走了"。结果话音刚落，在场的来客都起身走了……

这本身只是一个笑话，供大家娱乐的同时也强调了会说话的重要性。但是类似的现象在企业中却很常见。企业里有一句话："能干的不忠诚，忠诚的不能干。"这也是令许多管理者非常头疼的问题，实际上，这话应该反过来讲：正因为不能干，所以只好忠诚，而正因为不忠诚，所以必须要有能干的本事。深圳某国企领导曾经很痛惜地披露了一个数据：我们企业的人员流失率在10%左右，这比例看上去不算高，但是这10%的人员几乎都是核心骨干人员。要是流失一些普通的职能管理人员，一抓一大把，但偏偏流失的都是骨干。另外，我们从各名牌高校招进来的硕士、博士及博士后，在公司工作两年后（这两年基本上是公司在培养他们），几乎有50%的人员都辞职去了别的单位。

通常来讲，遇到上述情况，很多人的第一反应都是薪酬待遇有问题。实际上，当我更深入地调查后，发现这些人的薪酬水平并不低，很多人跳槽到新的公司后，待遇也差不多，有的还会低一些。某国企的某个重要科研项目带头人，突然辞职去了一家各方面条件都一般的民企，原因是在那家民企工作更充实、更有成就感、更受人尊敬和重视。他说他之前在国企工作时，有机会接触到一个同行的民企老板，人家开玩笑地称他们为"家猪"，每天什么都不用想、不用做，张嘴吃食就行；而称他自己为"野猪"，每天都要到外面寻找食物，刚开始是有一顿没一顿地吃，现在却把自己养成了"大肥猪"。

所以，企业不要一味通过增加工资来赢得员工的忠诚度，就好像人们对某个产品（品牌）保持忠诚度，并不是因为它便宜。

尽管人们从某种意义上都渴望获得一份"钱多、事少、离家近"或者"养尊处优"的工作，但如果让一个人（尤其是年轻人）长年累月过这样的日子，而且这个人还很有能力（企业骨干人员通常都是很有能力的），那么他离开就是迟早的事。因为他总得找到一个地方来消耗能量，这也是"能干的不忠诚"、流失的都是骨干人员的原因。

要解决这一问题有两个直接的方法：一是给骨干人员找事做，或者给他们政策，允许他们做事；二是帮他们解决诸如人际关系的问题（很多骨干人员并不擅长处理人际关系，大企业的人际关系尤其复杂），让他们能够轻松地投入工作。

94
企业接班人的关键素质

【核心观点】

公司在选择接班人时，备选人最关键的素质是要能够深刻地理解并认同公司的企业文化，这绝不是表面上的认同，应该是骨子里的认同。

听过这样一个小故事，有家传统的制造型民营企业，其创始人想把企业交给年轻的儿子打理，自己退休。谁知刚一和儿子商量，儿子就不假思索地建议："老爸，趁现在企业还赚点钱，还值钱，赶紧把企业卖掉吧！"差点儿把创始人气死。

不知道这个故事的真实性有多高，但中国的第一代创业者目前大多数都面临着接班人的问题。有一家民营企业，创始人都七十多岁了，还在亲自管理公司。

那么企业在选择接班人时，首先要考量的应该是什么呢？应该是认同创始人的经营哲学，骨子里认同公司的企业文化，并且拥有依照这一套经营哲学和文化理念开展工作的素质。绝大多数情况下，这个人应该由企业内部培养，而且需要很长一段时间的培养，绝非"空降兵"可以胜任。

每个企业都有其经营哲学、行为方式、做事原则、目标愿景、企业使命及核心价值观等各种理念，管理学上将这些理念和规则统称为企业文化。任何一家公司的企业文化一定有其创始人或者创始团队强烈的个人/团队色彩、风格或特点。不管具有这种风格或色彩的企业文化是否有缺陷，在大家都已经接受它并且形成了这种做事的思维时，盲目地将其推翻，再去建立一种新的企业文化，就很可能会给公司带来极大的灾难。

在国内有一个经典的案例：北大方正作为一家由校办企业发展起来的高科技公司，虽然经历了多次高层人事变动，但公司内部依然保留着一种充满亲情和凝聚力的文化，许多人员之间要么是师生关系，要么是同学关系，下级对上级常以"老师"相称。

在组织结构与管理方面，北大方正内部缺少明确的政策、规则、步骤与流程；公司对员工的忠诚度、献身精神和创新精神给予高度鼓励，得到信任的人拥有较大的权力和行为空间，问题的解决在某些情况下具有一定程度的特殊性和随机性；岗位职责相对模糊，时常调整，优秀员工经常会完成虽不属于自己职责范围但对公司有利的工作，同样也存在"南郭先生"、搭便车者、机会主义行为者；

绝大多数员工相信随着企业的发展，个人现在的忠诚度会得到长远的回报。公司不仅重视正式的沟通系统，而且广泛依赖非正式沟通渠道，反应迅速，灵活性高，组织动员的成本较低；企业内部收入分配差距相对较小，企业文化比较强调合作。

1999年，李汉生加入北大方正任高级副总裁、方正电子公司总裁，成为外企"空降"国企第一人，轰动一时。李汉生走马上任了解情况以后，认为和科学的管理方式相比，方正的管理存在着较大的漏洞。因为公司内存在显而易见的资源配置低效和资源使用低效；大锅饭严重；组织臃肿而且分工不明确；缺少科学的政策、规则、步骤与程序，问题的解决或处理具有太多的特殊性、任意性和随机性。简言之，管理的随意性强。在崇尚科学化管理、个性严谨的人看来，这样的管理显得很粗放，有点像农业社会的管理。

面对这种局面，李汉生几乎毫不犹豫地做出了决定：彻底摧毁这种结构和文化，代以科学的管理方式，即重构以集权和严格的层次、科学的分工、严格的制度、严密的控制为基础的新的结构与文化，同时削减不能盈利的业务，更换不能接受这种管理模式和企业文化的人员。

可想而知，李汉生的"新政"在公司内部引起了极大的争议，甚至有员工直接问他："如果你在公司看到暖瓶倒了，是否把它扶起来？"李汉生间接地回答："是你的职责，你必须扶起来；不是你的职责，就不需要你管。"面对这样的回答，显然已经没有再争论下去的必要性。

经过一段时间的剧烈动荡，北大方正已变得不再是老员工心目中的方正，甚至也不是创业者心目中的方正了。事实上，这时老员工已经所剩无几，公司变得面目全非：原有的忠诚度、凝聚力和创新精神没有了，新的管理体系和文化也没有建立起来，核心竞争优势逐渐销蚀，最后李汉生也不得不黯然"下课"。

从管理的角度来说，李汉生做的并没有错，他的目的是使公司更高效地运转。但他为什么失败了？原因在于他采取了不合适的手段，而这也恰恰是所有"空降兵"所存在的问题。所以，公司在选择接班人时，最关键的素质是备选人要能够深刻地理解并认同公司的企业文化，这绝不是表面上的认同，应该是骨子里的认同。而这需要很长的过程，甚至在这很长的过程后可能还会出现问题。比方说联想的杨元庆，当时柳传志把他和郭为同待遇培养，最后杨元庆胜出，接手了联想，但很快联想就出现亏损，还是柳传志"出山"才使联想恢复正常经营。当柳传志再次退隐时，记者还打趣地问他"会不会再出山"。再如万科的郁亮，王石将其一步一步培养出来，他从北大一毕业就在万科工作，然而他一接手，就出了"质量事件"……

所以，公司接班人最关键的素质应该是对公司企业文化的认同和遵循，并且能够传承、创新及升华。

第七章

管理转型与升级

本章结合时代背景、新生代员工特征探讨企业管理的转型与升级,旨在帮助管理者更好地适应新时期的新管理,更好地管理新生代员工。正如前文所言,管理既是科学,也是艺术,没有一成不变的管理,管理需因时而变,随时而制。

本章首先探讨企业为什么要转型,并进一步提出企业转型变革成功的关键,以及在变革过程中要注意的事项;其次对过去一直使用的"胡萝卜加大棒"的管理方式怎样适应当前环境及新生代员工特征提出新的思考,随后指出新生代员工对管理方式的要求,进而提出对未来管理的三个方面的思考:一是企业竞争将回归基础能力,二是管理要力求精简,三是未来的管理是真正的人本管理。

95
企业为什么要转型?

【核心观点】

经济快速增长的黄金时代过去了,中国经济全面进入新常态已经成为不争的事实,新常态下企业面临更多的挑战,这是企业必须转型的大背景。

转型,一直以来都是一个老生常谈的话题,大至国家、城市、行业,小到企业乃至个人,都在谈转型。当然,一个普遍的情况是,谈论者多,行动者寡,很多企业虽然把"转型"挂在嘴边,实际却始终在谈论阶段,鲜有行动。有不少企业做了一个精辟的总结:不转型是等死,转型是找死。依据"好死不如赖活着"这一指导原则,"找死"不如"等死"。而企业若真安于现状,很可能突然间就会死掉,还可能是"猝死",因为企业赖以生存的大环境已大不如前。

很多年前,郭士纳写过一本书叫《谁说大象不能跳舞?》,主要谈及在他的带领下IBM如何成功转型。实际上,IBM的成功转型也成了企业转型最典型的案例。郭士纳在书中说过一句经典豪言:"如果大象能够跳舞,蚂蚁就应该退出舞台。"而到了今天,二十多年过去了,那些原本该退出的蚂蚁,现在已经长大成为新的大象,有些甚至比IBM还大。也就是说,如今的IBM又该讨论转型了。

城市转型的一个经典案例,就是深圳。2000年前后,深圳着眼于转型,在当时引起了很大的轰动,有人专门撰文《深圳,你被谁抛弃?》,这篇文章当时见报后,人们纷纷向深圳投以"怜悯"的眼光、不理解的表情,当然也不乏幸灾乐祸者。因为那个时候的深圳相对国内其他城市来说，比现在更显"高大上"。十几年过去了，现在我们可以说深圳的那一次转型，是非常成功的，这也是深圳现在之所以有那么多高新科技企业，并且在各个新兴领域有如此多优秀企业的主要原因。有个行业内很优秀的企业董事长告诉我们以前他只顾埋头干活，不太了解环境，现在形势所迫，开始走向市场。他发现深圳在各行各业都有很多值得尊敬的公司和创业者，而这就是城市魅力的体现。

越来越多的老板诉苦说生意难做，环境恶劣。以房地产行业为例，尽管大家对房地产今后的发展、转变有很多不同的看法和意见，但有一点似乎形成了共识——中国房地产行业的黄金时代一定是一去不复返了，实际上很多行业都是如此。

依照王小波的逻辑，黄金时代过去了，下一个时代就应该是白银时代。白银时代，企业将面临什么样的挑战呢？首先，对于整个中国来说，人口红利会逐渐消失，各行各业劳动力会进入短缺时代。而不再是一个劳动力低廉的时代，尽管我们总觉得自己工资低，但明显的是，对于企业来说，廉价劳动力的时代将一去不复返。其次，在白银时代，如果说你还是头"猪"的话，就要尝试一下落地的感受。除非你做一头智慧的"猪"——找到下一个风口，然后立于风口之上。最后，也是第三个特征，就是未来，几乎各行各业都会受到信息技术和互联网技术的影响。

人们常常关注"世界500强"企业，却几乎没有人去关注"世界500大"企业。实际上，在国内有很多大而不强的公司。它们的特点之一就是粗放式发展，收入的增长完全靠劳动力的投入，基本上没有过多的附加价值。"大而不强"是国内多数大中型企业的通病，所以转型的关键是思考如何变得更强，而不是更大。

96
企业变革成功的关键

【核心观点】

> 要使企业转型变革有效,需要做到两点:一是要不断树立公司全员的危机意识;二是公司核心领导人/领导团队须有较强势的作风和决心。

我们经常说这个世界变化太快,唯一不变的是变化本身。以前无论是在电影中,还是现实中听人说类似的话时,总是一笑置之,觉得这人多半是在无病呻吟。而现在几乎所有企业都有的一个共同行为就是在寻求变化、寻求突破,尤其是公司内部的一些管理制度,如组织架构、激励约束机制、日常管理制度等,很多都处于一种"不是在变,就是走在变的路上"状态中。虽然每一次变革几乎所有人都期望变得更好,但常常事与愿违,其中一个重要的原因就是当事者(被变革对象)的反对、不配合。

前些年,以美国为代表的诸多国家拒绝华为的进入,引起了许多人的关注。一个被传播最广泛的原因是通信设备供应商可能在后台监听通信内容,美国也好,加拿大也罢,都是从自身的安全出发,拒绝华为的进入。用任正非的话说,就是现在华为前面是浓浓的雾,看不清方向了,所以华为要变,他开始进入智能手机领域,并且取得不俗业绩。简单地梳理一下华为的发展史,我们会发现,华为能取得今天的成绩,与其经常性的变革有很直接的关系。值得关注的是,华为的很多变革,尤其是重要的变革,都取得了成功。

华为发展到一定规模时,任正非去拜访了日本的松下幸之助。松下幸之助和任正非谈论的具体内容无从得知,但其中一点对任正非的影响很大——松下告诉任正非要有危机意识,所以任正非回来之后,写了著名的《华为的冬天》。

里面有一段内容是这样的："十年来我天天思考的都是失败，对成功视而不见，也没有什么荣誉感、自豪感，而是危机感。也许是这样才存活了十年。我们大家要一起来想，怎样才能活下去，也许才能存活得久一些。失败这一天一定会到来，大家要准备迎接，这是我从不动摇的看法，这是历史规律。华为公司老喊狼来了，喊多了，大家有些不信了。但狼真的会来。今年（2001年）我们要广泛展开对危机的讨论，讨论华为有什么危机，你的部门有什么危机，你的科室有什么危机，你的流程的哪一点有什么危机。还能改进吗？还能提高人均效益吗？如果讨论清楚了，那我们可能就不死，就延续了我们的生命。怎样提高管理效率，我们每年都写了一些管理要点，这些要点能不能对你的工作有些改进，如果改进一点，我们就前进了。"

在我看来，这段文字描述的就是华为能够变革成功的重要原因之一。任正非总是在公司强调危机意识，告诉大家如果不变革，那么就意味着等死，所以当他有变革的想法、方案时，就能够得到落实。2016年，华为的营业额达5200多亿元，已经触到行业的天花板了，任正非将公司的使命改变为"活下去"……

因此，企业变革成功的关键是企业要有战战兢兢、如履薄冰的危机意识。那么企业的危机意识从哪里来呢？一方面是市场环境，另一方面则是领导人的工作职责，华为现在是行业的"领头羊"，任正非谈危机，肯定有些人觉得他矫情、装，但是当他谈得多了的时候，并以强势的决心和作风付诸实践的时候，就会有越来越多的人认同他的思想。

当年，华为在盈利并不理想的情况下，花重金请咨询公司打造公司一系列企业制度，其中就包括著名的《华为基本法》。当时任正非的做法就是第一年僵化，不允许任何人说"不"，不允许任何人唱反调，正所谓"强迫成习惯，习惯成自然"；第二年优化、完善；第三年固化。事实上，我们许多企业存在的问题就是新建立一项制度，刚开始大家辛辛苦苦执行起来，最后突然有一个管理人员或者高层领导提出反对意见，那么所有人的工作都白费了。应了那句老话"辛辛苦苦三十年，一夜回到解放前"。

当大家觉得现在的制度都很好的时候，就不会想着要变，但是现在的好绝不代表以后的好。所以，要使企业变革有效、成功，即要树立全员的危机意识，同时变革者（企业领导人）还要有比较强势的作风和决心。

97 变革，着眼当下

【核心观点】

> 变革的关键是要引导人们关注眼前的危机并着手解决。在大厦将倾的时候，我们不能也不应该为一些愿景性或长期的转型问题担忧。

过去几年，有一个词在企业很流行——转型升级。尽管绝大多数企业好像都面临类似的问题，但却少有企业真正行动，多数企业还停留在"喊口号"的阶段。实际上，各个行业内真正转型升级成功的企业并不多见。一个较突出的问题是很多企业领导者没有方向，不知道往哪里转型、如何升级，或者要转到哪里去，升级到什么位置。循着这一思路，变革的关键似乎应该是先明确一个愿景——变革的方向。于是，很多企业领导者对讨论公司"愿景"这件事，乐此不疲。实际上，直接跳入愿景的阶段都是非常有诱惑性的，因为它看起来比较符合逻辑。接着，他们的逻辑就是先明确企业的愿景，然后再通过某种形式的"变革管理"，来实现自己预定的愿景和战略。

尽管这一逻辑正确，也符合常理，但它的问题在于真正优秀的、合理的变革愿景，正变得越来越难以制定。这个世界是如此复杂，我们所面临的形势每天都在发生着巨大变化。即使是对于一家小公司，或者一家大公司的一个小部门来说，它所面临的形势也可能是非常复杂的。过去，那种精明万分、能够只身率领企业奋勇向前式的孤胆英雄，正变得越来越不可能出现。所以，在这种情况下，企业更多的是需要组建一支团队，这支团队应该配置合适的人员，能够承担比较艰苦的工作，而且要有很好的协作能力。更关键的是，领导者应着眼于企业当下最迫切需要解决的问题。

郭士纳带领 IBM 转型的过程中，总结了这样一个经验：经过周密的思考，我抛弃了以往的那种召集会议的方式——"我们星期五开个会，讨论一下愿景问题"，改为"我们的维护程序出了问题，大家讨论一下，看看有什么办法"。这种战术立刻产生了效力，IBM 的高级管理团队开始对这些问题重视起来。在解决问题之后，郭士纳会鼓励大家继续讨论一下，应该采取什么措施避免此类情况再次发生。所以，在讨论当前必要的投资项目的同时，IBM 还对未来的投资项目结构进行分析。这就为接下来讨论一些真正重要的问题奠定了基础，并使大家对那些更大的转型问题产生了兴趣（或者说是一种紧迫感）。

实际上，在大厦将倾的时候，我们不能也不应该为一些愿景性或长期的转型问题担忧。当企业领导者开始努力重建自己（或自己老板）的组织，看到自己周围所发生的变革，意识到必要变革的重要性时，实际上就已经开始在为挽救公司而努力了。即使领导希望告诉大家眼前的危机有多么严重，也只能通过这种方式来吸引人们的注意，然后和大家一起为组织变革的愿景而努力。

所以，变革的关键是要引导人们关注眼前的危机并着手解决。有一位 CEO 在兼并一家病恹恹的企业之后，曾说过，"一个企业的发展愿景是我们现在最不需要的"。企业在变革转型过程中，更应该着手当前最迫切的问题，引导人们去解决它。

此外，那些总是把愿景放在第一位的人，有时也会对当前的变革领导团队做出错误的判断，他们把目光集中在该团队以往的表现上（实际上，这支团队可能并不能承担企业未来的变革任务），或者他们并没有看到这支团队的协作能力很低，不足以带领公司完成重大的变革任务。

98
自由选择下的企业变革

【核心观点】

企业变革讲究的是一个循序渐进的过程，关键是要让员工看到新制度、新政策的好处，光看到还不行，得能切实感受到才好。

员工的支持配合是企业变革成败最关键的因素。然而，总是有一些员工对变革持反对、不合作的态度，还有一部分人表面上配合，暗地里却十分反对，也就是所谓的"阳奉阴违"。很多民企老板也经常"诉苦"——新的制度、政策推进的难度确实太大，很多政策都推行不下去。如果持这两种态度的人员不在少数，那么企业还要不要变革？事实上，绝大多数人，包括企业的领导人、管理者，从骨子里来讲，并不喜欢折腾，也不喜欢变革。但之所以要变革，是因为如果不变，企业的现状并不能维持太久，企业会被其他竞争者甩在身后，甚至有倒闭的风险。所谓做企业"如逆水行舟，不进则退"，一个企业如果原地踏步三五年，其结果必然是倒退、衰落。一种比较有效的推进改革的方法，就是给员工自由选择权。

搞改革不能操之过急。

李光耀刚任新加坡总理时的做法值得借鉴。当时，新加坡要进行语言的改革，他认为，这很必要。作为一个国家，要想生存下去，你需要具有某些共同的属性，具有一些相同的东西，这就需要改革。但是，如果你改革步子迈得太大，就会招来问题，要慢慢地、稳步地推进。但不争的事实是，没有人愿意丧失自己的种族、文化、宗教甚至语言属性。如果当时李光耀把英语强加给所有新加坡人，那他就会四处碰壁。如果他试图把汉语强加给所有人，那么他也会立即遭到抵抗、遇到麻烦。这个时候，李光耀的做法是给每位家长提供了一个选择：让他们自己决定孩子学习英语还是学习他们的母语。通过他们的自主选择，再加上市场机制在过去30年的推动，新加坡最后确定了以英语为第一语言、以汉语为第二语言的格局。而这正是李光耀所期望、所需要的结果，他成功地把以汉语为教学语言的大纲转变成了以英语为教学语言的大纲。事后，李光耀总结说："如果当初我非要在5年或10年的时间里完成这项变革，而不是通过自由选择在30年内完成，那么就会带来灾难。"

虽然不是说所有人都没有自觉性，但是可以肯定的是，所有人都不喜欢被强迫。所以，企业变革要获得成功，就应该着力提升员工的自觉性、积极性，使之主动参与到变革中来。河南有一家企业的现状基本上是"平均分配，吃大锅饭"，在这样的制度下，谁都不会力争上游，可想而知，企业效益也不会好到哪里去。这个时候，企业设计了一套新的薪酬制度，较以前的制度最大的区别就是将员工收入分为两部分：固定收入+浮动奖金。依据设计，浮动奖金大概占比60%，新制度一公布，问题就来了。在很多普通员工眼里，收入就是他的基本工资，他们之中很多人认为只有那40%的基本工资是自己的，其他的都不确定，于是情绪很激动，以致新的薪酬制度推行不下来。后来采用了一种折中的办法，让大家自由选择，即根据员工自愿选择，可以选择新的薪酬方案，也可以选择原有的薪酬方案，最后有超过60%的人选择了旧的薪酬方案……一年以后，大家一对比，发现选择新的薪酬方案的人收入比选择旧薪酬方案的高了30%。这时，大家都纷纷要求按新的薪酬方案发放工资，这家公司只用了一年时间，薪酬改革就取得了很好的效果。

我们常讲"心急吃不了热豆腐"，企业变革讲究的也是一个循序渐进的过程，关键是要让员工看到新制度、新政策的好处，光看到还不行，得能切实感受到才好。企业变革是给员工一个自由的选择，而那些选择新制度的员工都是平时工作积极、自觉的员工，他们更渴望公司的制度、流程、政策改革得更为公正、合理。

99
企业转型的三点思考

【核心观点】

企业要达到转型目标，中间要考虑很多因素，其中对创新的把握、对本土市场的了解，以及人才的投资和储备尤为重要。

之前有一阵，转型在互联网上得到了很多人的关注。实际上我们知道企业转型的重要性，也一直在寻思着转型，问题是不知道如何下手。的确，这是一个复杂的问题。关于转型，说起来不难，真正做起来却千头万绪，稍不留神可能就"回到解放前"了。大概这也是很多企业处于观望状态的原因吧！具体如何做，很难有一个"放之四海而皆准"的锦囊妙计，但是企业家，或者企业高管，倒是可以从以下三个方面做一些思考。

第一，仅凭借价格优势来赢得市场的时代已经结束。常听一些企业家说：同样的事情我可以用更低价格帮你做到，跟我做生意吧！但是，要想在未来的市场具备真正的竞争力，仅以更低价格做到那些别人也在做的事是远远不够的，企业需要更多创新的做法，需要更多战略性思考之下的先发动作。基于人力成本的价格优势已经远远不够了（而且人力资本会越来越高），挑战在于企业的创新能力。值得注意的是，创新不仅仅是推出好产品，关键在于知道什么是最好的产品，以及应该在什么时间、向什么人群推出这些产品。所以，挑战的核心在于建立一个生态系统去实现这一点。

正如哈佛商学院高级副院长达斯·纳拉扬达斯所说的，"我在中国市场看到的最令人激动的一点就是，年青一代的企业家从创办公司第一天就在创新，他们在这个全新的、多变的、竞争更激烈的世界长大，天生就会创新。而老一代得益于价格优势而成功的企业和企业家，还停留在价格战的旧模式中，难以转向新世界，这是他们面临的核心挑战。"

第二，要对本土市场有更深刻的理解。我们经常听到很多企业家说，国内市场不健全，其中一个特点是消费者对价格极度敏感，不喜欢付费服务，但是对产品和服务又非常苛求，很难伺候。其实，这些根本不是什么国内消费者的特点，这是全世界消费者的特点。任何人都喜欢更好、更便宜的产品和服务，企业家要意识到，这些不过是正常的人性特点，而且未来很可能是一个"免费"时代。所以，企业家不要抱怨这些，不要停留在这个层面，要超越这种认识，跨越整个消费者层级去寻找那些垂直细分市场的核心用户，那些愿意为他们需要的服务而支付溢价的用户。比如，腾讯刚推出 QQ 的时候，基本上找不到盈利模式，也不受广告商的青睐，很多人甚至认为它很快就会死掉，但是后来腾讯推出了溢价服务，其中之一就是会员制，很多人每个月给腾讯贡献 10 元钱，享受"特权"。所以，我们的企业家、企业高管，不要只想着如何理解全球市场，更要深刻地理解本土市场。

第三，企业家要真正意识到人才的价值和力量。优秀企业最突出的特点就是对人才的重视和投资要远超一般的企业。面对同样激烈竞争的市场、同样紧俏的人才市场，卓越的企业往往比同行中的其他企业更愿意在人才方面做更大、更长远的投资，华为是一个很典型的例子。很长一段时间以来，几乎每一年华为都花很高的成本把各目标高校的优秀毕业生纳入麾下，有时候甚至只是为了防止竞争对手得到这些人才。

如果说企业有哪方面是绝对不可以忽略和搁置的，那就是对人才的投资。企业的人才战略不仅在于招募到顶尖人才，更在于持续管理和发展人才。企业在人才管理上投入的时间和资源越多，所获就越多。要知道在那些竞争最激烈的领域，永远有好机会向顶尖人才敞开，你要想留住这些人，就要投资于他们的未来，而不是他们的过去，这其实也是在为企业的未来做投资。

所以，企业要达到转型的目标，中间要考虑很多因素，其中对创新产品的把握、本土市场的了解，以及人才的投资和储备尤为重要。

100
逐渐失效的"大棒"

【核心观点】

有人说管理很简单，一句话："胡萝卜加大棒"。很多企业也一直遵循这样一套管理逻辑，时至今日，随着社会环境及工作者自身的变化，"大棒"所起到的作用已经越来越弱。

有人总结说管理很简单，一句话："胡萝卜加大棒"。事实上，这也是大多数企业管理的理论依据，"大棒"的应用尤其明显，如各种各样的罚款条例、严禁行为，这样的条条框框往往一举一箩筐。然而，据很多中层和基层管理人员反馈，现在的员工，尤其是年轻员工越来越难管了。也就是说，"大棒"的作用已经越来越弱了，甚至会带来很多负面的东西，比如，对年轻员工稍一责罚，第二天他就辞职不干了，甚至也有员工因被罚款而与管理人员打架……

20世纪60年代，道格拉斯·麦格雷戈提出X理论和Y理论。X理论是指对劳动者和劳动的传统态度，把人看成是懒惰的，不爱工作并想逃避工作的，必须用"胡萝卜加大棒"加以驱动。X理论认为绝大多数人不能承担责任而必须由别人来照看。相反，Y理论则认为人有一种心理上要工作的需要，并想要取得成就和承担责任。

据麦格雷戈个人在其书中的表述，可以看出他更愿意把员工看成Y理论中的假设。同时，管理学家赫茨伯格也举出许多例子来说明，知识工作者需要有所成就，只有在工作中取得成就才能干得好。否则，至多只能凭一时的冲动来行事。同样，索尼公司的衰落似乎也证实了这一点，在井深大、盛田昭夫时期，人们都有无穷的干劲、创意，而后来因为都忙着应付"绩效考核"而丧失了创新精神，后一点成为索尼衰落的一个重要原因。

每一个稍有常识的人都知道，无疑存在懒惰的人，就好比存在勤快的人一样。但更重要的是，同样的人在不同的环境中可能做出完全不同的行为。在一种情况下，他们可能懒惰并抵制工作以达到怠工的目的；而在另一种情况下，他们又可能被激励起来去取得成就。因此，有理由认为取得成就的愿望在很大程度上受到文化和经验的影响。所以，关于X理论和Y理论到底哪一种在科学性上更真实的争论，在很大程度上是一种无谓的争论。值得管理者思考的问题不是"哪一种人性理论是正确的"，而应该是"我所处环境的现实是什么，在目前的环境中，怎样能够完成我对员工工作进行管理的任务？"

令人不愉快而又无法避免的基本事实是，随着经济的快速发展，以及人们生活水平的提高，传统管理的X理论那套方法，即"胡萝卜加大棒"，已不再起作用了。在发达国家中，它甚至对体力工作者起的作用也越来越小；而对知识工作者来说，它在任何地方都不起作用了。管理者已经没有"大棒"可用，而"胡萝卜"作为刺激的作用也越来越小了。

事实上，我们可以将管理中的"大棒"理解为"饥饿"和"恐惧"。以往，除了极少数人以外，绝大多数人处于维持生活的边缘并经常有挨饿的危险。一次收成不好就足以迫使农民铤而走险成为小偷，甚至抢劫犯，足以使他失去唯一能使他免于沦为乞丐的一小块土地。现在，即使在很偏僻落后的地方，最贫穷的人也能解决温饱问题了。同样，现在越来越多的劳动者（尤其是经济发达地区的劳动者）知道，即使他失去了工作，他和他的家人也不会挨饿。

而恐惧也不再是一种激励，而是一种反激励。其原因之一是教育的普及，教育的普及使人们具有可被雇用的条件，使他们有更广阔的活动范围。另一个原因是形形色色企业、组织的出现。在目前的社会中，即使教育程度不高的人也有各种就业机会。而且人们可以横向流动，一个人失去了工作仍然是不愉快的，但却不再是灾难性的了。

在封建社会，中国的佃户（租种地主土地的农民）无论多么能干或勤勉，如果他的土地被地主收回，他就沦为一个"强壮的乞丐"。他除了偶尔能在收获季节打零工以外，没有其他就业门路。一个人失去工作比被判无期徒刑还要糟糕。它使一个人成为一个被抛弃者。现在，一个失去工作的人可以到人才市场、网上、工业区去另找工作。即便是经济不景气的年代，也少见有人长期失业（除非他不愿工作）。

现代行为科学心理学表明，巨大的恐惧对人有一种强制力，而恐惧残余则只会造成怨恨和反抗。西方发达国家的经验表明，恐惧已失去其强制的力量。还残留的一些恐惧已不能起激励作用，而只能破坏激励，这正是由于恐惧已不再充分有力和使人充分信服。

当然，现在还能产生激励作用的"大棒"是"大恐惧"。比如，我们会帮助很多企业制定《边界管控》（也称高压线或雷区），明确规定里面的内容公司任何员工不能触碰，"一碰即死"，其方法是以丝毫不含糊的语言告诉员工高压线是什么。其中，有一条是严禁吃回扣、行贿受贿、挪用公款，一经发现，立即开除，并追究其法律责任，且会将这一"污点"想方设法通知其新的雇主。这样的"大恐惧"能够起到激励作用。但是除了这种例外情况，过去激励员工的那根恐惧的"大棒"已越来越不能为管理人员所用了。不论管理者是否承认这一点，现实情况都是如此。

当然，任何组织都需要有一些纪律措施，但其作用和目的只能是使企业的日常管理更为规范、有序，而不能用作激励政策。纪律措施如果被不恰当地用作激励政策，只会造成怨恨和抵制，起到反激励的作用。

101
微信红包打开"新权力"时代

【核心观点】

要具备新权利能力，传统企业必须完成三项任务：一是在不断改变的新旧权力对比中，评估自己的位置；二是将收到的最为尖锐的批评付诸实践；三是发展出灵活机动的能力。

我们所处的社会真真切切地在发生显著的变化——以参与和创造、合作和分享为特征的新权力开始颠覆旧权力。

2015年春节，最大的赢家当数除夕抢了春晚风头、霸占了人们手指和注意力的微信红包，网友们如此总结："微信用4个小时干了支付宝用8年干的事"。在用户绑定银行卡方面，微信仅用几个小时就几乎超越了支付宝之前8年的努力。大年三十那天晚上微信和支付宝都有"抢红包"活动，但支付宝红包几乎被忽略，当时绝大多数人的亲身体验是：在微信群里看到有人发"支付宝红包口令"，过了很久再过去输入，红包仍在，而微信红包几乎是"秒抢"。

微信红包

微信支付和支付宝这场短兵相接的"战斗"让人们看到，还在紧抱旧权力不放的企业将被大众抛弃。网上流行过一个段子——邮局不努力，快递就努力；银行不努力，支付宝就努力；通信不努力，微信就努力；商场不努力，天猫就努力……实际上，后者的成功尽管与其努力密切相关，但实质性的原因是前者代表的是"旧权力"，而后者代表"新权力"，本质上是权力的迭代。

所谓"旧权力"类似货币，掌握在少数人手中，一旦得到，拥有者会小心翼翼地将其守护起来，而拥有这些权力的人可以"挥金如土"。"旧权力"最显著的特征是封闭、难以获得，受权力掌握者和利益既得者驱动。"旧权力"是一种特权，它的运行方式是"下载"和"捕获"。

而"新权力"类似电流，是由多种力量汇聚而成的。"新权力"开放、鼓励参与、圈子推动（来自同事、同辈、朋友之间的驱动力）。它的运行方式是"上传"并"扩散"。它就像水流和电流，在汇聚时力量最大，"新权力"更侧重于引导而非囤积。

"旧权力"的商业模式主要是基于消费，"新权力"则开发出除消费以外的顾客渴望参与的能力和欲望。这些不断增长的能力和欲望包含几种形式：分享，借用他人的内容和观众分享；塑造，将既有内容或资产加入新信息或新特色重新混搭；资助，获得财务支持；生产，创造内容，或在网上提供产品或服务；共有，如百度百科、开源软件等。

"新权力"参与者越来越希望能积极塑造或创造生活的各个方面，这些期待带来了以参与为核心的新价值观。随着"新权力"模式逐渐渗透到人们的日常生活、团体和社会的运行系统之中，与之相关的一系列价值观也随之出现，权力的流动方式发生了变化。

根据哲学家伯特兰·罗素的定义，权力仅仅是"产生目标效果的能力"。"旧权力"和"新权力"所产生的效果不尽相同。圈子协作和大众媒介造就了"新权力"的商业模型，大众合作和参与成为"新权力"的商业模型的核心内涵。而"旧权力"来自企业和个人对某种东西的独家拥有、知晓或掌控。一旦失去这些，"旧权力"

的优势就不存在了。

其实，多数企业意识到权力的本质在发生变化，但只有少数企业明白如何做才能在新时代产生影响力。企业看到一些组织使用社交媒体产生了巨大效果，便不假思索地加入了一些技术，却没有改变价值观或者商业模式。有的公司设立了首席创新官，这一行为就像在"旧权力"的领导脸上贴了"数字胡子"一样浮于表面。他们通过微博来扩大影响力，CEO和员工不定时地使用微信进行对话，但本质上仍然封闭，最后弄得不伦不类。

要知道，如果你所在的行业已被"新权力"彻底颠覆，那么如果缺乏"新权力"战略，所有的表面功夫根本没用。比如，一家报社虽然在其网站每篇文章下加上评论栏，但并不意味着他们就变成"新权力"战略了，而真正要实现这一点，就必须投入大量精力和读者进行互动，建立活跃的社区，而这意味着报社要在商业模式和价值观上进行大换血。

想要具备"新权力"能力，传统企业必须完成三项任务：一是在不断改变的新旧权力对比中，评估自己的位置；二是将收到的最为尖锐的批评付诸实践；三是发展出灵活机动的能力。

102
形式不"好玩"，员工不答应

【核心观点】

以前，一个制度的落地往往依靠的是宣传和贯彻到位、监督完善；而今天，一个制度能不能执行到位、产生成果的关键在于人们参与的热情有多高，持续性有多好。而这一切的前提又是它是否能够给年青一代以"好玩"、有趣的体验。

无论是互联网时代，还是正在被互联网颠覆并将与互联网融为一体的传统世界，企业制胜的法宝一定是基于人性层面，却又不能拘泥于某种固定模式或格式。而管理之所以魅力无穷、"老生常谈"是因为它总是在变化之中，变化的依据之一就是符合时代的发展、潮流及人性。今天，人们常常在谈移动互联网时代，那么互联网时代成长起来的人（主要指80后、90后）有什么特点呢？我想，特点之一就是希望一切都"好玩"，生活要"好玩"、工作更要"好玩"。所以，使用传统的条条框框将人员限制住的公司越来越没有竞争力，倒是那些注重"好玩"的企业，往往更具生命力、竞争力，像阿里巴巴、小米、谷歌、Facebook等，无一不以"好玩"著称。事实上，追求"好玩"是人的天性之一，应该说"古已有之"。

早在1863年，关于修建铁路，清朝的最高统治阶层始终不肯答应。当时来看，这里面的障碍大概有三层。第一层是迷信的障碍，即担心铁路修成，火车那么大的动静会搅扰了地下的祖先，惊吓到山神土地，以及各路神灵。第二层是担心民众骚乱。担心修铁路会扰民，破坏河流堤坝，毁坏田庐和坟墓，还担心会造成原来运输业者的失业，这一切又会引发民众骚乱，地方不宁。第三层是担心国家权益被侵夺。修铁路势必要借助洋人，弄不好，修好的铁路会成为洋人侵略的工具，不仅导致权利丧失，且有安全危机。

当然，有这样的担忧也是正常的。想当年蒸汽机刚问世，英国人修铁路时，也有人担心奶牛不产奶、母鸡不下蛋，牧师甚至担心上帝怪罪。铁路造成原有运输业者的失业，在短时间内也是不可避免的。至于修铁路征收土地，拆迁会出现纷扰，在任何时代都难以避免。忧虑可以理解，但事还是得办。

英国人图谋在中国修铁路，失败了。美国人想出了更合适的方法，造了一个大个儿火车模型。也就是一套有铁轨、有机车、有车站、有信号系统的火车系统模型。这个模型，是可以开动的，由专门的工程技术人员操纵，装配起来之后，就跟真的火车一样，出站、行驶、进站。这样的火车模型，实际上就是今天我们常见到的玩具火车。

这一招的发起人是美国驻华公司田贝（Charles Denby），他在1885年11月5日写给美国国务卿贝雅的信中提议，美国可以造一套铁路模型，送给中国皇帝和权贵，用实物来启发他们的头脑，让他们意识到铁路的优越性。这个建议很快就被采纳了。一个工业化程度较高的美国，造一个可以演示的火车模型，即大的玩具火车，轻而易举。于是一套可以运转的火车模型，被运到了中国，包括100英尺（1英尺≈0.3米）长的轨道，分主线和侧线，还有搬道岔的转辙器、转台、客车、机车、煤水车。车身长5英尺，其他部件均按比例缩小。这个模型经过精心制造，是美国火车系统的缩影。

后来，海军衙门大臣醇亲王亦譞奉命点校海军。在点校海军期间，李鸿章不仅让这位皇帝的生父、西太后的妹夫见识了他们的北洋海军，而且给他展示了这套火车模型。玩具火车，打动了好玩的醇亲王，加上李鸿章一个劲儿地给他灌输火车的功能，讲这玩意儿如何富国强兵。于是，在一般人看来比较保守的醇亲王，突然之间就变成了建铁路的积极拥护者。等到醇亲王亦譞回到北京，这套大号的玩具火车也随之而去，随行的还有几位能操纵模型的中国机械师。醇亲王亦譞进宫复命之时，将火车模型连带机械师一并呈上。在皇宫乾清门侧面，腾出一块地方来，铺好轨道，安装好全部的火车系统，上好发条，太后和皇帝都开了眼。"好玩"，是人的天性，西太后也不能免俗。宫里的人，玩了又玩，玩具火车来回地转，出站、行驶、转线、进站，信号灯依次闪亮，火车跑得飞快。玩过之后，修铁路的障碍还真就消除了……

实际上，到今天，随着互联网成长起来的年轻人，他们崇尚简单、透明、无边界沟通，相比面对面的交流，他们更喜欢使用微信、QQ、微博等即时工具。对他们而言，最好所有的事情都可以通过智能手机搞定。对于企业而言，以前一个制度的落地往往依靠的是宣传和贯彻到位、监督完善，而今天，一个制度能不能执行到位、产生成果的关键在于人们的参与热情有多高，持续性有多好。而这一切的前提又是它是否能够给年青一代以"好玩"、有趣的体验。

103 企业竞争将回归基础能力

【核心观点】

很多企业管理者热衷于谈战略、谈定位、谈哲学、谈文化……其实，他们最应该做的是打造公司的基础能力：技术和管理。

2014年，我开始认真锻炼身体，主要方式是跑步，从刚开始每周两三次、十几公里的跑量，到现在每周五六次、50公里的跑量。我算了一下现在每天花在跑步上的时间，至少是一个半小时。有时候我会觉得用这一个半小时来阅读或者做些别的事，似乎更有价值。但是我还是打算继续跑下去，促使我跑下去有很多理由，如减肥、塑型等，但一个根本的原因是，较早以前我们行业的一个前辈说过这样一句话——所有职业归根结底比拼的是体力，不管我们从事什么职业，同在一个职业圈子的人能力、智商并不会有太大差别，拼的就是体力。换言之，人类文明发展到今天，比拼的还是体力，只是以不同的方式呈现而已。那么企业间的竞争是否也是如此呢？

拉姆·查兰在他的新书《全球重心转移》中总结道，从地理角度来看，发达国家和发展中国家以北纬31°为分界线，发达国家在北，发展中国家在南。尽管这种划分有例外，但大致如此。如今的情况是，全球经济重心正在由北向南转移。无论规模大小，发展中国家的公司更具备创业激情与活力。全球经济重心由北向南转移是大势所趋，若想在这一波浪潮中脱颖而出，企业必须注重提升创新能力和生产力，而不能再简单依赖劳动力和资本优势。毫无疑问，创新业务模式将来会不断涌现，所有既定战略和旧的业务模式都将难免淘汰。

在这一趋势下，企业领导者要摒弃既定假设和所谓的"准则"。一些经典理论已经暴露出局限性。比如，普拉哈拉德和加里·哈默尔提出的核心竞争力理论曾引发20世纪90年代的外包趋势——企业把非核心业务外包给专业公司，聚焦于自身核心业务。这一理论被广泛应用于企业战略制定，对把握渐进式增长有很强的指导作用。但它的局限性是使企业过多聚焦于自身而不能敏锐发现甚至彻底忽视对其业务产生重大威胁的市场趋势。

柯达就是实施"核心竞争力"理论却遭遇失败的例子。20世纪90年代，柯达通过建立合资方式率先进入中国。尽管柯达的核心胶卷业务在中国取得了极大的成功，但在数码摄影技术这个更为关键的问题上，柯达却无所作为。

反观GE，塑料业务曾是GE的核心业务，规模巨大、利润奇高。韦尔奇和伊梅尔特等知名领导者，在出任公司CEO前都曾就职于该部门。但GE的高管团队没有被眼前利润和个人感情蒙蔽双眼，他们清楚地意识到，当时一家新成立的沙特阿拉伯基础工业公司将会彻底改变塑料行业的格局。于是，他们壮士断腕，果断将其塑料业务以116亿美元的价格出售。

类似地，国内现有的领先企业必须研究新的客户需求和新技术，当下的领先优势并不能保证未来的成功。一定程度上，国内巨大的贸易顺差是依靠廉价劳动力和低汇率水平获得的，而这两个要素在未来都不可持续。近些年，我们注意到各地的工人工资已经显著上涨，部分加工制造业正在从中国转移到成本更低的越南、缅甸等国。此外，有些生产制造业甚至在慢慢回流西方国家。企业竞争很快会回归基础，即技术优势和管理能力。

有句老话叫"正本清源，本立而道生"，主要是指从根源上加以整顿清理。企业也应如此。很多企业管理者热衷于谈战略、谈定位、谈哲学、谈文化……其实，他们最应该做的是打造公司的基础能力：技术和管理。我们注意到世界500强企业里，德国的公司并不多，但进一步研究我们会发现德国有一批在各个行业、领域掌握核心技术的中小企业，而这也是德国经济强大的根本原因。

104 精简你的管理

【核心观点】

审视一下你公司的各项管理制度,是不是觉得非常"完善"?如果你进一步深入思考,肯定会发现有很多制度是很复杂却不适用的。请相信一点,复杂的东西永远很难真正落地。

企业里,一个比较常见的现象是有多如牛毛的管理制度、章程,管理者也常常以为管理得越多越好。稍见"漏洞",第一思维便是要建个制度"堵上"。于是制度越来越"完善",越来越多,管理变得越来越复杂,但很多问题还是没有得到有效解决,而且又出现了新的问题。在此基础上,很多管理者又以为是管理不够,于是又补充……形成恶性循环,我们将这种现象称为管理过度。一直以来,我们都强调管理是为经营服务的,不能改善、提升经营业绩的管理都是多余的,应该简化,甚至去除。

有学者做过一个实验:让一些参加实验的人分散地站在一个大房间里,并要求他们根据一个非常简单的规则进行自我组织——不出声地选择另外两个人,并站在和两人距离相同的地方。这群人开始行动的时候,场面十分混乱,然而一种固定模式迅速形成,在不到一分钟的时间里就建立了平衡。学者对他们表示祝贺,同时问:"如果我让你们其中一人负责指挥,那么情况会变成什么样呢?"实验者只是笑,没有给出答案。后来学者总结:"他们笑是因为他们自己知道,如果有人试图指挥或者管理那个过程的话,他们是不可能这么好地完成他们做的事情的。"学者进一步证实说:"这是一个极度复杂的实验,却不用依靠一个指挥者。说真的,如果有人来指挥,那会花更久的时间,或许

最终根本无法成功。"

然而，在企业中，我们的很多管理者（包括老板）试图做的事情，正是在大局方面进行过度管理，他们常常错误地以为他们在白纸黑字上看到的组织图描述的就是现实。事实上，根本不是这样，员工的自我管理能力常常超出管理者的意料，而管理者并不需要制定太多、太复杂的管理制度。

爱丁堡国际艺术节是一个很能令人信服的案例，它所揭示的现象在于，没有受到过多限制的人们在少量简单规则的约束下，可以实现令人惊叹的成果。1947年开始，著名的爱丁堡国际艺术节都会于每年的8月在苏格兰首府爱丁堡举办。爱丁堡国际艺术节

爱丁堡国际艺术节现场

是世界上最大的艺术性集会，包括258个集会场所中举行的2542场演出，将近42 000个节目，参加演出的人员数量多达21 192名。

情况是这样的：爱丁堡国际艺术节没有任何负责人。艺术节的普通工作人员并不能决定由谁来参与演出，也不安排演出地点，他们完全不会对艺术节的表演有任何影响。这里没有艺术大师，没有艺术节委员会，也没有任何形式的管理者。但是，每年都有一群非凡的表演者聚集于此，为艺术节指出一个新的方向。

那么，引导艺术节正常动作的要素是什么呢？是参与、创造力，以及整合于其中的竞赛精神。爱丁堡国际艺术节是一个由表演者的兴趣、演出场所、观众和媒体所共同驾驭的自组织活动。任何人都有登台演出的资格，你需要做的，就是去找250多个表演场地中的一个，在那里举办你的演出。接着，你得说服观众来看你的表演，而不是观看那些同一时刻在其他地点举办的演出，你还得说服媒体和评论家来为你的演出撰写评论，整个艺术节就这个模式。换句话说，演出的参与者——艺术家和观众——才是"管理"艺术节的人。

爱丁堡国际艺术节员工的工作，就是以最少的必要手段来举办这场艺术盛宴。正如爱丁堡国际艺术节的艺术总监保罗·古德金所说的："我们最不想做的事情，就是决定这个艺术节的举办模式，我们并不想在后台操控这个活动。我们最重要的职责，就是保证活动的参与者们都是艺术家及观众。一直以来，我们都尽可能少地制定各种规则。"

人的本性之一即倾向于使事情变得比实际情况更复杂。审视一下你公司的各项管理制度，是不是觉得非常"完善"？如果你进一步深入思考，肯定会发现有很多制度是很复杂却不适用的。请相信一点，复杂的东西永远很难真正落地。同时，规章、制度、政策、条款等都是创意的杀手，人们在无拘无束的时候才能更好地完成工作。

105
未来的管理

【核心观点】

真正优秀的管理方式应该是与时俱进的，符合人们实际需求、个性的。放眼未来，人的重要性将越来越凸显，顺应人性、满足个性的管理才是最有效的管理。

前两年，国内某物流公司与麦肯锡签订了合作意向，据说费用达人民币几亿元。他们双方合作的内容，主要由麦肯锡为该公司打造一套系统、完整的管理体系，同时包括公司的战略方向等。很早以前，华为想要进入欧洲市场时，也是花巨资请国际咨询巨头打造了一套完整的管控体系，从而有效地帮助华为打开了欧洲市场，获得了欧洲许多最苛刻的国家（企业）的认同。当然，今天看来，华为全球近 20 万员工的整齐、有序管理或者也得益于这套体系。

有了这样的成功案例，我们越来越多的企业经营者，动辄谈"管理体系""管控标准""流程"等，也纷纷开始致力于构建一套这样的体系。

20 世纪初，有一个管理学家叫泰勒，他提出了"科学管理"理论。简单理解就是按工序分工，把一件事分成若干个环节、流程、工序，每个人只负责做一件事；极端一点讲，如果一个工序只需要使用你的双手，那么你连脚都不用带过来，脑袋什么的放外面就行。这样的生产效率最高，工人们创造的价值也最多。这种管理思想很快便得到了广泛的应用，并且产生了很好的效果，从某种意义上来讲，我们今天分成各个部门、各个岗位也是受泰勒科学管理的影响。

一直以来，管理最有趣的地方在于，它不只是一门科学，更是一门艺术，而且它总是会随着时代、社会环境、人们价值观和行为的改变而改变。也就是说，它应该更接近人的本性。"科学管理"在管理学上的地位，用我们现在的观点看来，它其实是缺乏人性的，甚至根本不把员工当人看，只是把人当作机器、工具。长此以往，人就会特别的乏味、枯燥、最后真变成了机器。所以，我们看到《摩登时代》里的"卓别林"每每见到圆的东西，就以为是螺丝，非要上去拧一下，以致走到大街上会把人们衣服的纽扣也当作螺丝。这就是人变机器的极端体现。

未来的管理应该是真正的以人为本，以人的实际需求、社会环境为本，遵循人性，也就是常说的人性化管理。拿 60 后、70 后、80 后、90 后的员工来比较，前者刚出来务工时，基本上是不挑活的，他们有生存压力，只要有工作就干，因此那个时候管理的难度也很小，这些人的表现基本上是"忍气吞声，逆来顺受"。而后者却完全不一样，首先，他们基本没有生存压力，常常是他们挑活干；其次，他们的信息更加对称，稍感不公或者不爽，就拍屁股走人。同时，他们的流动性也更大。因此，管理前者和后者需要用截然不同的方法。

事实上，很多优秀的公司一直都在这么做，比如，微软给予每个员工带窗的独立办公室；谷歌给员工足够弹性化的上班时间，提供休闲娱乐场所；Facebook 承诺给员工业内最高的薪水；华为也承诺给员工同地区、同行业最高的薪水……同时，我们常讲的传统行业，如海底捞、德胜、胖东来等，也都给予员工足够的信任，以及同行中足够有吸引力的待遇……这些企业，都是注重人文关怀管理方式的典范，也都是各自行业的领头羊。

当然，并不是说我们不需要完善的管理体系、流程、制度，但我们绝不要认为只要有了这些东西，我们的企业就能如我们所期望的那样。真正优秀的管理方式应该是与时俱进的，符合人们的实际需求、个性的。放眼未来，人的重要性将越来越凸显，顺应人性、满足个性的管理才是最有效的管理。

后记

2011年，经过近三个月的精心准备、计划、见习，在同学及一些前辈的帮助下，我进入了管理咨询行业……2012年年底，我对自己有了比较清晰的认知——相比以前的销售工作，我更适合、更擅长做管理咨询方面的工作，在工作中我找到了乐趣、激情及理想。2013年8月，我决定要写点东西：把我过去两年来的所思所想、所见所闻记录下来。最初的想法只是尝试不定期地做一些记录，意外的是，一年下来，我做到了每天写一篇1300字左右的文章。这些文章有些是在与同事、前辈交流沟通中触发的灵感、有些来自为企业服务过程中针对发现的问题进行的思考，还有一些来自自己学习后的感悟。

之后，我将这些文章统一发到网上，如商业评论网、世界经理人、简书、爱看豆等。2013年12月，我开了个人微信公众号（mc_wangrz），坚持每天发一篇文章。事实上，促使我坚持每天写一篇文章的因素除了个人的兴趣以外，从这些平台上收到的反馈亦是我最大的动力源：在爱看豆上，我的文集长期居于榜首；在商业评论网上，绝大多数文章都被推荐到"精彩博文"的栏目中，每篇文章的阅读量都很高……在这些平台上也收获了许多的"粉丝"，一度还有培训机构找到我，要在我的微信公众号里打广告，思量再三，还是婉拒了——我更希望保持写作的独立性和自由性。

2017年年底，我想将所写的内容好好整理、归纳，然后联系出版社出版，但始终没抽出时间（关键还是总觉得不够好）来具体实施。后来看到一个故事：从前，有个国外的年轻人计划写一本关于中国的权威性著作，他研究了所有关于这一主题的资料，做了充足的准备，并学习中文。作为一名中国问题专家，他声名鹊起。一个出版商因此和他签了一份条件极为优厚的合同，并且付给他一大笔预付款。一切准备就绪，他在一个天气晴朗的早晨，抵达了上海。他拜访了一些中国问题方面的专家，度过了愉快的一天，无论走到哪里，他都受到了盛情款待。深夜，他回到下榻的旅馆，却无法入眠，他的脑海中充斥着各种各样的想法。最后，在黎明前夕，他再次起床，匆匆记下了其中的一小部分。12个小时之后，当他从桌前站起来时，他已经完成了一份最全面、最完美的提纲，只要再把他脑中闪现的想法记录下来，这本书就完成了，他只需要关于一些问题的一点细节方面的数据。"好吧！"年轻人一边浏览他的提纲，一边自言自语，"耽误一天也没什么关系，我明天最好收集这些数据，这样我之后就不会打断写作了。"那是在46年前，最近听到这个年轻人——现在已经很老了——仍在查阅一点小的细节和数据。

本书取名《精进管理——如何成为卓有成效的管理者》，一方面是向管理学大师德鲁克致敬，另一方面书中的内容涉及经营、管理、战略、领导力、企业文化等7个方面，虽然所谈问题并不是很深，却来源于近距离接触企业所观察到、收集到的一手资料，常常最能切中企业要害，以期引起读者，尤其是企业管理人员的思考。

书中列举了很多案例，既有笔者服务过的公司案例，亦有一些著名公司的案例，主要是为了阐明某个观点或说明某个问题，并非着重讲述他们成功的故事。

这是一本实用性很强的书，但它并不是告诉读者"如何做"的书，而是通过对政策与决策、机会与风险、结构与战略、人事作用与薪资奖励的叙述，来为企业提供一些有参考价值的建议。

由于本书是多年的观察、研究和实践的浓缩，所以我能够运用大量"微型案例"来阐明正反两方面的政策与措施。至于那些在书中提及的著名企业、机构，它们到目前为止，绝大多数并不是我的客户（如 IBM、华为等），有关这些机构的案例或已经被公开报道，或由机构本身披露。同时，为了避免广告嫌疑，我在本书中不会公开我服务的企业/单位的名称，甚至一些地名也是随机的化名。但是本书所选择的案例均为真实事件，讨论的也是真实存在的企业。

由衷地希望本书对你有所帮助！

王荣增